JN112432

精神分析とユング心理学

（新訂）精神分析とユング心理学（'23）

©2023　吉川眞理・田中健夫

装丁デザイン：牧野剛士
本文デザイン：畑中　猛

s-73

まえがき ▌

　多様な心理学の領域の中で，本書が扱っているのは深層心理学である。深層心理学とは，主観的に体験される心の世界を「意識」によりとらえようとする試みといえるだろう。フロイトは，「心理的現実は客観的現実そのものと並んで評価されるべきである」と述べ，この心理的現実を対象とする科学的アプローチとしての精神分析を立ち上げてきた。

　現代は，科学と技術の発展により外的世界における大抵の現象について，その機序を解明し，予知し，操作することが可能な時代になった。しかし，この科学技術が人類の自己破壊をもたらす兵器をも生み出した事実を無視することはできない。この状況において，国家間の侵攻，戦争を阻止することは依然として困難のままとどまっている。戦争を引き起こすのは，人間の心に他ならない。理性でコントロールできない意識下の強い力が個人や集団を突き動かす現象に直面する時，無意識こそ，現代におけるミステリーゾーンであることが実感されるのである。

　20世紀の世界大戦の間の時代を生きつつ，この無意識を探求したフロイトとユングが，人類の戦争について述べている言葉をそれぞれ紹介しておきたい。フロイトは，「人間がすぐに戦火を交えてしまうのが破壊欲動のなせる業だとしたら，その反対の欲動，つまりエロスを呼び覚ませばよいことになります。だから，人と人との間の感情と心の絆を作り上げるものは，すべて戦争を阻むはずなのです」（アインシュタイン，フロイト 1932）と答えつつ，その攻撃欲動を排除することは不可能であり，これをコントロールする知性の力を高めることを提唱する。フロイトにとってそれは文化の発展を意味していた。一方，ユングは，「心理学者は，精神と生命の唯一の担い手としての個人を固く信じています。」（ユング 1946）と述べ，社会，国家に対して，人々が超個人的な何かを期待する現象を「群集心理へと落ち込む危険な傾斜」（上掲書）

としてとらえる。ユングは，一人一人の個人が，「悪」を他者に投影するのではなく，自らの内面に認めて，これをコントロールする力を培うことの重要性を指摘する。

　精神分析の創設は，ダーウィンの進化論の偉業に匹敵すると評されている（エレンベルガー　1970)。精神分析により，人類は心の深層に向かう新しい視界を開かれたのだ。この新しい視界に，何を見出すことができるのだろうか？　本書は，一人の人間としてのフロイトとユングの歩みから，両者の理論と次世代への継承を紹介していく。

　本書が，読者にとって，心の深層探求の旅のガイドブックの一冊となることを願いたい。

（吉川眞理）

　精神分析とユング心理学を学んでみたいという関心は，皆さんのどこからどのように起こってきたのでしょうか。学んでいくプロセスの中で，私（わたくし）のありかたが揺らいだり問い直しがされたり，あるいは夢をたくさんみるかもしれない。ライフステージのある時期に，ゆとりをもって広く想いめぐらせながら本書と放送教材に取り組んでいただけたらと願っている。対人支援専門職をめざしている方には，心に目を向けていくときの基盤となる考え方を紹介するものでもある。あるいは，社会の中での自分のありかたに行き詰まりを感じたり，現代の効率性を重視する生活に違和感を抱いたりしたときの，一人ひとりに立ち現れてくるパーソナルな問いが学びの出発点となるであろう。

　このとき，心の深層へのアプローチはすぐれて実践的に導き出されてきたものだということに触れておきたい。つまり，これから紹介していくのは，自分の心を照らし出す"他者"との対話という心理療法の営みを通してみいだされた考えである。個別性と出会いの一回性を徹底的に大事にした，面接室でのふたりの情緒的な交流を通して地道に成し遂げられてきたものに拠る。精神分析もユング心理学も，文化にも広く影響

を与えており，そうしたことからの関心も重要であるが，私自身は，精神分析（的心理療法）の体験がないところで知的に学ぶことの難しさを常に感じてもいる。繰り返しになるが，概念は，セラピーの過程で起こっていることを理解するために必要なものとして，あるいはその行き詰まりを契機に生み出されてきたものである。さらには，精神分析もユング心理学も，用いられるタームや概念はときに抽象度が高いので，外から与えられたものを消化していく作業のように感じるかもしれない。しかし，心の深層に目を向けようとするのは，個々人のペースでみずからおこなわれていくものでありたい。

　フロイトとユングが生きた時代背景をふまえながら，心というものを扱う精神分析がいかに成立していったかをまずは述べていくことにしよう。“子ども”という存在とその特質が発見されていったように，“心”も探索の対象として自明なものとして存在していたわけではない。現代でも，“心の闇”と呼んだとたんに，それはブラックボックスに入れられ，わけのわからない，自分から離れた，専門家が検討するようなものになってしまう。心をとらえていくときの補助線となる概念を本書では提示していく。読者の皆さんが親和性を感じる学派や考え方に出会え，さらに探索を深めてみたいと感じるきっかけになれば望外の喜びである。

（田中健夫）

2022年11月

引用文献

Ellenberger, H.F. 1970　無意識の発見 力動精神医学史 下　木村敏・中井久夫監訳　1980　弘文堂

Freud, S., Einstein, A. 1932　ひとはなぜ戦争をするのか　浅見昇吾訳 2016　講談社

Jung, C.G. 1946　影との戦い 松代洋一訳『ユングの文明論』1990　平凡社

目次

1 │ 精神分析とユング心理学
―その出会いからそれぞれの展開へ

吉川眞理　田中健夫

　精神分析とユング心理学は，自分自身の心を見つめ，その無意識と意識の
あいだに生じる相互作用に着目する心へのアプローチである。ユングとフロ
イトの出会いから訣別までをたどりながら，二人の間に何が起こったのか，
精神分析とユング心理学の理論やアプローチの相違点を理解し，それぞれの
理論の発展過程を概観する。
《キーワード》　フロイトとユング，無意識，リビドー・欲動，転移，精神分
析，分析心理学

1. フロイトとユングの出会いと訣別

　1907年の2月，ユングは，フロイトの招きを受けてウィーンのフロイ
トを来訪した。そこで二人は午後1時から夜中の2時まで13時間にわ
たって休みなく話し続けた。ユングは，その第一印象について「フロイ
トは私の出会った最初の真に重要な人物であった。私のその時までの経
験では，他に誰一人として彼に匹敵する人物はいなかった。··· 私は彼
がきわめて聡明で，鋭い洞察力を持っており，全く非凡であるのを見出
した。それでもなお，私の彼に対する印象はいくぶんもつれていた。つ
まり私は彼を把握することができなかったのである」（Jung 1961　河
合他訳 1972）と述べている。この最初の出会いの時，フロイトは50歳，
ユングは32歳であった。
　フロイトは，1900年に『夢解釈』[i]を刊行し，無意識への独創的なアプ

---

i　原書名は，Die Traumdeutung。翻訳書によっては，書名が『夢判断』とされ
ているものもある。

ローチを世に問うていた。当時、チューリッヒのブルクヘルツリ病院で研究助手を務めていたユングは、独創的な実験精神医学の試みとして言語連想実験に取り組んでいた。そこで彼は、患者が連想語を思いつかなかったり、反応が遅延する現象を観察し、この現象こそ、フロイトの『夢解釈』で論じられている抑圧の機制の根拠となることに気づいた。しかし彼は、抑圧された心的内容のすべてが性的外傷に関わっているという当時のフロイトの主張については全面的に賛成することはできなかった。言語連想実験において、抑圧された内容が、社会適応の困難や、生育歴における辛い体験に関っていることを確認していたからである。

　当時のユングは、言語連想実験の発見を学術界に認められたいという野心をもっていたが、その発見がフロイトの学説に一致するという事実に困惑を感じたのも事実であった。当時のドイツ語圏精神医学の重鎮らは、フロイトの独創的な学説を認めようとしなかったからである。フロイトの擁護を続けるなら学術界において未来はないことを警告されることもあったが、ユングはフロイトの発見が真実であるならば、学問的な経歴を投げうってもフロイトとともに真実の探究に取り組む決意を固めた。一方で、1906年に発表されたユングの『分裂病の心理』[ii]も、当時の学術界の賛同を得てはいなかった。しかし、フロイトはこの著作に積極的な興味を示し、ユング夫妻をウィーンに招き、1907年の二人の出会いが実現したのである。フロイトも、ユングもそれぞれに革新的であったために、当時の学術界に受け入れられなかった独自の理論の理解者を求めての出会いであったと言えるだろう。

　ユングによると、最初の出会いの日、フロイトはユングに転移に関してどのように考えているかを質問した。ユングは「それは分析的方法のアルファにして、オメガです」と答えると、フロイトは「だとすれば、あなたはもっとも大切なことを理解していることになります」

---

ii　原書名は、Über die Psychologie der Dementia Praecox。

（Jung 1946　林・磯上 1994）と応じた。

　おそらくこの二人の人物の間にも「転移」の現象は生じていたと考えられる。最初の出会いにおいて，両者はそれぞれの自分の理想とする人物像を相手に投影し，そこには深い情動が伴っていた。二人の関係性を中立の視点から論じようとしているスティール（Steele 1982）は「フロイトはユングの中に，聡明かつ勤勉であり，天性として他者を魅きつける力を持ち，精神分析の言葉を広めることのできる精神科医を見た。ユングはフロイトの中に，勇敢かつ道義的，カリスマ的な偉人を見た」と述べている。

　このフロイトとの対面は，若きユングにとって「大事件」（1907年3月31日ユングからフロイトへの手紙，McGuire 1974　金森訳 2007）であった。最初の会談のあとの書簡において，ユングは，フロイトと直接出会うことによって，夢理論に対する疑念を取り払うことができたと報告しており，「あなたが取り組まれている事柄についてなされる私の研究が，あなたにいかに感謝し，かつ尊敬しているかを示すよすがとなることを望んでいます」（上掲便，上掲書）と述べている。

　一方，フロイトは，若くエネルギッシュなユングが，精神分析の真価を非ユダヤ人のヨーロッパの精神医学界に広め，自分の研究を継承し完成させる人間であろうと期待したのである。そこには，ユングが，当時のヨーロッパの精神医学界において精神分裂病の臨床と研究の第一人者であったブロイラー（Bleuler, E. 1957-1939）のもとで研究を進めており，師の勧めでフロイトの著作を読み始めた背景もあった。

　こうして二人の蜜月は始まったが，すでに同年3月31日の手紙においてユングは，ブロイラーのとの討論の結果，フロイトの精神分析理論におけるリビドーという表現について「この，一般に，性そのものから出発して，その拡大された領域すべてにひろがった術語は（これは確かに

疑いもなくそれなりの正当性をもっているでしょうが）は，誤解を招きやすく，少なくとも教育には向かないということです。そればかりか，これにより，教育をまったく不可能にしてしまうようなあからさまな感情の障害をひき起こしかねません。… そうしたことからしても，この性に関する術語を，現在，世間にゆきわたっている限定された性概念を顧慮し，ひたすらもっとも極端な形式にのみあなたの『リビドー』を適用し，その他の場合には，すべてのリビドー的なるものに対し，あれほど過激でない集合概念を用いることにしたらどうでしょう？」（上掲便，上掲書）と書き送っている。

これに対してフロイトは，「だれかがリンゴをかじったとき，酸味に悩まないようにしてあげようというあなたの努力は，その動機を考えれば一応評価できますけれど，そうした努力に効果があるとは思えません」（1907年4月7日フロイトからユングへの手紙，上掲書）と取り合わず，「たとえわれわれが，拡大された性生活における緊張した状態を『リビドー』と呼ばないことにしても，そうした状態は，やはりリビドーのままに留まります」と説き，「われわれは抵抗を排除できません。それならばなぜ，ただちに抵抗に挑戦しないのですか？ 攻撃は最良の防御であると私は考えます」（上掲便，上掲書）と主張している。

二人の書簡は，すでに出会いの初期からこの『リビドー（欲動）』という用語をめぐっての両者の意見の不一致があったことを明らかにしている。それでも，フロイトは，精神分析運動の次世代のリーダーとなる国際精神分析協会の会長として，非ユダヤ人のユングを抜擢した。この抜擢は当然，ユダヤ人の弟子たちの強い反発を引き起こしたが，フロイトの意思は固かった。

1908年4月26日，ザルツブルグでユングの主催によって第1回の精神分析学会が開催され，フロイトが鼠男の症例を語り，オーストリア，ス

イス，イギリス，ドイツ，ハンガリーから多様な論文が発表され，大き
な成功をおさめることができた。

　1909年，フロイトとユングはアメリカのマサチューセッツ州のクラー
ク大学創立20周年記念式典での講演に招かれた。航海の途上で，フロイ
トとユングはお互いの夢を分析しあった。この時，ユングがフロイトの
夢の背景の個人的情報の開示を求めたところ，フロイトはこれを拒み
「私の権威を危うくすることはできない！」と返答した場面について，
ユングはフロイトが個人的権威を科学の真理よりも上位に位置付けたこ
とに落胆したことを告白している（Jung 1961　河合他訳 1972）。写真
（図1-1）は，この講演旅行の際の記念撮影である。前列中央のホス
トであるスタンレイ・ホールの左右を挟むように，ユングとフロイトが
座している。後列には，ブリル，アーネスト・ジョーンズ，フロイトの
同伴者をつとめたフィレンツィが並んでいた。

図1-1　クラーク大学招待講演でのフロイトとユング
（写真提供　ユニフォトプレス）

　帰国後，1910年に開催されたニュールンベルクでの国際精神分析協会第2回大会では，フロイトを中心とした人間関係に軋みが生じ始めており，1911年にはアドラーやシュテッケルの離反などフロイトが失望する出来事が次々に起こっていた。ユングは，フロイトの精神分析理論の限界に挑戦し，自身の考えに基づいて，リビドーという言葉により広い意味を付し，多様な文化の神話的表象を根拠に，ある女性の空想を解釈する『リビドーの変容と象徴[iii]（翻訳書名では『変容の象徴 ―精神分裂病の前駆症状』)』を，精神分析協会の年報Ⅲ巻・Ⅳ巻（1911・1912）に発表した。本著作について，ユング自身が晩年に第四版に記載している序文によれば，「材料は大急ぎで，たまたま眼にとまったものをかき集めるほかなかった。考えが熟すまで待つことは不可能だった。抑えようとしてもとめられない山崩れのように，全体がわたしのうえになだれおちてきた。その背後にあったやむにやまれぬ衝迫の実体が意識されたのはのちのことである。それは，フロイトの息苦しいほど狭い心理学と世界観のなかに受け容れてもらえなかった心のなかみがすべて爆発したものだったのである。個人のプシュケー（心）の研究におけるフロイトの並はずれた功績を貶めるつもりはないのだが，フロイトが心理現象を張りわたした概念の枠組みが，わたしには狭くて堪えられないと思われたのである〔（　）内筆者]」(Jung 1950) と記している。

　1912年，ユングは国際精神分析学会の開催よりもニューヨークでの講演旅行を優先させて，フロイトやその仲間をおおいに落胆させていた。

　フロイトの仲間が心配していたとおり，ユングがフロイトの精神分析理論の忠実な継承者としては不適格であることが明らかになっていった。ローゼン（Roazen, P.）は，両者の関係を概観して「ユングはフロイトのようなオーガナイザーではなく，実際，自分のものであれ誰か他の人のものであれ，組織というものを好まなかった。・・・ だからユングがみ

---

iii　原書名は，Wandlungen und Symbole der Libido。

ずから進んでフロイト運動を率先したがったということはありそうにないことである。ユングは何度もフロイトが押しつけてくる組織上の要求を重荷に感じていた。フロイトは，ユングがリーダーの役目を真剣に引き受けなかったことについて，ユングを非難しなければならなかった」（Roazen 1971　岸田・富田・高橋訳 1987）と理解している。後にフロイトはユングを評して「他人の権威をがまんすることはできないが，自分自身で権威をふるうことはなおさらできず，そのエネルギーをなりふり構わず自己利益の増進に向けていた」（Freud 1917　家高訳 2010）と述べている。ローゼンによれば，「二人がしばらく手を結んだのも，結局協力をつづけることができなかったのも，二人のパーソナリティのある中心的特徴 ―相互の反逆性― のためであった。ユングは異端に対する自分の自然な親近感を大切にしていた。当時の既成の心理学的知恵に対するフロイトの挑戦が，ユングにとっての精神分析の魅力の源泉であった。」（Roazen 1971　岸田・富田・高橋訳 1987）

　フロイトとユングの親交を間近に見聞してきたアーネスト・ジョーンズは二人の間の不協和音について「フロイトはユングが神話の研究に熱心に没頭していることが，彼がユングに任命した会長の義務の遂行を著しく妨げていることを知って心を乱された。… ユングはしばしば自分は生まれつき異端者であり，だからこそ，最初，フロイトの非常に異端的な仕事にひきつけられたのだといっていた。しかし彼は一人で仕事をするのが一番よく，他の仲間と共に共同の仕事をしたり，監督の仕事をしたりするのに必要な特別の才能は全くもっていなかった。彼はこまかな事務を行うのもきらいであった。要するに彼はフロイトが彼のために計画した，協会会長及び運動の指導者としての地位には不適格であったのである」（Jones 1961　竹友・藤井訳 1969）と見切っている。

　最終的に1914年，ユングは精神分析協会の会長の地位を辞し，最後に

はその会員であることも辞して，フロイトとユングの関係は終わりを告げた。フロイトとユング，この二人の独創的な分析家の出会い，激しく惹き合い反発したプロセス，そして訣別は，その後の両者の心の理論形成にどのような影響を与えたのだろうか。

　本章第2節では，フロイトの視点からとらえたユングと，ユングからの挑戦に揺らぐことのなかったフロイトの精神分析の特徴について紹介する。そして本章第3節では，フロイトとの出会いと訣別によって引き起こされたユング自身の心の深層への探求が，その後の分析心理学の基盤となった経緯について述べる。

2. フロイトからみたユング：フロイトの精神分析の特徴

　このような出会いの衝撃と別れがもたらしたものを，フロイトの視点からみていくことにする。フロイトが創出した精神分析は，19世紀後半の欧州の社会文化状況を背景に，フロイト自身の生い立ちにも深くかかわりながら成立していった。私たちの心にある無意識の発見 ―自分の心といえどもそのすべてを知っているわけではない― は，近代合理主義のもとでただちに受け入れられるものではなかった[iv]。まずはフロイトの生い立ちを紹介しよう。

1）フロイトの生い立ち

　ジークムント・フロイトは1856年にフライベルク（現在のスロヴァキア）にて，織物商人の父ヤコブと，彼の3人目の妻アマリーとの間の長男として誕生した。両親ともにユダヤ人である。すでに年の離れた異母

---

iv　フロイトは，これまでの科学的研究から，人間の素朴な自己愛（ナルシシズム）は二度大きな打撃を受けてきたと述べる。一度目は，地球は宇宙の中心ではなく広大な宇宙体系のほんの一部に過ぎないと知ったとき（コペルニクス），二度目は，人間の特権的な地位が失われ，動物の子孫であると証明されたとき（ダーウィン），そして三度目に受けるのは，自我はそれ自身の家の主人公でさえなく，その心のなかの無意識についてもほとんど知らないという心理学的な性質の打撃である。フロイトはみずからを，人間を"脱中心化"した偉大な人物の系列に位置づけるとともに，精神分析への抵抗はこうした学問的な刷新と同じ類のものだと記した。（Freud 1917ほか）

兄弟がおり，フロイトの下には7人の弟妹が生まれた。落ち目だった織物業の不況の影響を直接受けて一家は財産を失い，故郷を離れ，フロイト4歳のときに大都市ウィーン郊外に移住した。この時期は，オーストリア・ハンガリー帝国がユダヤ人迫害を法的に禁止したばかりで，ユダヤ人が社会・経済的な問題を解決するために商人として身を立て，たびたび住まいを変える生活は一般的であった。

　父親は父祖伝来の誇りを失わず，学問に興味をもった息子への教育費を惜しまなかった。父親は，彼が若い頃にした経験を子どものジークムントに聞かせた。あるキリスト教徒が，すれちがったときに父親の帽子をとって泥の中に投げ捨て，『ユダヤ人，歩道からおりろ』と怒鳴りつけた。それでお父さんはどうしたのかと聞いた息子に，ヤコブは「帽子を拾ったさ」と答えた。昔よりは今の時代の方がよい，そして地位をつかむための地道な抵抗の生き方を示すこの逸話は，ジークムントの頭から消えることがなかった。長い系譜をもつユダヤ人として，しかし一方では他文化を取り入れて知的に成功するという道しかなかった[v]。

　母親のアマリーは父親より20歳年下で，はつらつとした自尊心の強い女性であり，ジークムントは彼女の自慢の種として特別に愛されて育った。未婚だった異母兄（フィリップ）を母親の夫ではないかと想像して嫉妬したりもしたが，生涯に互（わた）って母親と自分の関係の性質に目を向けることはなかった。一方で，子守り役のナニーは年老いた謎に満ちた人物だったが，母親とは別の愛情を —官能の喜びを与えた。「彼女は性的な事柄における僕の教師でした。」（『フロイト　フリースへの手紙』1897年10月3日[vi]）

---

v　帽子の逸話は，父親を乗り越えるべきだというだけでなく，ユダヤ人の運命を想い描きながらどう生きるかをつきつけた。「帽子の逸話は反ユダヤ主義に直面した父親の弱さの物語だけでなく，… ハンニバルの反乱という行為をつうじて，父親のおきてを象徴的に再評価する使命を（フロイトは）感じとった。」（Roudinesco 2014　藤野訳 2018）カルタゴの将軍は，ローマ人に報復して死ぬまでカルタゴを防衛すると息子・ハンニバルに誓わせたという歴史的事実が背景にある。このとき以来ずっと，ハンニバルは空想の中である位置を占めたとフロイトは語っている。

　フロイトは，古代ギリシアの神話に魅了され，シラーやゲーテを読み，シェイクスピアの戯曲を英語で読んだ。ウィーン大学で医学を学び，生理学の基礎教室に入って研究をした。学位を取り助手として働くが，マルタとの婚約を機に総合病院の研修医となり，家庭を築くのに足る財産をつくるための4年間はマルタに毎日手紙を送った。長い婚約時代を経て1886年に結婚，生計を立てていくためにフロイトは神経科医として開業をした。

2）フロイトからみたユング

　神経症の治療や夢分析は第2章で触れることにする。フロイトは，ユングの紹介で夢分析を小説に適用したり[vii]，精神病者の回想録を素材に精神病の源にある機制の解明を試みたりした[viii]。また，ユングの概念である「コンプレックス」，「イマーゴ」を論文に引用したり，ユングの神話学と神秘主義の研究に刺激をうけて宗教の起源に対する関心が再燃した[ix]。フロイトは「ユダヤ人の科学」と言われた精神分析を普遍的なものとすることを強く望んでおり，「ユングというアーリア人の同士は欠かせません」と同僚アブラハムへの手紙に書いている。また，名高いブロイラーの病院にユングがいたことは，チューリッヒに代弁者をもつことができるという意味もあった。

　こうした経緯ゆえに，ユング「離反」後のフロイトの失望と攻撃は激しいものであった。Freud（1914）では，「不愉快な分析的心理に初めて近付いたとき，人は逃げ出してしまう」ことをよく理解していたが，「分析をある程度の深さまで理解した人が，その理解を再び放棄して

---

vi　友人で耳鼻科医のフリースとの往復書簡を通してフロイトは自己分析を深めていった。このように書いた前日の手紙には，ナニーから愛すべき神や地獄についてたくさんのことを聞かされ，僕に僕自身の才能についての高い評価を教え込まれたこと，2歳から2歳半頃の旅の途中に母親の裸をみたことをきっかけに性の衝動が目覚めたことの想起や，生後間もなく亡くなった1歳下の弟への嫉妬と罪悪感が自分のヒステリー症状（旅行不安）に関連があることが書かれている。

vii　「W. イェンゼン著『グラディーヴァ』における妄想と夢」（1907）

viii　「自伝的に記述されたパラノイアの一症例に関する精神分析的考察」（1911）

ix　『トーテムとタブー』（1912-13）

失ってしまうことがある，というところまでは予期していなかった」と，とても辛辣な批判を展開している。そしてユングによる批判への応答は，フロイトの自我論の発展にもつながった。

3）フロイトの精神分析の特徴

　フロイトの精神分析は，"欲動"の心理学である。それは，他者との相互作用を重視する現代精神分析の二者心理学的な見方ではなく，個人が自分の中にある欲動とどのように折り合いをつけていくかに関心を向ける一者心理学的な特徴をもつ。いわば内部完結的な人間の心のとらえかたであり，他者が登場するにしても，それは主体をもつ他者との出会いや交流ではなく，ある個人をとりまく他者として描写される。フロイトの考えを基盤にしながらも[x]，現代の精神分析のモデルは大きく変化してきている。さらに欲動，そしてリビドーという用語はとっつきが悪く，知りたいとする好奇心をストップさせてしまうかもしれない。まずはじめの問いは，何が私たちを不安にし，葛藤を引き起こし，発達の契機となるのだろうかである。

　欲動は身体的な基盤をもつが，それそのものの知覚はできない。欲動は，それが心理的な表象内容と形式を得るに至ったものであり，その根底で働いているエネルギーを"リビドー"と呼んだ。（第4章でふたたび扱う。）

　フロイトは，リビドーは「性欲動が発現する際の力」であると述べる。性欲の最初の動きは，「乳児にあっては生きていくうえで重要な … 栄養受給に向けられています。乳児がおっぱいを十分もらって眠る時には，幸福な満足の表情を浮かべますが，この表情は性的オーガズムが体験されたあとに繰り返されるでしょう。 … 乳児は栄養受給行動を，新たな栄養を求めていないのに繰り返すことが観察されます。」

---

x　そのフロイトの考え方も，40年以上の著作のなかで変遷し発展を遂げている。また，フロイトは改訂版を出すたびに，もとの文章を残したまま脚注に新しい発見を追記していったため，そこには多くの矛盾や未解決の問題が残っているのだが，現代の臨床理論のアイディアの源泉はすでにフロイトの著作の中にみられる。

（Freud 1915-17 新宮ほか訳 2012 p.377）　他者と結びつこうとする欲求は乳幼児期に起源があり，性的なものがその本質だというフロイトの考え方は究極的には生物学に根ざしている。フロイトは，さまざまな臨床的現象の理解を可能にするものとしてリビドー理論を用いた。例えば，神経症の症状は，新たなかたちのリビドー満足を求めて起こされる葛藤の結果である（上掲書 p.427）と述べる。すなわち，リビドーは充足（あるいは昇華）されれば消えるが，阻止されると鬱積し，自我と葛藤をして抑圧される。この抑圧が空想によって満たされようとして，神経症が引き起こされるといった具合である。

　フロイト-ユングの手紙にあるように，この"リビドー"概念に何を賦与するかでふたりは対立した。フロイトは性的な欲動に限って理論を組み立てたが，ユングは性に還元されえない欲動一般を意味するとした。これに対してフロイトは，ユングが，リビドーを単なる心的関心一般に還元してこの概念から実質を取り除いた，と強く非難したのである。フロイトは，ユングの変更により「性的なリビドーは，抽象概念に置き換えられ」，「神秘的」な意味をもつものとなり，そうした変更のすべては「宗教や倫理において嫌なものを再発見しないで済むように，家族コンプレックスの嫌な部分を排除しておこうという意図から発している」と断じている（Freud 1914　福田訳 2010，p.109）。フロイトは精神分析を科学とするための安定した定義を必要としていた。

　ここまでについて三つのことを補足しておこう。フロイトは，人間のあらゆる状態が性（欲）で説明されるという「汎性欲主義」だという批判に対しては常に反論している。実際，あらゆる夢が性的願望の充足だなどという主張はしていない。二つ目は，フロイト後期理論において攻撃性（死の欲動）が，二元論的に対置されたことである。そしてもうひとつ重要なのは"無意識"のとらえかたの差異である。フロイトのモデ

ルは，あくまで個人と深層との関係を理解しようとするものであった。

　ユング心理学との違いに関して，現代の精神分析臨床を特徴づける転移解釈についても述べておこう。フロイト以来，精神分析では"言葉から離れないこと"を大事にする。それは，言葉にまとまらない空想内容や，非言語的なコミュニケーションを軽視するということではまったくない。セラピストが先取りをして言葉を与えてしまうようなことはしない。しかしながら，言葉にして介入し（解釈），それへのクライエントの反応をとらえるという交流は精神分析の中核的な営みである。

　フロイトは「転移」を，女性患者ドラの治療を通して見い出した。過去の重要な人物のイメージのある側面を，面接関係の中でセラピストに負わせることである。セラピストは，クライエントにとって主観的に親のように感じられたり，別の重要な他者のように感じられたりする。それをセラピストは言葉にして，転移解釈として共有していく。この転移のとらえ方と面接での扱い方はユング心理学とのあいだに差異がある。精神分析では，最終的に言葉にして確認しない限りわからない，何も言わないのは，例えばセラピストが何もかも理解しているという万能者という印象がもたれたり，否定的なことは話題にできないというメッセージとして感じられたりする可能性があると考える。ユング心理学では，転移をすべてクライエント-セラピストの関係に限定し還元してしまうことは，豊かで深いイメージを台無しにしてしまうと批判する。精神分析では，夢であっても面接中に伝えられるイメージや表象内容であっても，いま・ここで展開している転移とつなげて解釈されなければ，知的なものになってしまうと考えている。この点については，視点を変えながら第2章，第6章，第7章でさらに検討していく。

3. ユングにとってのフロイト体験と分析心理学の創造

　洗練された都市ウィーンで育ったフロイトに対して，ユングはライン川の滝に近いシャフハウゼンで幼児期を過ごしており，その後もバーゼルやチューリッヒといった水の豊かな自然に近い都市で人生を送っている。ユングの父は，プロテスタント改革派の牧師であり，母も牧師の家系出身であった。青年期を迎えたユングは，神学の道でなく，歴史や哲学を学ぶのか自然科学を学ぶのかという進路選択に迷っていたが，最終的に自然科学を学ぶ決心をしている。

　10代のユングは科学雑誌を読み，近くの山々で化石や鉱石，昆虫の採取に夢中になった。植物にも強く惹きつけられていたが，植物を採取することはしなかった。それは植物のことを「成長して花をつけているかぎりにおいてのみ，意味，隠された秘密の意味，神意をもつ生き物」（Jung 1961　河合他訳 1972）と感じていたからという。精神医学の道を志し，ブルクヘルツリ病院で重い精神疾患を抱える患者と語るとき，心という目に見えない自然の世界への探求においても，ユングを導いていたのはこの自然の神秘に対する感性だったのではないだろうか。

　ユングがフロイトに強く惹きつけられ，心の真実を探求するその科学的姿勢に共鳴していた当時，あることに気づく。それはフロイトが性理論を語る時，その批判的懐疑的態度は消え失せてある種独特な表情が浮かぶことだった。ユングは，フロイトにとって性欲はヌミノース（神聖な存在を前にして圧倒的な畏怖や魅惑を生じるもの）であったけれど，彼の具象的すぎる用語法と理論では，もっぱら生物学的機能に限定している印象を与え，その存在を十分に表すことができないと考え始めていた。また，フロイトがユングに対して「決して性理論を棄てないと私と約束してください。それは一番本質的なことなのです。私たちはそれに

ついての教義を，ゆるぎない砦を作らなければならないのです」（上掲書）と語りかけた時，ユングは，その「教義」という語に愕然とする。牧師である父に反発していたユングには，「教義」は，科学的判断とは何の関係もなく，むしろ個人的な力への衝動と結びつく言葉として受けとめられていたからである。

　フロイトのリビドー論に対してユングが感じていた違和感は，『リビドーの変容と象徴』という著作を産み出すトリガーとなった。ユング自身も述べているように，この著作は研磨されていない原石のような印象を与えるが，その研究上の意義についてエレンベルガー（Ellenberger, H. F. 1970　木村・中井監訳 1980）は，次のようにまとめている。

1）リビドーを，心的エネルギーとして拡大解釈して扱っている。
2）リビドーは，普遍的な象徴の形で現れると考えた，
3）母からの解放を求める英雄の闘いが中心テーマとなっている

　第9章で述べるように，この『リビドーの変容と象徴』は，無意識の中でもより深い集合的無意識の探求を扱う分析心理学の地平を切り開いた。そして，ユングは，この著作がフロイトには受け入れられないだろうということを十分に認識していたのである。

　精神医学の道を歩み始めて以来，ブルクヘルツリ病院での精神医学の臨床と研究や7年間にわたってのフロイトとの個人的交流，精神分析運動への参加は，ユングにとっては過剰な社会的機能が求められる状況であった。この求めに応じながらユングが感じ始めた違和感は，徐々にユングの生活の軌道を大きく内面の世界に向かわせることになった。

　ユングは1908年にブルクヘルツリ病院を去り，チューリッヒ湖畔のキュスナハトの自宅を新築して自宅診療と研究執筆に集中するようになった。これは，ユングの関心が神話や宗教に移行した時期と一致することが指摘されている（Shamdasani 2009　河合監訳 2014）。その成果

を『リビドーの変容と象徴』として発表した後，フロイトと訣別に至った後の状況について，ユングは，次のように回想している。

「フロイトと道を共にしなくなってから，しばらくの間，私は内的な不確実感におそわれた。それは方向喪失の状態と呼んでも，誇張とはいえないものであった。私は全く宙ぶらりんで，立脚点を見出していないと感じていた。とくに，患者に対しての新しい態度を発展させる必要性を私は感じていた。私はともかく，患者たちに向くような理論的な前提を一切もたず，彼らが自然に話そうとするのを待ち，それを見てゆこうと決心した。私の目標は，ものごとを成行きにまかせようとすることであった。」(Jung 1961　河合他訳 1972)

このような日々，ユングはこれまで過ごしてきた道を振り返り，自分自身との対話を試みていた。「お前の神話は何か ―お前がその中に生きている神話は何なのか」(上掲書) 答えの代わりに，いきいきとした夢や空想，幻覚が訪れた。無意識の衝動に自分を意識的にゆだねて，昼食の後，湖岸の石を拾い集めて小屋や城や教会を建築する遊びから，一連の空想の流れが生じて，ユングはこれらを書きとめることにした。その空想の中で，強大な岩が落ちてくるような不断の緊張を感じ，ユングは「無意識のこれらの襲撃に耐えてゆくとき，私は私よりもっと高い意志の力に従いつつあるのだという確固たる信念」(上掲書) に支えられつつ，何とかこれをくぐり抜けることができた。ユングは，この経験について「私が情動をイメージにと変換する ―つまり，情動の中にかくされていたイメージを見出す― ことができた限りにおいて，私は内的に静められ，安心させられた。もし，私がこれらのイメージを情動の中にかくされたままにしておいたなら，私はそれらによって引き裂かれてしまったかも解らない。… 情動の背後に存在する特定のイメージを見出すことが，治療的観点からいかに役立つかを知ることができた」(上掲

書）と記述している。ユングは，これらの空想を『黒の書』（Jung 2020）
に書きとめ，これを丹念なカリグラフィで『赤の書』に書きかえ，それ
に絵を加えた（Jung 2009　河合監訳 2010）。ユングは，この『赤の
書』を美的な作品に仕上げようとする作業を未完のままにとどめ，これ
を科学的に理解する作業にエネルギーを向けるようになった。この作業
が，その後のユングのライフワークの基盤となったのである。

　フロイトの『教義』に反逆したユングは，こうしてその後の内省の時
期を経て，フロイトの精神分析理論の革新性に対して敬意を保ち，自由
連想の基本に沿いつつも，彼独自の考えでこの理論を拡張し，さらに独
自の発展により分析心理学を構築していった。ユングの思索の成果は，
まず1921年の『心理学的類型論（翻訳書名は『タイプ論』）』，そして
1928年の『自我と無意識の関係（翻訳書名は『自我と無意識』）』[xi]として
世に出ることになった。フロイトと出会う以前のユングによる心の探求
は，第9章，第10章の言語連想検査研究やオカルト現象の心理研究とし
て紹介されている。さらにフロイトの精神分析活動に参加する中で明確
になってきたパーソナリティの類型論（タイプ論）や自我と無意識の相
互的関係については第10章，フロイトの精神分析活動から離れて以降の
ユング独自の集合的無意識や元型の理論については第11章，第12章，第
13章に紹介されている。ユングによる生涯発達理論や心理療法において
生じる転移の意義については第14章，ユング自身の心理療法論や技法，
その展開については第15章に紹介されている。

学習課題

課題1　何が私たちを不安にし，葛藤を引き起こし，発達の契機となる
　　　のかを振り返ってみてほしい。そのとき，性欲動という概念は手がか

---

xi　原書名は，Die Beziehungen zwischen dem Ich und dem Unbewussten。

りとして役立つかどうかを考えてみよう。
課題2　ユングがフロイトと出会ったことで得たものは何だったのか？
あなたの考えを自由に述べてみよう。

引用文献

Ellenberger, H.F. 1970　無意識の発見 力動精神医学史 下　木村敏・中井久夫監訳　1980　弘文堂

Freud, S. 1914　精神分析運動の歴史のために　福田覚訳　2010　フロイト全集13　岩波書店

Freud, S. 1915-17　精神分析入門講義　新宮一成・高田珠樹・須藤訓任・道籏泰三訳　2012　フロイト全集15　岩波書店

Freud, S. 1917　精神分析のある難しさ　家高洋訳　2010　フロイト全集16　岩波書店

Jones, E. 1961　フロイトの生涯　竹友安彦・藤井治彦訳　1969　紀伊國屋書店

Jung, C.G. 1928　自我と無意識　松代洋一・渡辺学訳　1995　レグルス文庫　第三文明社

Jung, C.G. 1946　転移の心理学　林道義・磯上恵子訳　1994　みすず書房

Jung, C.G. 1950　変容の象徴 —精神分裂病の前駆症状　第四版の序　野村美紀子訳　1985　筑摩書房

Jung, C.G. 1961　ユング自伝 —思い出，夢，思想1　河合隼雄・藤縄昭・出井淑子訳　1972　みすず書房

Jung, C.G. 2009　赤の書 —新しい書　河合俊雄監訳　2010　創元社

Jung, C.G. 2020　Black Books : 1913-1932 W W Norton & Company

Roazen, P.　フロイトと後継者たち　1971　岸田秀・富田達彦・高橋健次訳　1987　誠信書房

Makari, G.J. 2008　心の革命：精神分析の創造　遠藤不比人訳　2020　みすず書房

Masson, J.M.　編集　フロイト フリースへの手紙　1887-1904　河田晃訳　2001　誠信書房

McGuire, W. 1974　フロイト＝ユンク往復書簡　金森誠也訳　2007　講談社学術文

庫

Shamdasani, S. 2009　序論　新たなる書　赤の書　河合俊雄監訳　2014　創元社

Steel, R.S. 1982　フロイトとユング　久米博・下田節夫訳　1986　紀伊國屋書店

Roudinesco, É. 2014　ジークムント・フロイト伝：同時代のフロイト，現代のフロ
　イト　藤野邦夫訳　2018　講談社

2 | 精神分析臨床がめざすもの

田中健夫

　精神分析は治療実践であるとともに，人間の心に関する理論の体系である。
この章では治療実践の側面に焦点を当てよう。精神分析は何をめざすのだろ
うか。フロイトが取り組んだヒステリーの治療とは，そして精神分析を特徴
づける「転移」とはどういうものかを，現代の臨床とも照らし合わせながら
考えていくことにする。
《キーワード》　精神分析と精神分析的心理療法，ヒステリーの治療，技法，
転移

1. 精神分析とはどのようなものか

　これからジークムント・フロイトによって創始された精神分析につい
てみていく。次からの章でも言葉を変えて関連したことが出てくるが，
それは，別の角度からも繰り返し問われた臨床的に重要なものである。
また，精神分析の学派は幅広く，理論・技法ともに強調点がかなり違う。
筆者は，クライン派と英国対象関係論の考え方に親和性が高く，いきお
いそうした立場からの記述になることをご了承願いたい。
　国際精神分析学会（IPA）は，精神分析（psychoanalysis）の主たる
適用領域として，①心はいかに働くかの理論，②心的問題の治療方法，
③研究の方法，④文学・芸術・映画・パフォーマンス・政治・集団など
の文化的・社会的現象の見方，の４つを挙げている。精神分析の，心の
モデルを提供する理論としての側面と，治療実践は不可分に結びついて
いる。このとき treatment や psychotherapy を「治療」と訳すのは誤

解を与えるかもしれない。精神分析は，「治す」ことを第一義的にするものではなく，患者[i]と分析家との情緒交流を通して，患者自身が自分の無意識的な部分を含めた心のありようを実感し，生き生きとした心を取り戻していく営みだからである。クライン派の精神分析家メルツァーは，次のように指摘する。「『治す』ことの重圧から解放された精神分析は，… 多くの異なった意図を抱くさまざまなタイプの患者を引きつけるようになった。心理学的医学，教育，子どもの養育との間にできる三角形のどこかの領域を擁して」（Meltzer 1967　飛谷訳 2010）独自の実りある方法となった。

　はじめに用語の整理をしておきたい。精神分析は，週に4〜5日，1回が45分から50分間のセッションを定期的にもつものであり，寝椅子に横たわって心に浮かんでくるものを話していくという方法を用いる。訓練を受けた精神分析家が行っており，フロイト以来のセッション頻度を保ったやりかたである。精神分析的心理療法は，週に1回ないし2回程度の面接を，向き合って腰かけて行う方法である。力動的心理療法[ii]や精神療法と呼ばれることもあり，これらはほぼ同義で用いられている。精神分析でみいだされた知見をもとにして，現実的な条件を加味しながら，かかわりの効果の見込まれる患者に対して行われる。精神分析の視点を生かした幅広い実践までを含めて，ここでは精神分析臨床と呼ぶことにする。

2. フロイトの時代と今

　フロイトが最初に取り組んだ治療の対象は，身体症状の華々しいヒステリー[iii]であり，治療のターゲットとしての"心"は自明なものではなかった。ヒステリーの症状には隠れた心的な意味があり，それに気づく

---

i　本章第1節〜第4節では患者と（精神）分析家，それ以降では基本的にクライエントと面接者と表記する。
ii　力動とは，心の働きをある力と力との葛藤として，ダイナミックなものとしてとらえることである。

こと（意識化）によって症状が消失する[iv]という臨床経験を通して，フロイトは人間の心の無意識という領野を発見していった。

　ところで，フロイトの時代と今とでは，心のありかたは変わらないであろうか。

　現代の私たちは，イライラを自覚したり苦しいという気持ちは感じとるけれども，悩みを悩むことは難しいと言われることがある。不快な感情が心の中に保たれて，考えられる（すなわち「悩む」）よりは，SNSのやりとりですぐに発散したり興奮で紛らわせたりする。加えて，不安やフラストレーションが，あたかもすぐに解消できるかのような装置と刺激が現代社会には満ちている。今の私たちにとって，悩むということは，ある条件のもとで可能になるものなのかもしれない。フロイトの時代のように，"ひとまとまりの一貫性のある心" は前提にならず，場面ごとに切り替える "多元的な自己" を使い分けて適応的に過ごしている。フロイトが解明した心のはたらきのモデルは，もはや現代にそのまま適用できないのだろうか。こうした問題意識を頭の片隅に置いておきたい。

　それでは，フロイトが臨床を始めた頃の19世紀末のヨーロッパは，どんな時代だったろうか。生活世界のありようは現代とは大きく違っている。19世紀はその後半にかけて，都市への人口集中と工業化，近代都市の整備が進んだ。コレラの発生による公衆衛生への対応としての下水道の整備により，それまでの生活空間にあった屎尿の臭いがなくなり，墓地や屠殺場は街の外へと移設されて死や穢れの排除がおこなわれていった（大山 2020 第2章を参照）。放埒であった「性」の考え方も変化して隠されるようになる一方で，セクシュアリティは「性科学」という新しい分野として，自然科学的な視点からの研究が盛んになった。大山が

iii　ヒステリーは，ヒステラ（子宮）がさわぐ女性特有の病気とされていた。現代の疾病基準では，病名としての「ヒステリー」は消えているが，ヒステリー的なパーソナリティ傾向をもつ人は，精神分析をはじめとする関係性を取り扱う心理療法によく反応する。

iv　現在は，このようなシンプルな原理だけで治療効果があるとは考えられていない。

指摘するように，「フロイトにとって生きた必然的な概念が，今の私たちには必ずしも生きた概念であるとは限らない。」（上掲書 p.14）　このこともふまえて，考えていくことにしよう。

3. ヒステリーの治療

　このような19世紀末の時代背景のもとで精神分析は誕生した。精神分析の発展史をまとめたマカーリ（Makari, G.J. 2008）によると，精神分析の成立には次の3つの科学的領野が先行したという。第一はフランスの精神病理学である。フロイトは1895年，心理学研究の最先端でその中心地だったパリに留学をした。そこで，神経病理学者であるシャルコーが，催眠下の暗示によってヒステリー現象を生じさせる実演を目の当たりにして衝撃を受けている。「想像力が人をして病にする」のであれば，観念がその身体麻痺を治すことができるとして，患者の"心"に集中する態度をフロイトは獲得していった。第二は，ドイツの精神物理学（知覚心理学）からの影響である。ヘルムホルツらは，感覚的に弁別できる最小の差異（弁別閾）を計量的に測定し，無意識的な心的内容が日常的に存在することを提唱した。フェヒナーの，「夢が活動する場面は覚醒時の表象生活とは別のところにある」という考えに触発されて，フロイトは夢の理論の創出へと向かった。精神物理学では，科学的な数量化では説明しつくせない心の作用を，認識の錯誤や限界（心理学的閾）としたが，フロイトは，錯誤そのものに欲望や自由意志があり，夢には欲望を満たしたり隠蔽したりする無意識のはたらきがあると考えた。第三は，性科学の理論による影響であり，その到達点から取捨選択をして独自の欲動論をまとめあげていった。

　さて，フロイトがヒステリーの治療にたずさわり始めたのは，1880年代，ウィーンの神経科医ヨーゼフ・ブロイアー（Breuer, J.）との共同

34

研究であった。ヒステリーは，19世紀末においては広く知られた疾患でありながら，医師たちはその症状の理解と治療法をみいだすことに格闘していた。ヒステリーの症状は多彩で，神経性の咳，身体麻痺や五感の障害，不安発作，失立・失歩・失声など，日常生活に支障をきたすものであった。しかも症状は偶然に現れたり消えたりして，詐病の疑いももたれていた。この病の原因は何なのか，心的な要因によって引き起こされたものなのか。『ヒステリー研究』（1895）は，フロイト40歳間近の著作で，5人の患者との治療が詳述されている。そのアプローチの変遷を辿ると，試行錯誤をしながら治療対象としての心をみいだし，どのように心への接近法を修正していったかがよくわかる。

　フロイトは，ヒステリー症状は患者の性格によるものではなく，その症状の前の何らかのできごとが誘因となった耐えがたい観念 —無意識に抑圧されたもの— により引き起こされる[v]，と考えた。そのできごとが，いつ・どこから始まったかを特定し言語化できると症状は消えていった。患者の額を圧迫し，浮かんだことは何であっても言うように指示する前額法は答えを押し求めるかのようだが，そこには，彼女（患者）はどこかで知っているという経験的な確信があったのであろう。

　フロイトの最初の症例（エミー・フォン・N夫人）は，チックと顔面麻痺・吃音，舌打ちなどの症状があったのだが，催眠下暗示のもとで外傷的なできごとを皮を剥ぐように語っていった。そうしてヒステリーの源泉に，性的なものの抑圧が決定的な役割を果たしていることを発見した。また，患者が，「（次々と）尋ねるのはやめて下さい。そうでなくて，私が先生に言わなければならないことを語らせてください」（Freud 1985　芝訳 2008）と求め，それに応じたことも報告されている。患者が自ら語ることの意義に気づき始め，次の症例からは催眠法をやめて前額法による自由連想を適用した。

---

v　あるできごと（誘因）から時差のもとで症状として現れるのが「事後性」という概念である。第4章で触れる。

　フロイトの症例の5例目はエリザベート・フォン・R.であり，ヒステリーの最初の完全な分析と言われる。どのような治療であったかを紹介しよう。彼女は24歳，大腿部の激しい痛みと歩行の困難を2年以上患っていた。この歩行障害が最初に現れたのは，彼女が慢性心臓病だった父親を看病しているときだった。父親の死から間もなく，今度は彼女の姉が，妊娠による心臓病悪化で急死していた。

　自由連想をうながすと，彼女は，父親の看病中のエピソードと罪悪感を想起した。それは，彼女が秘密にしていた恋人とのパーティに参加して幸せな気持ちで帰宅すると，父親の病状が悪化していたできごとである。また，義兄との保養地での散歩の途中に痛みが始まり，一人で立っていることができなくなった。痛みが特にひどくなったできごとに焦点づけた想起がうながされ，そこにある何らかのつながりに，エリザベートは恐れおののきながらも目を向けていった。そして，姉が死んだとき，「今，彼（義兄）はまた自由になった。これで私が彼の奥さんになれる」という考えがまばゆい稲妻が走ったように浮かび，そのことを語ると症状は消失した。その後の顛末として，「娘は先生に対して激怒しています。先生が自分の秘密を傷つけたという理由でです」（上掲書）という母親の手紙を受け取ったこと，しかしフロイトには自信があり，あるダンスパーティーで彼女が速いテンポのダンスを踊っているのを目撃し，別の男性と恋愛結婚したと締め括られている。あたかも短編小説のようであり，症状と関連する心的過程がありのままに記述されている。

　ヒステリー患者は，性的な願望を巧妙に充足するとともに，自分自身を症状によって罰している。エリザベートの場合は，痛みをつくりだすことによって，自分が姉の夫を愛しているという確信を抱かずに済ませることに成功していた。このつながりが意識化されることで病因となる情動が解放され，決定的な回復がなされた。受け入れがたく抑圧されて

いた異物（性的な欲望）を，想起と語りによって自分史のなかに組み込んでいったのである。フロイトは，同書の末尾でこのように述べている；「確かに，あなたの苦しみを取り除くことに関しては，運命の方が私よりも容易くことを運ぶでしょう。それは疑いがありません。しかし，あなたはヒステリーのせいで哀れな状態にありますが，それをありきたりの不幸にうまく変えられるのなら多くのことを得られるのだと，あなたは確信するでしょう」（上掲書）と。不幸を取り除く，あるいは治すとは述べておらず，心の真実をありのままにみつめていくことの治療的意義を確信していたと考えられる。

　転移を発見した有名な症例「ドラ」も多彩なヒステリー症状を呈していた。彼女の分析は1900年10月から行われ，11週間で中断している。フロイトはこの中断を振り返り，転移の視点を数年かけてみいだしていった。「転移は，精神分析の最大の障壁となるべく定められてはいる。しかしその都度転移を察知して，患者に向けて翻訳することに成功すれば，転移は精神分析の最も強力な援軍ともなる」（Freud 1905　渡邉・草野訳 2009）とした。こうして精神分析の方法論の基礎となるものは，後

図2-1　「催眠状態」のヒステ
リー患者
サルペトリエール病院，1879年
（写真提供　ユニフォトプレス）

述する技法の確立とともに，少なくともフロイトが国際精神分析協会を
設立した1910年までには出揃った。

4. フロイトの臨床理論と技法

　ヒステリーの治療を通してみいだされた概念と技法には，精神分析の
エッセンスが詰まっている。ある心的な力で意識から無意識に抑圧され
た性的な内容をもつ記憶が，後年になって何らかのきっかけ（外傷的な
空想）により，象徴的な症状を形成する。精神分析は，このプロセスを
逆にたどって，抑圧されたものを再発見・意識化する営みとされた。こ
こに挙げた諸要素にはさらなる問いが含まれるが，原点はフロイトの思
索にある。臨床理論と技法の展開について，キノドス（Quinodoz, J-M.
2004）を参考に整理をしよう。

催眠法から自由連想法へ

　催眠法と暗示を用いて想起をうながす治療による症状の改善は，長続
きしなかった。これらの技法を棄て，「心に浮かぶことをすべて口に出
して言うように」と指示すると，自発的な連想のプロセスのなかで，症
状の誘因となる記憶が語られていった。しかしそれは，意識することが
耐えられないゆえに抑圧されたものなので，連想はスムーズには広がら
ない。その妨げ，「抵抗」のあるところに，患者の過去の大切な素材が
含まれていることをフロイトは指摘した。

　なお，自由連想のやりかたであるが，「ドラ」の治療においても，フ
ロイトは自身の理論的な関心に沿った質問をして連想をうながしている。
こうした焦点づけは，患者の自由な連想の流れにすべてを委ねる，1910
年代の技法論文で提示した現代に通じるやりかた[vi]とは根本的に異なっ
ている。自由連想法とは，何を/どこまでするかという到達点が決まっ
ていない，誰もその答えを知ってはいない方法である。

38

性的なものが果たす役割

　フロイトは，患者の語りの中に性的な外傷や不安を繰り返し認めた。しかし，語られる性的内容が本当には起きていないのではと疑いをもつようになり，決定的な性的外傷は，空想や欲動に左右されたものと考えるようになった。後年には再び外傷の現実性に立ち戻ることになるが，観念（空想）が症状を形成するという考え方が，精神分析理論の発展に大きく寄与した。性的なものが誘因となって症状は事後的に現れる。そして，無意識のなかに抑圧されているものとのつながりに気づくことが，治療においては決定的に重要となる。

象徴表現としてのヒステリー症状

　症例エリザベートの失立・失歩は，「象徴による機能麻痺と見なしえた」と指摘する。象徴とは，精神分析の場合，無意識的なものを代理するもの，置き換えられたもののことである。エリザベートには一人で立っていることの苦痛があり，さらに彼女は自分の寄る辺なさと「その場から一歩も前に踏み出せない」感覚を述べていた。ヒステリーの症状には，気づいていない無意識的な葛藤や不安の「器官言語」としての意味がある。すなわち，自立して歩んでいくことの主題が，身体の症状として象徴的にあらわれていたのである。

---

vi　フロイトは，自由連想の説明を最初の時点でしなければならないとして，「基本規則」を以下のように示している。

　まず，「あなたがご自身について知っていることを話してお聞かせください」と伝える。そして，「普通の会話とは違ったふうにしていただきたい。… ここで話すにはふさわしくないとか，取るに足りないとか …，ここで話す必要などはない，とこころの中で言いたくなるかもしれません。… むしろ，言うことに嫌気を感じるからこそ，あなたはそれを言わなければならないのです。… 頭に浮かんだことは何でもお話ください。たとえば，あなたが列車の窓際に座る旅行者だとして，車両の内部の人に窓から見える移り変わる景色を描写して聞かせるようにしてみてください。… 何やかやの理由でそれを話すのが不快だからといって，何かを省いてしまわないでください。」というものである。（Freud 1913　藤山監訳 2014, pp.49-50）　こうした教示をふまえた自由連想により立ち現れてくる空想において，分析家はさまざまな役割が割り当てられて，転移が展開していく。

転移の発見

　転移という言葉は，『ヒステリー研究』で最初に用いられている。「分析の内容から浮かび上がってきた苦痛な諸表象を，医者という人間に転移」することが頻繁に起こり，それは克服されるべき「間違った結びつき」（上掲書，p.386）だと注目している。

　転移の臨床上の有用性は，「ドラ」が去ってから発見された。治療は，ドラが突然に一方的に終えるというかたちで中断した。フロイトはその後に記録を整理し，ドラが分析家フロイトを，誘惑してきたＫ氏や父親であるかのように体験し当惑していたという転移の痕跡をつかんだ。タイミングよく解釈できなかったことを悔やみながらも，それを時間内につかんで解釈したならばおそらく患者が分析を中断するのを防ぐことができただろうと結論した。ただしこの中断の経験と向かい合うには，1905年に出版されるまでの5年を要している。ここで転移は，過去のとりわけ幼児期の人物との経験を再現すること，感情・欲望・空想やシナリオ全体さえを分析家のうえに移すことと定義された。

　1914年の論文「想起すること，反復すること，ワークスルーすること」では，転移の本質を反復強迫にみいだし，「その反復が忘れられた過去を医師に転移するのみならず，現在状況のその他あらゆる側面へと転移する」（Freud 1914　藤山監訳 2014, p.67）とした。そして，転移が治療的変化を媒介するものであることを次のように述べている。「私たちは転移を反復強迫のためのひとつの遊び場として許す。その遊び場では反復強迫がほとんど完全な自由をもって展開することが許され，患者のこころに隠れていた病因的欲動の道筋のなかで私たちにすべてを提示することになるのである。」（上掲書 p.71）

　以上のようにフロイトは，転移を治療の妨害物のように最初は見ていたが，治療に役立つものとして，転移を扱う技法とその限界をみきわめ

ていった。一方，転移を向けられた分析家の情緒反応である逆転移（counter-transference）の概念は，フロイトの著作にはほとんど登場しない。

技法論文

　フロイトは，精神分析という方法を確立した直後の1911年から1914年の間に，6本の技法論文を書いている。精神分析状況というものを成り立たせるための設定（setting）について，カウチと肘掛け椅子，高頻度のセッション，精神分析的態度を取りあげている。「治療の開始について」（1913）では，開始にあたって試行期間を設けて患者が治療に適しているかを判断すること，時間と料金について取り決めること，自由連想のはじめかた，抵抗への対応について具体的に提案している。寝椅子（カウチ）を使う理由について，（分析家が）「自分の無意識的思考の流れに身をゆだねているから」患者に影響を与えないようにと説明している。藤山（2008）は，フロイトはおそらく，精神分析的な時間の実現のためには「ひとりでいるという契機，すなわちパーソナルな孤立ということが重要であることを知って」おり，通常起こりえない親密さに身をゆだねるために，ふたりの人間をいったん隔離する装置としてカウチ設定が重要な意味をもつと述べている。そして，「分析家もまた自分のなかに湧き起こるものを捕まえようとするなら，ひとりにならなければ

図2-2　カウチを用いた精神分析
（左側は分析家の座る椅子）

ならない」（上掲書，p.262）とも指摘する。

　「精神分析を実践する医師への勧め」（1912）では，何か特定のことに注意を向けるということをしない「平等に漂う注意」の維持や，分析家が「伝達してくる患者の無意識に対して，自分自身の無意識を受容器官のように差し向け」「マイクに合うように調整されるように，患者に合わせて自分自身を調整しなければならない」と，自らの無意識を道具として用いる態度について述べている。

　なお，ここで引用した文献が収められている『フロイト技法論集』（2014）は読みやすい。藤山（2008）がこれら一連の技法論文について，精神分析家として紹介をしている文章を引用しておこう；

　「この技法に関する諸論文のような場合に，… 臨床という営みのもつ生々しさ，直接性，振動にまともに向き合っているフロイトがそこにいる。まともに向き合うことは動揺と困惑を生む。フロイトはそうしたたじろぎを消すための場所でなく，十分にたじろぐことができる場所として『容れもの』としての精神分析状況を創造し，そのなかで人間が大きな変化を遂げうる媒介としての『なかみ』，たじろぎの根源として転移に形を与えた。」（上掲書，p.270）

　フロイトの技法論文は，治療の行き詰まりをいかに理解し，もちこたえ，どう突破していくかの模索の中で編み出されていったものであり，その骨格は現在においても踏襲されている。

5. 現代における精神分析臨床

　精神分析は，フロイトが対象としたヒステリーや強迫神経症から，精神病，発達障害へとその対象を拡大していった。また年齢も，幼い子どもから高齢者にまで広がっている。

　何が不安を引き起こすのかという見方についても変遷している。フロ

イトは，何が人を動かすかについて，性欲動という言葉で人と結びつこうとする欲求を中心に据え，後期理論においては死の欲動を加えて，生の欲動[vii]との二元論を提起した。生得的な欲動の性質を定義しようと，いったん確立した理論を何度も改訂した。ふたつの欲動の間には大きな開きがあるが，攻撃的な欲動の一部は生きる力と融合して緩和され，成長において必要な要素となることも想定した。

クライン（Klein, M.）は，子どもの遊びは自由連想に等しいものとみなして精神分析を子どもに適用した。彼女は，幼い子どもの中に愛する欲動とともに，憎しみが存在することに気づいた。それは，理想化されたり怖ろしい人物となった空想として遊びの中にあらわれた。愛と憎しみの間には絶えず抗争があり，自分の中にも相手にも存在する破壊的なものに取り組むことが成長をうながすことを示した。そして，過度の攻撃性をもった無意識的空想が引き起こす不安や罪悪感から，いかに心の自由を守るかが生きるうえでの重要なテーマだとみなした。ビオン（Bion, W.R.）は，知ろうとすること，真実へと向かう姿勢に目を向けた。それは，かかわりの経験から学ぶこと，知らないことにもちこたえることでもある（第6章で詳述する）。あるいは，コフート（Kohut, H.）は「自己愛（障害）」を，土居健郎は「甘え」を精神分析的理解の中核に置いている。

こうした主題を関係性のなかで取り扱っていくのが精神分析臨床である。現代において技法的には，転移-逆転移の理解とその活用に着目している。

転移のとらえかたや実際の取り扱いに，学派による違いはあるものの，転移が「治療のαでありωである」ことは現代において共通認識となっている。転移は，安定した設定のもとでひとりでに生起してくるも

---

vii　りっしんべん（「忄」）が取れている。フロイトは，ふたつの欲動（本能）を対立させる二元論で考える傾向があった。初期理論の性欲動と自己保存欲動（個体の保存に必要なさまざまな身体機能など）を合わせて，後期は結合・統一の方向ではたらく生の欲動を考えた。

のであり，面接者とのあいだではリアルに感じられる。それはまさに「情緒の嵐」であり，人と人が出会うのはそういうことだと実感する。価値中立的に耳を傾けている面接者の言葉や態度が，クライエントにとって主観的に，過去のあるいは今の周囲の重要な人物のある側面を反映しているように感じられていく。

　たとえば，「母親は，私が子どもの頃に自分（母親自身）のことにとらわれていて，私に関心を向けてくれなかった。きょうだいばかりを大事にした」という語りに出会ったとしよう。その実際は，関心を向けてやさしく接してくれたこともあれば，母親自身の悩みや仕事にとらわれて子どもであった私に愛情を向けられなかったこともあっただろう。しかし，いま語っている成人のクライエントにとって，関心を向けられなかったという気持ちは主観的には事実で，切実である。そうして話していると，面接者のある言葉やふるまいに出会い，面接者もやはり冷たく，他のクライエントばかり大事にしていると転移的に体験されることが起こるかもしれない。クライエントはそうした感覚を態度で示したり，責める口調で伝えてきたりもする。面接者はそのとき，これは転移であって実際の私はそうではないと説明したり否定したりするのではなく，この転移関係のなりゆきを生きていく。起きていることを言葉で共有しながら，クライエントの主観的事実が関係性のなかで少しずつ変化していくのが精神分析臨床である。（こうした記述はわかりづらいかもしれないが，例えば，あの人がそうだったから〔過去〕，この人もこんなふうに感じているに違いない〔今の関係性〕と思い込みをしたような日常経験を，まずは想像してみてほしい。）

　いくつかのポイントを整理しておこう。

① 設定が一定であることで転移の理解が可能になる。たとえば，面接者の都合で面接時間の変更がなされたとする。その回の面接で「人は身

勝手だ」という語りがあったとき，それが現実に根ざしたものなのか，クライエントの生きてきた「物語」の表明なのかが区別できなくなってしまう。この場合はおそらく面接者の行動との関連が高いのだが，できるかぎり現実と空想とを混ざらせてしまうことのない安定した面接設定において，転移は自由に展開していくことができる。

② 転移は，面接者の逆転移を手がかりに把握される。そのとき，面接者の情緒反応が，クライエントによってもたらされたものか，面接者の個人的な事情による反応なのかを峻別する必要がある。前者はクライエント理解につながるが，後者はそうではないからである。面接者が個人分析を受けて，自分の反応の偏りや心のはたらき方について熟知していることが，こうしたかかわりを可能とする。

③ 転移の中味は，"何が人を動かすか"にかかわるものである。その多くはクライエントにとって異物と感じて心に統合しづらいもの，過剰だったり否定的なものである。そういったものを転移として向けられると，面接者も動揺し，転移に巻き込まれることになるのだが，それを遠ざけてしまうことなく，「かかわりのなかに身をおきつつそれを振り返る」（福本 2020）という観察と内省機能が精神分析臨床を支える。

④ 転移の内容を伝えて共有しようとする解釈は，言葉による。クライエントが強い何かとして感じているが言葉にならないものを，面接者が言語にして伝え返すわけなので，ここには水準のズレがある。また，「解釈」は，面接者が自分の考えをクライエントに吹き込んでいるというようなものではなく，面接者の心が感知したものの仮説的提示であることに留意したい。クライエント自らが，発見し実感していくことこそが大事である。なお，イメージや言葉にならないものを重視するが，言葉から離れないことが精神分析の特徴でもある。

⑤ クライエントがこれまで心に抱いてきた「物語」は，たとえそれが

否定的なものであっても，それはクライエントの個人史を支えてきたものと言える。それが実際とは異なることを，転移関係のなかで実感することが起こっていく。人とはそういうものではないのかもしれない，あるいは前述の例であれば，母親は私にも関心を向けてくれたという実感をもった気づきである。その気づきの衝撃は大きく，それを心の中に収めていくのには時間とプロセスが必要である。

　私たちは本当には自分のことを知らないし，クライエントのことについても知らない。この認識は，クライエントに固有の主体性を徹底的に大切にすることとつながっている。

学習課題

課題1　『ヒステリー研究』の症例ひとつを読んで，情緒を伴って想起したヒステリーの誘因となった過去のできごとは何で，それはどのようなやりとりで表出されたか。意識化し，言葉で語ることが何をもたらしたかについて整理しよう。

課題2　心に浮かんでくるものを自由に話す（書き出す）ことをしてみて，その困難はどのようなものか考察してみよう。

課題3　あなた自身の心を最も大きく動かすものは何か，本章を参考にして挙げてみよう。

引用文献

Freud, S. 1895　ヒステリー研究　芝伸太郎訳　2008　フロイト全集2　岩波書店
Freud, S. 1905　あるヒステリー分析の断片［ドーラ］　渡邉俊之・草野シュワルツ美穂子訳　2009　フロイト全集6　岩波書店

Freud, S. 1911-15　フロイト技法論集　藤山直樹監訳，坂井俊之・鈴木菜実子訳　2014　岩崎学術出版社

Freud, S. 1912　精神分析を実践する医師への勧め　藤山直樹編・監訳，坂井俊之・鈴木菜実子編・訳　2014　フロイト技法論集　岩崎学術出版社

Freud, S. 1913　治療の開始について（精神分析技法に関するさらなる勧めⅠ）　藤山直樹編・監訳，坂井俊之・鈴木菜実子編・訳　2014　フロイト技法論集　岩崎学術出版社

Freud, S. 1914　想起すること，反復すること，ワークスルーすること　藤山直樹編・監訳，坂井俊之・鈴木菜実子編・訳　2014　フロイト技法論集　岩崎学術出版社

Freud, S. & Breuer, J. 1895　ヒステリー研究　芝伸太郎訳　2008　フロイト全集2　岩波書店

藤山直樹　2008　発見とたじろぎ：「技法に関する諸論文」に聴くフロイトの肉声　西園昌久監修，北山修編集代表　現代フロイト読本1　みすず書房　pp.252-272.

福本　修　2020　精神分析的アプローチからみた自閉スペクトラム症と自閉スペクトラム心性について　精神神経学雑誌，122(12)，893-909.

Makari, G. J. 2008　心の革命：精神分析の創造　遠藤不比人訳　2020　みすず書房

Meltzer, D. 1967　精神分析過程　松木邦裕監訳，飛谷渉訳　2010　金剛出版

大山泰宏　2020　日常性の心理療法　日本評論社

Quinodoz, J-M. 2004　フロイトを読む：年代順に紐解くフロイト著作　福本修監訳　2013　岩崎学術出版社

3 | 無意識という心の生活

田中健夫

　私たちは，意図して動いたり，集中したり，迷ったりぼーっとしたりして日々を過ごしている。心というものに目が向くのは，日常のこうした営みに妨げを感じるときである。何かが失われてはじめて，それまであったものに思いを馳せる ―それはある関係性であったり，自分の居場所だったりする。あたかも喪失によって生まれた空間が，心に向ける注意を始動させるかのようである。無意識[i]という心の生活を考えるのは，そうした必然性があり，変化や成長というテーマが立ち現れてくるときかもしれない。

　この章では，夢見ること，エディプス・コンプレックス，対象喪失という，精神分析の基本となる主題をみていく。なお，フロイトの思索に加えて，現代の精神分析臨床において共通基盤のひとつとなっている対象関係論の視点を適宜補足する。

《キーワード》 無意識，夢，エディプス・コンプレックス，対象喪失

1. 夢解釈は無意識への王道

　夢については19世紀末においても多くの書物があったが，医師をはじめ科学者たちは，夢には心理的現象としての価値はなく，単に生理学的な機能しかないという説明をしていた。一方でフロイトは，自由連想法を取り入れて治療をしていくと患者たちが夢を語るようになったことから，夢の意味への関心を深めていった。1896年の父ヤコブの死と，それに続く不安発作と抑うつという内的危機を経験していたフロイトは，ベルリンに住む友人で耳鼻科医のフリースと手紙のやりとり（「自己分析」）をしながら，自身の夢を解釈していった。

---

i　無意識（unconscious）。なお基礎心理学では，意識できない心の部分を非意識（non-conscious）と，区別して呼んでいる。

　1900年に発刊された『夢解釈』は精神分析をつくったといえる記念碑的な著作であり，そのなかでは，夢のメカニズムの解明を通して心のはたらき方についての着想が提起されている。フロイトは，夢を症状と等価のものとして扱い，症状理解のために考え出された方法を夢解釈にも適用した。翌1901年には，出版社の求めにより縮約版『夢について』を著している。教育的な目的で書かれたわかりやすいものであり，それも参照しながら説明をする。

夢の目的と夢工作

　フロイトはまず，夢の意味は，夢を見た人（夢見手）による，夢の個々ばらばらの要素に対する思いつきによってもたらされると述べる。批判をはさまずに連想を辿っていけば，意味をなしてつながる一連の思考と，強い情動の蠢きが浮かび上がってくる。そして，夢を，顕在的夢内容（自分の覚えている夢）と，潜在的夢内容（それを生み出した本来の無意識的な動機）の二つに分ける。この二つの間には秘められたつながりが想定されている。潜在内容を，より受けいれられやすい顕在夢に変形する心の活動を「夢の作業（dream-work）」と呼んだ。ちなみに，最新の翻訳であるフロイト全集（2006〜2012年に刊行，岩波書店）でdream-work は「夢工作」と訳されている。「工作」という訳は，夢の真意を隠蔽・改竄する，さながら暴かれたら国家が転覆する機密をあらゆる手で抑え込もうとしているような印象を与えるが，顕すよりも隠す方に重点のある生産的ではない work の本質を「工作」という訳語はよく表している。夢解釈の課題は，顕在夢を出発点として逆方向に辿ってその隠された意味をみいだそうとすること，すなわちつながりの再意識化である。

　では夢の目的は何だろうか？　それは「ある（抑え込まれ，抑圧された）欲望の成就」だと述べる。その単純な例は，食べそこねたものを夢

の中で食べる，遊びの続きを夢でするなどであり，フロイトの娘や甥の見た夢が例示されている。けれども大人の見る夢ははるかに複雑で，その隠れた動機はすぐにはわからないように偽装されている。『夢解釈』第2章では，フロイト自身が見た「イルマの注射」の夢について，文節ごとに区切ってその解釈が示されている。この夢は，広いホールの中にいた，フロイトの患者であるイルマに対して，例の「解決法」をまだ受け入れていないと非難し，「まだ痛むと言ったって，実のところそれは君のせいではないか」と言うところから始まる。夢はこの後も長く続き，友人オットーのした注射が問題だったという結論で終わる。イルマがまだ病気で苦しんでいるとしても，その責任は自分にはなくオットーにあるという欲望 ―自分の治療法について反対されたことへの復讐と，患者の病気が改善しない責任を免れたい― が成就されたと解明されている。

　潜在内容を偽装する機制としてフロイトは4つを挙げた。それは，圧縮（縮合），アクセントの移動（遷移），表象（表現）可能性への顧慮，二次加工である。圧縮とは夢のイメージの中にさまざまな要素を押し込み合成することである。アクセントの移動は夢の重要なところを中心からずらすこと，表象可能性への顧慮は夢思考の視覚像への変形（具象化），二次加工は夢内容を筋の通った構成となるように配置することである。夢のなかに情緒的要素があることが，重要性を判別するときに準拠すべきものだともいう。また，ほとんどの夢の分析は性愛的欲望，とりわけ抑圧された幼児期の性欲望に帰着するとした。『夢解釈』では，版を重ねるごとの加筆によって類型夢（誰の身の上にも同じような具合で現れ，同一の意義があると想定できる夢）の例示が膨れあがっていった。夢における象徴表現が，とりわけ性的象徴に還元的にあてはめる記述が繰り返されている。夢だけを取り出して「夢の辞典」をもとに象徴

解釈するというような分析は，ほどなく中心的な方法ではなくなっていった。

　第一次世界大戦後にフロイトは，戦争神経症者が反復的に見る苦痛な外傷夢 —欲望成就では説明ができない— に出会い，大きな戸惑いを経験するのだが，それは「不安を掻き立てることで刺激制覇を後からやり直そうとしている」反復強迫に従うものという例外として，夢の目的は欲望成就だとする理解は変更しなかった。夢は伝達道具ではなく「もともと理解されないことを狙っているもの」だと書いているように，フロイトにとって夢解釈は，諸要素から浮かび上がってくる連想に，象徴による理解を加え，「特定の考えが核心的に反復的に現れている」ところにみられる潜在内容のつながりを再発見することであった。

転移と夢見ること

　さて，有名な命題である「夢解釈は … 心の生活の無意識を知るための王道である」（Freud 1900　新宮訳 2011, p.412）が示す通り，夢を理解することは現代においても無意識への通路として重要な位置づけをもっている。しかしながら，夢の臨床的な取り扱いは大きく変わり，現代の精神分析臨床の多くでは，夢だけを取り出して象徴解釈することは行わない。要素ごとの連想をもとに夢（の語り）を面接関係，すなわち転移の文脈で理解するということが基本的に共有されている。面接者もクライエントの夢の一部かもしれず，いまの面接関係の質が夢に反映していると考える。シーガルは，分析状況の中で患者が夢を使って心的内容を排泄したり分析家との関係性の中で再演したりすることを例示し，「夢の内容だけを追いかけることには限界がある」と指摘する。そして夢見る人を分析するという観点を強調し，「夢の形式，夢が語られる様子，および夢がセッションの中で果たす機能を考慮に入れるなら，我々の理解ははるかに豊かになる」（Segal 1991　新宮監訳 1994）とした。

面接関係においてこの夢がどのような役割を果たしているかと問う視点を加えるということの意義である。

　さらには，心の働きとしての「夢見ること」への着目，目覚めていながら夢見の水準で「もの想い（reverie）」するという交流に意義をみいだしている。夢は「隠蔽」ではなく，退行的な状態のもとでその人の思考を生き生きと表現しているのであるから，夢が語られるのを聴くときは面接者も起きていて夢見るように自由に心を漂わせる（ビオン），ということである。たとえば，松木・藤山（2015）の『夢，夢見ること』で紹介されている，ある1週間の素材（藤山による週4回の精神分析）では，いかに「夢みられていない夢」の内容が，分析家のもの想いによって，より意味合いをもつ「夢みられている夢」に変形されていったか，そして転移の文脈が夢にいかにあらわれてくるかが描写されており興味深い。夢の水準（物語性）という考え方をふまえると，夢の中には平面的で象徴性の乏しい内容も混在しており，それを仕分ける必要性を認識しておかねばならない。どういう夢なのかだけでなく，「なぜ今この夢をみたのか」「夢は夢見られているのか」という視点で面接関係（転移）と照らし合わせて考えていくのが大切なのである。

2. エディプス・コンプレックス

　フロイトは，父を殺して母を娶る<ruby>娶<rt>めと</rt></ruby>というエディプス神話にもとづくエディプス・コンプレックスが提起する，さまざまな無意識的テーマの重要性とその普遍性に留意を促していた。エディプス的な葛藤を念頭に置いて探索を進めるのは，精神分析（的心理療法）において今も中心的な課題である。

三角空間が意味するもの

　精神分析には三角形のモチーフがよく出てくる。エディプスの物語に

入る前に，それはどういうことかについて触れておこう。たとえばよく
知られているものに「葛藤の三角形」があり，これはクライエントの内
部で葛藤を形づくる，防衛・不安・隠された感情（あるいは衝動），で
ある。マラン（Malan 1992）が挙げている，「お母さんを拒絶している
（防衛）のは，見捨てられたことへの悲しみと怒り（隠された感情）を
避けようとしているからだ。なぜかと言うと，それらの気持ちで圧倒さ
れてしまうのを恐れているから（不安）なんだよ」（p.18）という3つ
を関連づけた解釈がありうる。もうひとつは，メニンガーの「洞察の三
角形」（マランでは「ひとの三角形」）であり，今ここ（面接内での転
移）・現在の生活場面における他者との関係・過去の親との関係につい
て，その人の反復パターンを結びつけた解釈である。クライエントの内
界の理解をうながす包括的な解釈の基本形として，これらは役に立つも
のである（図3-1）。

　また，精神分析（的心理療法）は，面接者-クライエントという二者
関係でなされるものであるゆえ，第三の視点 ─面接者がクライエント
との関係から独立した，面接者自身の心の動きをキャッチする第三のポ

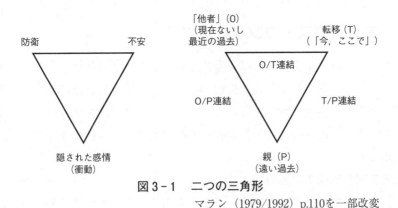

図3-1　二つの三角形
マラン（1979/1992）p.110を一部改変

ジション― との対話は重要である。クライアントの立場に立ち，二者関係に情緒的に深く入り込みながら，それを観察する視座を面接者の心のなかで同時に保つことは，困難ではあるが不可欠である。三角形のそれぞれの定点が維持されることで，その中に，思いめぐらすことのできる心理的な空間（psychological space）ができる。

　定点が維持されるについてもう少し説明しよう。「三角測量」という方法があるが，それは基準点2つが定まれば，その間の距離（基線の長さ）と目標点への角度を測定することによって目標点の位置が決定できる。基準点が動いてしまうと測量は成立しないのである。

　たとえば，ひとつの原型としての家-族：父-母-子の三角形を考えてみよう。（以下，子どもの視点から述べていく。）子どもとつながる2つの辺は，子-父と子-母である。父-母の結合の性質（性愛）は，子どもからすぐには理解できない。親子とは異なる原理による結びつきを認識したときに，子どもはそこから排除されていると感じるかもしれない。この各"つながり"にある別々の性質を，子どもはさまざまに空想するであろう。家族ごっこでなされる役割交換はさながら思考実験のようでもある。空想としてたっぷり遊ばれた後，現実の役割（定点）へと戻ってくる。しかし，もしその定点が現実にずらされたならば，すなわち子どもが親の位置にいって，もう一人の親と性愛で結びつきカップルになったら，そこにある三角空間は失われてしまう。エディプスの物語の底流にある居住まいの悪さや自己不信は残るにせよ，関係性のありかたが思考・・されることはなくなる。このことについて，英国対象関係論のブリトンは，「愛情および憎悪の関係にあると知覚される両親の間の結合が子どもの心において耐えられうるならば，それは子どもに，彼が参加者ではなく証人であるという第三の種類の対象関係のための原型を供給する」（Britton 1993　福本訳 2004, p.172）として，内的な三角空間を損な

わない状態で保つことにかかっていると述べている。ここにもちこたえることが，観察し認識するというポジションと，自分が観察されることの想像へと道を開くという。それはつまり，自分が人と交流しているありかたを見る，自分自身の視点を保持しつつ別の見方を受け入れるという内的世界の発達につながるものである。第三のポジションが失われ（定点がずらされ）ることの問題という論点は，フロイトが提示したものの大幅な拡張であるが，エディプス・コンプレックスという付置を ―この関係性を― どう理解して，知的好奇心を殺さずに生き延びることができるかという人生における課題でもある。この節では，家族の多様なかたちがあることを前提に，もの想いの水準で考えていくことにしよう。

エディプスの物語

ソポクレスによる『オイディプス王』の物語を紹介する。

テーバイの王ライオスは，子をもうけるべからず，これに反すれば，生まれた子は父殺しになるだろうという神託を受けながら，妻イオカステとの間に子をもうけた。王は子どもの 踝 に孔をあけて両足を縛って山中に棄てさせた（腫れた足を持てる Oidi-pus）。しかし子どもは，隣国コリントス王の羊飼いに拾われ，王宮で育てられ，王と妃を両親だと信じていた。ところが成長をしたエディプスと喧嘩をした友だちが彼を棄児と罵った。彼は家を棄てて神託の真相をただそうと旅立った途中で，ライオス王に出くわし，道の譲り合いから喧嘩となって，知らずして殺してしまった。

次に，テーバイの道をふさいで道行く人に謎をかけ，それが解けないと殺していた化け物のスフィンクスに出会い，その謎を解くと，化け物は岩から身を投げて死んだ。

その功によってエディプスはテーバイの王として迎え入れられ，イオ

カステを妻としたが，疫病が流行する。ギリシア神話をもとしたソポクレスの戯曲は，ここからの謎解きとして始まる。悪疫の原因はライオス殺しにあるとされ，エディプスは，犯人を明らかにしようと証言を集めていく。ついには彼自身が疑いもなくその犯人であることを知り，母親にして妻であったイオカステは首を吊って死に，エディプスは彼女が着物を止めるのに使っていた留針で目の奥底を突き刺して盲目になる。

フロイトの気づきと理論化

　この悲劇に，フロイトは自己分析の中での気づきを重ねる。フリースへの手紙（1897年10月15日）でフロイトは，「母親への惚れ込みと父親への嫉妬」を自分の中にもみつけたこと，それは早期幼児期の一般的なできごととみなされ，誰もがかつて「空想のなかでは，そのようなエディプスだったのです」と書く。そして『夢解釈』では，「父ライオスを打ち殺し，母イオカステをめとったエディプス王は，われわれの幼年期の欲望成就の姿である」（Freud 1900　新宮訳 2007, p.341）と記している。フロイトにとって『夢解釈』の執筆は，父の死の「喪の作業」という意味あいがあった。父ヤコブ埋葬の前日の晩に見た葬儀の夢 ―― 死者への義務を果たせていないことを「大目に見てほしい」―― をはじめ，数か月にわたって夢の中に父にまつわる思い出という主題が現れ，夢のことを考え続けた。

　のちにフロイトは，エディプス・コンプレックスを発達論の中に位置づけ（Freud 1915-17），男児の場合は 3 ～ 5 歳の詮索欲が高まる時期に，このコンプレックスを契機に心が構造化され，性同一性の形成がなされると理論化した。コンプレックスとは，感情の複合体という意味であり，もともとはユングのアイディアである。あらためて整理すると，エディプス・コンプレックスの構成要素は，異性の親への性愛感情，同性の親へのライバル心と敵意，同性の親からの処罰や復讐の怖れ（去勢

不安）からなる。男児は，母親を独占し，父親を亡き者にしてしまうことによってこの三角形を解消しようという空想を，ときに現実感覚を混ぜながら高めていく。それは強烈な不安も引き起こす。このコンプレックスをいかに解決するか，そのひとつがエディプス願望を抑圧して，父親のようになる（同一化）という方法である。あるいは，父親の圧力から自分を解放しようと距離をおいて自己形成をしていくかもしれない。こうした折り合いをつけるプロセスが，規範や道徳心，理想の枠組みをつくり，心の構造化のきっかけとなる。

　このような体験は個人的なものとして現実化されるが，心的には，それを超えた普遍的な空想とみなされる。それは人間の主体の想像生活を構成し，さまざまな三角関係的な状況（「エディプス状況」）に不安をともなう空想として顕れる。こうした考えは，ユングやクラインに受け継がれた。（なおフロイトは，女性についてはエディプス・コンプレックスの意義をうまく説明できなかった。）

エディプス・コンプレックスの現代的意義

　その後の展開は，クラインの部分対象関係の理解にもとづいて，より早期の段階のものとして探索が進められた。生後 1 年目の終わり頃から，幼い子どもの原始的・迫害的な恐怖の中に罪悪感が観察されるとして，フロイトの想定よりもかなり早い時期にエディプス・コンプレックスは現れ，特に母親との対象関係がエディプス的発達の道筋を決定的に左右するとされた。また，フロイトが理論化できなかった女性のセクシュアリティの発達についても検討されていった ―少年も少女もどちらも最初から男性性器と女性性器の両方について無意識的な知識を有している。

　戯曲が示すように，エディプスは最初から心のどこかで真実をわかっていたのである。知ろうとすること（knowing）への態度という点からの研究や，面接関係における転移にエディプスの物語の要素があらわれ，

それが内的世界の変化の転回点になるものとしても考察されている。

3. 対象喪失

　私たちのライフサイクルを見渡すと別れや喪失の連続であり，別れの予感をそのプロセスに含めるならば，生涯を通して凪のときはむしろ少ないのではないだろうか？　大事な人との別ればかりでなく，離乳，家庭から集団生活への移行，なじんだ環境や人間関係に別れを告げること，目標や理想の喪失もある。あるいは，周りの世界は自分に応答してくれるという信頼の喪失などの苦しい体験をすることがあるかもしれない。苦痛の側面ばかりでなく，大事な人（もの）の喪失を何度もかみしめることは心の成長にもつながる。そういったモチーフの小説・映画は数多いが，たとえば，2001年に短編アニメーション賞を受賞した『岸辺のふたり』は，喪失のかなしみを心に置いて成長していくことを描いたすばらしい作品である（図3-2）。

　家庭から集団生活への移行は，"家庭の子ども"から，園や学校での固有名詞をもつひとりの人になること，親からの分離である。これは，その日の夕方にはまた家庭の子どもに戻るわけなので，よくよく考えると心理的に負荷の大きな経験だろう。親の庇護のないところで，"助けてくれるあたたかい親"像を思い起こして自分で気持ちを立て直す，先生や友だちと関わり，頼ったりしながら心細さを調整することが求められる。進学や就職による別れは，新たな出会いの期待や興奮により見えなくなっていくが，獲得の背後にはいつも喪失が付置されている。新しい環境への適応で必死な時期には意識されないが，スムーズに適応が進まないときに，失ったものの意味を再認識することになる。

　このようにみてくると対象喪失は広い裾野をもった身近なテーマである。フロイトは，「喪とメランコリー」（1917）で，愛する人との別れや，

祖国・自由・理想など抽象的なものを失うことを含めた対象喪失における健康/病的な反応について精緻な考察をした。

喪の作業（mourning work）

　喪において，苦痛に満ちた気分になり，外界へと向かう関心・能力を失うという反応は正常なものである。愛する者がもはや存在しないということが現実検討のもと何度も確かめられ，やがてその対象に向けていた情動が少しずつ引き離されていく。このプロセスには十分な時間が必要であり，失った人に対する相反する気持ち（アンビバレンス）—愛と憎しみ，感謝と恨み・自己非難など— が想い起こされ，それらを内的に再体験しながら，あらためて心への収まりどころを得ていく。フロイトは，心的エネルギーをかけた"喪の（哀悼の）作業"が必要であることを指摘した。これは，時間が経てば喪失の悲しみは自然に弱まるという伝統的な見地とはまったく異なる。

病的な反応としての「メランコリー」

　ところが，失った人との間に激しい葛藤的な気持ちが存在するとき，メランコリーにはまり込んでしまう可能性がある。愛と憎しみに加えて，侮辱や冷たくしたこと/されたこと，幻滅という感情が想起され，自らの憎しみや攻撃性を相手に向けたことが対象喪失を招いたのではないかという罪悪感が強まる。反転された自己非難であるが，皆さんの中の経験をよくよく振り返ると，こういった空想に苦しんだことがある人は少なくないのではないだろうか。喪失の事実との関連は現実的にはないにもかかわらず，こうした空想はリアルなものと感じられる。

　耐えがたいこの気持ちを何とかしようとする試みのひとつが，失ったその人になる（自己愛的同一化）という方略である。それは，死んだように生きていく，フロイトが「自己虐待」と呼ぶ状態である。こうして憎しみは「わが身へと向き直」り，「患者は自己処罰という迂回路を

とって辛うじて本来の対象への報復を成し遂げる。」（Freud 1917　伊藤訳 2010）言葉を換えると，喪の哀悼という困難な作業をやり遂げられるかどうかは，対象を，自分とは分離したものと認識できるかどうかにかかっている。メランコリーの場合は，主体の感覚が完全に混乱してしまうことによって自分自身が枯渇し，対象喪失が自我の喪失になってしまう。

　健康-病的という区別は単純ではなく，フロイトは正常な喪とメランコリーには多くの共通点があることも述べている。良いものをそのまま生かしておきたいという望みは，たとえば長く続いた心理療法の最後の回をキャンセルする，というような行動にもあらわれよう。喪失という現実に直面しないよう，心理的には終わらないまま残しておくというやり方であり，「終わりが苦手」な人には似たような経験があるかもしれない。失う対象に対して深刻な葛藤があった場合，フロイトが指摘するように，その喪失を心に収めることはより困難になる。後悔して自分を非難したり，いなくなった相手を恨んだり，けれどもその相手がもういないという憤慨は行き場がなく，苦しさの輪郭すらはっきりしない。そのとき，なくした対象との境界をなくすかたちで空想上いわば「所有する」ことでその喪失を否認しようとするのは，喪失を「経験していく」喪の作業とは対極にある。

　付け加えるならば，突然の別れというような外傷性は喪の哀悼をより複雑なものとする。客観的には責任や因果関係がないにもかかわらず，自分だけが生き残ったことに罪悪感を抱くということもある。耐えがたいものが戻された（回帰してきた）被害感による抑うつと自己非難が混在する苦痛であり，それは慢性化するリスクを高める。フロイトは，「自分は誰を失ったのかということは知っていても，その人物における何を失ったのかということは知らないのだから」（上掲書，p.276）と，

これはメランコリーの場合として記している。喪失という事実を認めること、何を失ったかを知っていくことは，喪の哀悼の作業の出発点ではあるが，このことそのものが困難であり，その認識はひとつの達成でもあることをフロイトは教えてくれる。

対象喪失というテーマの広がりと現代社会

クラインは，愛する人を失ったという痛手は，心の中にある良い対象をも失ってしまったという無意識的な空想によって，さらに深刻なものとなると述べた。離乳を頂点とする母親との分離体験を重視し，「むしろ後の人生で悲嘆の体験をする時は幼児期早期の喪の体験がいつも蘇る」（Klein 1940　森山訳 1983, p.124）とも指摘する。またウィニコットは，母親との間で保たれていた万能的な自己感覚を徐々に喪失していくことが発達をうながすという脱錯覚の発達上の意義を述べている。このプロセスが「徐々に」なされない場合，すなわち急激な幻滅体験があったり，万能的な自己感覚が放棄されないならば，分離の痛みを創造的に扱っていく，空想と現実の間の「中間領域」は育たない。（このことはまた第5章で触れる。）

喪失に目を向けた精神分析家にボウルビィがいる。児童精神科医でもあったボウルビィは，1969年にアタッチメント理論を発表し，それは現代の臨床心理学に大きな影響を与えている。彼が最初に取り組んだ問題は「母性的養育の剥奪（maternal deprivation）」であり，施設児や戦争孤児の情緒的孤立が，安定した特定他者との関係性が確保されなかったことによることを観察した。その後，『母子関係の理論』[ii]三部作を著し，近親者を失った後の個人の反応として，無感覚，思慕と探求，混乱と絶望，再建の4段階を提起した。

日本では，小此木啓吾が『対象喪失：悲しむということ』の中で，対象喪失への反応と喪の作業について詳述している。1979年の出版である

---

ii　"Attachment and loss, vol.1, Attachment" (1969) "vol.2, Separation : Anxiety and Anger" (1973), "vol.3, Loss : Sadness and Depression" (1980).

が，現代社会から死をめぐる悲哀が排除され，全能感の巨大化を背景に「悲哀を知らない子どもたち」の時代がきたと指摘している。内面的な悲哀を経験できる悲しむ能力を持ち続けることの難しさ，社会全体では深刻に激しく悲しみ苦しむであろう外的出来事としての対象喪失は社会の裏で大規模に発生しており，現代人における意識と存在の乖離の進行は不気味だとも述べている。

　精神分析に話を戻すと，高頻度で行われる精神分析の場合，セッションのない日は「あるものがない」，分析家の喪失となる。毎週末おとずれる不在が契機となって，面接での体験が，例えばなんとか目を逸らさずに感じ・考え続けようとする分析家の心の機能の内在化が進んでいくと考えられている。不在という事態をもちこたえられることが心の成長を促すのである。

　喪失が引き起こす混乱と，困難ながらも喪の哀悼の作業に取り組むことの意味を考えるとき，対象喪失をめぐるフロイトの問いかけが示唆するものは大きい。

図3-2　映画『岸辺のふたり』の中のシーン
（写真提供　Michael Dudok de Wit and CineTe/Cloudrunner/ユニフォトプレス）

学習課題

課題1　ひとつの夢をとりあげ，その夢を構成する各部分について連想を広げ，再びつなげて見直すことで「夢の真意」がみえてくるか，自分なりに試みてみよう。

課題2　エディプスの物語を知的にではなく情緒的に味わってみてほしい。できれば，物語を読むかDVD（演出・蜷川幸雄『オイディプス王』）を観て，どんな感情と連想が湧いてくるか，いくつか挙げてみよう。

課題3　人生の中での環境移行における喪失にどのように取り組んできたか，ひとつ取りあげて振り返り，考察してみよう。

引用文献

Bion, W. R. 1962　経験から学ぶこと　福本修訳 1999　精神分析の方法Ⅰ：セブン・サーヴァンツ　法政大学出版局

Bion, W. R. 著 Aguayo, J. 他編 2017　ビオン・イン・ブエノスアイレス1968　松木邦裕監訳, 清野百合訳 2021　金剛出版

Britton, R. 1993　失われた結合：エディプス・コンプレックスにおける親のセクシュアリティ　福本修訳 2004　現代クライン派の展開　誠信書房

Freud, S. 1900　夢解釈Ⅰ, Ⅱ　新宮一成訳 2007, 2011　フロイト全集4, 5　岩波書店

Freud, S. 1901　夢について　道籏泰三訳 2009　フロイト全集6　岩波書店

Freud, S. 1910　男性における対象選択のある特殊な型について　高田珠樹訳 2009　フロイト全集11　岩波書店

Freud, S. 1915-17　精神分析入門講義　高田珠樹・新宮一成・須藤訓任・道籏泰三訳 2012　フロイト全集15　岩波書店

Freud, S. 1917　喪とメランコリー　伊藤正博訳 2010　フロイト全集14　岩波書店

Freud, S. 1920　快原理の彼岸　須藤訓任訳 2006　フロイト全集17　岩波書店

Klein, M. 1940　喪とその躁うつ状態との関係　森山研丞訳 1983　メラニー・クライン著作集3　誠信書房

Malan, D, H. 1979　心理療法の臨床と科学　鈴木龍訳 1992　誠信書房

Masson, J. M. 編集　フロイト フリースへの手紙 1887-1904　河田晃訳 2001　誠信書房

松木邦裕・藤山直樹　2015　夢，夢見ること　創元社

Menninger, K. 1959　精神分析技法論　小此木啓吾・岩崎徹也訳 1965　岩崎書店

小此木啓吾　1979　対象喪失：悲しむということ　中公新書

Segal, H. 1991　夢・幻想・芸術　新宮一成監訳 1994　金剛出版

Sophokles　ギリシア悲劇Ⅱ　松平千秋訳 1986　ちくま文庫

Winnicott, D.W. 1958　臨床論文集　北山修監訳 2005　小児医学から精神分析へ（ウィニコット臨床論文集）　岩崎学術出版社

4 | 心の構造をとらえる

田中健夫

　フロイトは，心のはたらき方や構造をどのようにとらえたのだろうか。心のモデルである局所論と構造論を紹介し，快原理・現実原理を説明する。そして，不安から心をまもる自我のはたらきである防衛機制，心の組織化の問題を論じる。こうした人格論は，精神分析的心理療法における実際のかかわりにも密接な関連がある。

《キーワード》 自我，エス，超自我，快原理と現実原理，自我の防衛機制

1. 意識，無意識，前意識：局所論モデル

　私たちは，自分の心といえどもそのすべてを知っているわけではない。こうした言明は，私たちの中に不確かな感覚や不安を引き起こすかもしれないし，自分でもまだ知らない創造性が潜んでいるという期待とも好奇心とも言えない感覚をもたらすかもしれない。わからないものをどう名づけるか。「心の闇」と呼んだとたん，それは否定的なパワーをもつ不気味なものになる。心とは自分でもつかめないそういうものだと言う人もあるだろう。

　たしかに，"思うようにならないもの"という心の性質については，多くの人が同意するのではないだろうか。こうしたいという気持ちや自分の意図とはまったく別に動いているところが〈私〉の中にはどうやらあるようだ。例えば，楽しみに準備をしてきた当日，なぜかその場に向かいたくないと思うとき。言い間違えでハッとしたり，思い込みに気づいたりするとき。こうしたときに意識的な部分だけではない心の広がり

を実感することになる。これからフロイト，それ以降の心のモデルを提示するが，人格論をもつことで，もともと多層的な「心」への視座が豊かになることを期待したい。正解や確定版の提示ではないことにも留意をしていただきたい。

　フロイトは，1895年の『ヒステリー研究』で「無意識」という言葉を導入し，夢を見ることについてのモデルを構成する中で，心を三層構造に区別した（Freud, 1912）。局所論（topography）モデルと言われるもので，ここで，心の装置はいくつかの性格をもつ3つの系のもとで位置づけられた。さらに無意識については，意識として知覚されないもの〔記述的〕，意識から抑圧されたもの〔力動論的〕という使用法も示された。

　無意識の多くは，性的で，ときに破壊的な性質をもつ欲動や衝動から成り立っている。無意識ではたらいている原理は意識系のシステムとはまったく異なっており，まとまりがなく，時間や順序や一貫性がない。論理はなく，夢に代表される奇怪な視覚的な心像に支配されている。

　前意識は，この局所論モデルの中間に存在している。いつでも意識化できる，いまは自覚していないけれども注意を向ければ自覚することのできる領域である。

　意識は，気づいている領域であり論理と理性からなる。自明なもののようであるが，現在ではむしろ意識とは何かが問い直されてもいる。

　図4-1（p.69）では空間的に示されているが，意識と無意識は状態として刻々と変動しているものでもある。精神分析臨床においては，無意識の内容の意識化が目指され，心的な素材は局所論的に系統立てて把握される。それは，解釈は表層（意識）から深層（無意識）へと向かうという基本的な技法論にもつながっていく。馬場（2016）は，クライエント理解についての仮説を「前意識に置いて」面接するという喩えで前

---

i　トポスは，ギリシャ語で場所を意味する。

意識の大事さを指摘する。無意識にしまい込んだままだと，自分が自分
で何を感じているかがわからずに全然使い道がない。一方，気づいてい
ることを全部意識のところに出しておいたら騒がしくてしょうがない。
今ここでの新しい経験が入ってくる余地がなくなってしまう。これは精
神分析臨床における聴き方の重要なスタンスのひとつである。

　なお，近年高まりをみせているニューロ・サイコアナリシスでは，脳
科学と精神分析とがそれぞれのアプローチを対等に重視した，心そのも
のの複眼視による研究が蓄積されている。前意識で言葉を認識・表象・
評価するということや，無意識の作用が実験的にも支持されている。

2. 自我，エス，超自我：構造論モデル

　フロイトはしだいに，局所論モデルが臨床経験の説明には十分ではな
いと考えるようになった。気づいていない衝動を意識がいかに統制する
のか？　性欲動の抑圧をするものはどこにあるのか？　なぜ人々は罪悪
感をいだくのか，などの問題に直面した。また，すべての無意識的なも
のが抑圧されたものであるとは限らないこともわかってきた。こうして
フロイトは『自我とエス』（1923）で，自我，エス，超自我の3つの心
的パーソナリティを想定した。

　エス[ii]は，欲動（リビドー）の貯蔵槽であり，完全に無意識の中にあ
る。エスは，ドイツ語の「それ（es）」であり，「何であるかしかと分
かっていない無意識的な存在」（上掲書 p.19）のことである。ドイツ語
の es には子どもっぽい，原始的なという意味合いもあるが，あくまで
「それ」（英語であれば it）にすぎない。

　エスは「人を駆り立てる力をもつ」もので心の内部にあるが，人はエ
スそのものには気づけない —エスの発散を自我が阻止した不快により
それは認識される。「生の欲動」と「死の欲動」は融合したまま貯蔵槽

ii　英語系ラテン語に翻訳するとイド（id）となる。

にエネルギーを貯め込み，愛は憎しみに変わる（あるいは混ざる）こともある。エスの一部は遺伝的な，生まれながらもっているものであり，残りの一部は抑圧による後天的なものである。

こうした説明を重ねると知的な理解になり頭が窮屈になってくるところだが，歌は緊張をやわらげるコンテイナー（後述）である。Mr.Children にそのままのタイトル：「【es】 ～Theme of es～」がある。es を有名にした歌でもあるだろう。

ここに歌われているも

【es】 ～Theme of es～

Ah 長いレールの上を歩む旅路だ
風に吹かれ バランスとりながら
Ah "答え" なんてどこにも見当たらないけど
それでいいさ 流れるまま進もう

手にしたものを失う怖さに
縛られるぐらいなら勲章などいらない

何が起こっても変じゃないそんな時代さ覚悟はできてる
よろこびに触れたくて明日へ　僕を走らせる「es」

Ah 自分の弱さをまだ認められずに
恋にすがり 傷つけるたびに思う

「愛とはつまり幻想なんだよ」と
言い切っちまった方がラクになれるかもなんてね

甘えや嫉妬やズルさを抱えながら誰もが生きてる
それでも人が好きだよそして　あなたを愛してる

Oh なんてヒューマン

（中略）

僕の中にある「es」

作詞：桜井和寿
JASRAC 出 2207387－201

のに「欲動」「リビドー」と名づけ，それを入れる貯蔵槽をイメージすると，心の中にそうしたものが実体としてあるように思ってしまうが，あくまで「それ es」である。「僕を走らせる」というフレーズにあるように，それは自分の内側にありながら異物性，他者性を帯びている。自分のコントロールの外にあるという感覚である。また途中のところで，自分が言った「それでも人が好きだよ」に対して「Oh なんてヒューマン」と強い声で否定するメロディーが続くが，es の中にはそういった

相反するものも含まれている。

　さて，第一次世界大戦での戦争神経症者の観察を経て理論化された「死の欲動」の例として，治療の進展が症状悪化を引き起こす「陰性（負の）治療反応」や，死の欲動が純粋培養されたような破壊的なうつ病の超自我が挙げられている。死の欲動についてはほとんどの学派が否定的な立場をとっているが，クライン派はその臨床的あらわれとしての「羨望（envy）」の役割に着目している。相手が良いものを持っており，自分はそれを持たずに依存せざるをえない。それゆえ相手を攻撃し憎む[iii]というもので，強すぎる羨望は二者関係を破壊するものとなる。

　超自我（super-ego）は，幼児期の権威的な親像が内面に取り入れられた禁止と理想から成り，罪悪感の源泉となる。心の中に出てくるものに対して，道徳的な見張りと検閲をする。超自我（自我理想）は，エディプス葛藤の解決と関連があり，正常な心的発達においてその形成は重要である。男の子の場合，「父のようにあるべし」と自我を励ましながら，「父のようにあってはならぬ」（何でもしてよいわけではない）という禁止をする父親への同一化という複雑な課題に取り組み，最終的に「エディプス・コンプレックスの後継ぎ」として超自我が形成されるとした。それは取り入れられた権威像でもあり，超自我は思春期に自分のものとして作り変えがなされることになる。

　ちなみに超自我となる歌もたくさんある。「ふるさと」も「てぃんさぐぬ花」も美しいメロディーで私たちの古い記憶とともになじんでいる。あえて超自我の歌と括る必要はまったくないが，なじんでいるものが自我異和的になって作り変えられていくプロセスは，それほど簡単なものではないだろう。

　自我（ego）は，ドイツ語の Ich を英訳したものであり，エスと超自

---

iii　成人が他者に依存をしていると感じるとき，そこには安心感だけではなく，ある種の苦痛感やフラストレーション —自身で事態を完結できないで相手次第となる無力感— が喚起されうる。羨望を感じないで頼ることができるのは，とても大切な力である。

我からの圧力を受けて生じる葛藤を調整する役割を担っている。また，外的現実とも折り合いをつける。人が自己 self として認識するパーソナリティに近いものと言ってよい。自我心理学においては，現実吟味や他者との境界を保つ機能，防衛-適応機能，自律的な機能（知覚・認知・記憶・判断や問題解決の能力など），統合機能などに分けて，自我が担う役割について探索がされている。なお，自我には意識的に作動する部分もあるが，その大部分は無意識的なものである。

図 4 - 1 は，『続・精神分析入門講義』（Freud 1933）の中で示されたものである。自我はエスから変化した地続きにあり，境界線はなく，その多くは無意識の領域にある。超自我は，"割れ目" を示唆するように矢羽根状の線で描かれている。3 つの心的パーソナリティは区別されつ

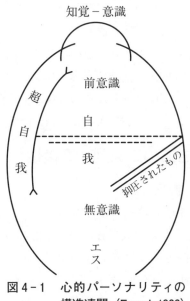

図 4 - 1 心的パーソナリティの
構造連関（Freud 1933）

つも，溶け合って（境界線を引かれることなく）描かれており，心の全体を示したモデルとなっている。もうひとつ注目しておきたいのは，エスの生物学的な起源を示すために下が閉じられていないことである。私たちがもつ衝動には，生物としての系統発生に由来するものもあり，人間の心が個人史だけでは完結しないことが示されている。

　症状や夢，行動，連想も，エスと超自我を自我が調整した結果としてのものである。「（神経症の症状は）葛藤の結果であることは，すでに分かっているところです。不和に陥った二つの力が，症状において再び合流し，いわば症状形成という妥協を通して和解するというわけです。… 症状は，これら双方から支持されているわけです。」（Freud 1915-17　新宮他訳 2012，p.427）　フロイトは「妥協」という言葉で説明するが，その多くは同時的にかつ無意識的に行われている。

　精神分析臨床がめざすものは，意識的な自己にとって異物として体験されるものを，心の中に組み込み直していくことである。エスからくる衝動や超自我がもたらす圧迫から，自分なりの自由を手に入れて自我が主体性をもつこととも言える。そのためには，気づいていない自分の無意識的な空想を理解し，自分こそがその「物語」を生きている主体なのだという実感を得ていくことが手がかりとなる。

3. 心のはたらき方の二原理，事後性

　重要な二つのことを述べよう。

　フロイト（Freud 1911）は，心の機能のしかたを「一次過程」と「二次過程」として記述した。一次過程は，発生的に古く，快-不快（苦痛）原理に沿った欲求-満足のシステムである。欲求が高まると（例えば「お腹が空いた」）緊張や不快が増し，ただちに行動によって解消しようとする（例えば「食べる」）。二次過程は，意識的な心のはたらきで，

外的現実と関わり，分別ある行動を維持しようとするシステムである。これは現実原理であり，行動による（不快の）解消を先延ばしする間に高まる緊張に耐えうるための特性，すなわち思考がこれを担うとした（現実状況と照らして「今は食べるとき/場面ではない」と考える）。行動の手前に思考が介在することによって，欲求の満足は遅延される。二次過程は，注意を向け，判断し，記憶するという認知能力の発達による，現実検討のできる心の装置の成立がそれを支える。重要なのは，無意識のレベルにおいては，いつも一次過程が生き生きと動いているということ。そして，精神分析臨床のターゲットは，クライエントが困っているところ，すなわち二次過程ではなく一次過程をうまく扱えないことにある。例えば，衝動に由来する，あるいは過酷な超自我に駆り立てられた行動の前に，思考をはさんで現実吟味のうえで選択ができるようになることが目標である。精神分析臨床は，個人の中でうまく御せないネガティブなものを，面接関係という舞台に乗せていく方法でもある。

　ビオン（Bion 1962）は，フロイトのこの論文の脚注にヒントを得て，母子の間で起こることと精神分析臨床における情緒交流との関連について理論化した。乳児は快原理にもとづく一次過程で機能しており，例えば，飢えという不快をもっぱら泣くことによって放散する。泣きわめき，手足をばたつかせて，飢えはあたかも具体物（尿や便）であるかのように排泄される。「乳児は後に幼児となって，この放散の表出を意図的に表現手段として用いることを学ぶ。」（Freud 1911　高田訳 2009, p.261の脚注）一方で母親は，乳児の一次過程にもとづく投影（排出されたもの）をそのまま浴びながらも，乳児が耐えられない苦痛なものは何かを，二次過程で機能しながら（ビオンの用語では「もの想い」をして）知っていく。そして飢えを排出している乳児は，授乳によって苦痛が取り除かれ，快が得られることになる。乳児の苦痛を母親が受け取り，思考の

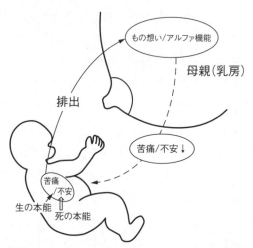

図4-2　コンテイナー/コンテインド関係
としての母親と乳児（松木 2009）

機能をつかって和らげることが繰り返される。これが母親の「コンテイ
ンメント」である（図4-2）。現代の精神分析臨床における情緒のやり
とりは，この母子交流がひとつのモデルとなっている。面接においてク
ライエントは，自分では扱いがたい不安や感情を面接者の中に投影同一
化し，それをコンテイナーとしての面接者が受けとり，考えることに変
えて，それを解釈というかたちで伝え返すというものである。すぐに戻
されてしまうと，押し返されたと，相手も脅かされたものという悪性度
を増して戻されたと感じかねない。面接者の「もの想い」，すなわち心
の中に漂わせつつ考えるという機能が入ることがポイントである。

　もう一つ，事後性（遡及作用）という，無意識的な意味を認識する時
間差についても触れておこう。ある時点で知覚され記憶された印象が，
時間を経て，それを理解させるような新たな経験によって意味合いが組
み直されることである。フロイトは症例「狼男」が1歳半のときに両親

の性交を目撃した（原光景）のが，後の成長で性的な好奇心・興奮を体験してようやくかつての知覚を理解し，しかしその気づきが外傷的な作用をもたらしたことを述べている。後になっての，何らかの経験を通して過去のできごとの意味がつながってくる。ときにそれは外傷的なものとなりうるという重要な考えである。

秋吉（2016）はこのように述べる。「性は人間において，受動的な外傷体験にしろ，内的な興奮にしろ，それを理解し拘束[iv]，加工する精神の発達がなされる前に生じてしまう…この意味で，人は現在を理解できず，十全に生きることができない者として出発する。さらにこの性と精神の発達のずれから，性が記憶として『事後的に』作用する余地が生まれる。こうして今度は過去が現在を侵食してしまうわけだが，精神分析は，このアナクロニスム（新旧の入れ違い：筆者注）を正し，人のうちに巣食う『記憶』という幽霊を退治して，人が『今』を生きられるようにする。」（p.134）性的な事柄に限らず，認識の枠組みが獲得されていって，後に「ああ，そういうことだったのか」と，驚き（おののき）とともにわかるという経験に思い当たる人はたくさんいるのではないだろうか。

4.　自我の防衛機制

自我の機能に話を戻そう。不安に対する信号をもとに自我によって発動される，心をまもる無意識的なメカニズムを防衛機制という。

防衛機制の位置づけ/何から守るか

刺激や不安は，外からだけでなく自分の内側からもやってくる。防衛

---

iv　「拘束」は精神分析の用語で，症状化したり行動によって解放してしまわないで，欲動や不安が引き起こすエネルギーを手放さないでおくことを指す。秋吉の引用文はやや難解であるが，性についての意味を理解し自分でそれをどうするか決めたり統制したりする前に，性的な事態は起きてしまっている。現在の事態を十分に把握して，主体的な選択のもとで生きているわけでは必ずしもない，ということである。身体発達が先んじて，それに追いつくように認知が発達するという側面が人間の発達にはある。

機制は，自我が，自分の内側に向かってはたらいて適応を助けるメカニズムである。例えば，性愛願望や攻撃性が出てきたとき，あるいは恥や自己愛の傷つき，見捨てられなどの不安にさらされたときに，自我は安全を確保しようと作動する。なおここで留意したいのは，願望や衝動が引き起こす葛藤のすべてが防衛により対応されるわけではなく，その一部は現実的にかなえられ，満足によって解消される。

防衛機制がはたらく水準

防衛機制には，原始的なものから成熟したものまでがある。原始的防衛機制は，発達的に早期にみられるものであり，安全感はもたらされにくく，過度に使用されることになる。成熟したものは，高次レベルの防衛，神経症的防衛とも言われ，A.フロイトが『自我と防衛機制』で示した10種類を中心とする。健常と神経症とは同水準で作動する防衛機制をともに用いており，その違いは程度の差で，原始的防衛とは質的な差がある。また防衛機制は，意識的に対応する「対処（coping）」とは違い無意識的なところで自動的に作動する。当初フロイトは防衛を症状と結びつけて考えていたが，私たちが日常的に自分をコントロールするために使っているものでもある。

防衛機制の種類

A.フロイト（Freud, A. 1936）は発達段階に応じた防衛機制について述べており，幼児期には「現実否認」「同一化」が，思春期には「禁欲」と「知性化」が，発達段階の早期には「退行」「逆転」「自己への向けかえ」，比較的後期に使われるのは「抑圧」「昇華」だとしている。以下にいくつかの防衛機制の説明をしていくが，防衛機制は，日常的な例をふまえて考えていくとわかりやすい（馬場，2016などを参照）。

「抑圧」は，フロイトが最初に挙げた基本的な防衛機制であり，受け入れがたい衝動や観念を無意識の中に抑え込むことである。「否認」は，

不快で危険な外的現実に気づくのを避けることである。知覚したのに「なかったこと」にする防衛であり，これが理想化やスプリッティング（分裂）と組み合わさって用いられると原始的防衛になり，抑圧が美化・誇張とセットで働くとヒステリー（神経症水準）に特有なものとなる。空想による現実の否認は幼児一般にみられ，A.フロイトは，男の子がライオンを飼い馴らす空想にふけって，父親に対して無力だという不快な現実を否認している例を挙げている。

　「置き換え」は，焦点や強調点を移動することであり，フロイトは，抑圧とともにこれを最も基本的な防衛機制と考えていた。昇華や，ヒステリーの転換症状，夢の作業でのアクセントの移動にもみられ，別の代理するものを形成するメカニズムである。

　「隔離（分離）」は感情を考えから切り離すこと，「知性化」はやっかいな気持ちを避けて過剰に抽象的な観念を用いること，「合理化」は自分の行動や態度に対して「もっともらしい」説明を加えて正当化することである。自分の欲求や感情を，置き換えずにそのまま満たして（出して）しまい，後で言い訳をしたり自己弁護をするものである。「反動形成」は，受け入れがたい願望や衝動をその反対のものへと変形すること，「やり直し（打ち消し）」は，出してしまった後にあらためてその逆の行為をして元々の欲動を否定することである。これらの「隔離」から「やり直し」までは強迫性格の基盤となるものである。

　「同一化」は，他者の属性や性質を自分のものにすることである。A.フロイトは，お化けが怖ければ「出会いそうだと思うお化けのまねをすればいいのよ」という少女の例を挙げて，攻撃者になることで不安を防衛することを「攻撃者への同一化」と呼んだ。ここには取り入れ，逆転，投影なども含まれており，子どもにとっては，超自我対象になってみるという点で発達に役立つものともなる。「取り入れ（摂取）」「投

影」は防衛であるとともに，心を構築していく基本的な作用として発達
の最初期からみられる。

「退行」は，より早期の発達段階に戻ること，いわゆる赤ちゃん返り
である。あるいは，現在の発達に関連した葛藤を避けるべく機能水準を
下げることである。日常生活において，健康な一時的退行は私たちにも
よくあり，それは創造性に資するものでもある。おもしろいアイディア
は，自我による現実検討のコントロールが弱まったときに湧いてくる。
例えば，ゆったり散歩をしているときや，喫煙所で口唇欲求が満たされ
て気楽なおしゃべりをしているときに（現在はこうしたことは推奨され
ないが！）論文の思わぬ発想が生まれたりする。洒落，ウィット，遊び
などもそうであり，これらは防衛が緩んだときに起こる。

「昇華」は，社会的に望ましい目的を与えてある衝動を満足させるこ
とである。その他にも，「ユーモア」や「愛他主義」は成熟した防衛で
ある。

原始的な防衛機制は，精神病や境界例水準で用いられるものであり，
その基盤には「スプリッティング（分裂）」がある。良いものと悪いも
のを分け，それが混ざらないように別々にしておくことである。しかし
そうすると，ますます両極端な性質をもち，別々にし続けておかないと
危険なものになってしまう。

「投影同一化（projective identification）」は，クラインが導入した
重要な概念であり，防衛であるとともに面接でのミクロな相互交流をと
らえるときの参照点になる。受け入れがたい自己の一部を対象の中に排
出し（投影），それを対象がもつ性質とみなして関わることと定義され
る。悪いものを投影すると，相手がそうした性質を帯びた者になって自
分に迫害的に関わってくると感じるようになる。これは，悪い不快なも
のの排泄のための投影同一化であるが，良い理想化したものを投げかけ

る場合もある。他者とのコミュニケーションと共感の成立にも，投影同一化のメカニズムは寄与している。

　「原始的理想化」と「脱価値化」，「攻撃化」，「万能的・魔術的な否認」も原始的防衛であり，いずれも対象を極端な性質に分けるスプリッティングのもとで行われる。いくらやっても適応的には作用しないが，その防衛にもっぱらたより続けなければならないのが原始的防衛である。

　以上，防衛機制について述べてきたが，それはその人らしさの一部ともなるものであり，大事なのは，役に立つ防衛が柔軟にいくつかのレパートリーではたらくことである。精神分析的心理療法は，蓋をとる（表出的な）やりかたであるが，クライエントの見立てによっては，不安に蓋をする（防衛を支持・強化する）という関与を選択する場合もある。主に用いられている防衛とその水準をみていくことは，どのような方針を立てて関わっていくかを選択するうえで重要である。

5.　心の組織化について

　人は変化をおそれる。言葉を換えると，人は心的均衡を保とうとするのであって，変化したい/成長したいという意識的な動機と同じくらいにそれは大きい。心の現在の平衡状態を崩してもう一度つくり直すときには，破局的恐怖が体験されるとビオン（1970）は述べている。これまでに築いてきた自分らしさや関心，心的エネルギーの向け方，防衛のあり方などを手放すことは，ときに全力で回避されるのである。

　経験を蓄積していくこと，経験から学ぶことの難しさは，精神分析が着目してきたところでもある。フロイトが取り組んだ「反復強迫」，ネガティブなものに固執する不毛性や倒錯という変化に抵抗する堅固な病理的組織化も臨床的に探索されている。その一方で，心が組織化できないことの困難にも目が向く。それは，心をまとまらせないようにしてお

く切実さによる（時間を止める）心的外傷がそうした状態をもたらすことがある。発達停止，あるいは，発達障害，解離というあり方が背景にみられる場合もある。

　発達とともに心がどのように編成（organize）されていくかについて，次章ではみていくことにしよう。

学習課題

課題1　超自我の形成について，あなたの中で影響があった幼少期のできごとを挙げるともに，思春期から青年期を通して，超自我のありかたがどのように変容してきたかを振り返ってみよう。

課題2　無意識（非-意識）のはたらきについて，近年の神経科学研究や社会心理学の実験によってどのようなことが明らかになってきているか，文献を通して調べてみよう。

課題3　あなたが最近用いた，葛藤や不安場面における防衛機制を振り返って，それがどういうものだったか，役に立ったかを記述してみよう。

引用文献

秋吉良人　2016　フロイトの〈夢〉：精神分析の誕生　岩波現代全書

馬場禮子　2016　改訂 精神分析的人格理論の基礎：心理療法を始める前に　岩崎学術出版社

Bion, W. R.　1962　経験から学ぶこと　福本修訳 1999　精神分析の方法Ⅰ〈セブン・サーヴァンツ〉　法政大学出版局

Bion, W. R.　1970　注意と解釈　福本修・平井正三訳 2002　精神分析の方法Ⅱ〈セブン・サーヴァンツ〉　法政大学出版局

Freud, S.　1911　心的生起の二原理に関する定式　高田珠樹訳 2009　フロイト全集11　岩波書店

Freud, S.　1912　精神分析における無意識概念についての若干の見解　須藤訓任訳 2009　フロイト全集12　岩波書店

Freud, S.　1915-17　精神分析入門講義　高田珠樹・新宮一成・須藤訓任・道籏泰三訳 2012　フロイト全集15　岩波書店

Freud, S.　1918　ある幼児期神経症の病歴より〔狼男〕　須藤訓任訳 フロイト全集14　岩波書店

Freud, S.　1923　自我とエス　道籏泰三訳 2007　フロイト全集18　岩波書店

Freud, S.　1933　続・精神分析入門講義　道籏泰三訳 2011　フロイト全集21　岩波書店

Freud, A.　1936/1966　自我と防衛機制　黒丸正四郎・中野良平訳 1982　アンナ・フロイト著作集（2）　岩崎学術出版社

松木邦裕　2009　精神分析体験：ビオンの宇宙 ―対象関係論を学ぶ 立志編　岩崎学術出版社

5 | 精神分析における心の発達論

田中健夫

　精神分析による心の発達のとらえ方は，欲動中心から二者関係の視点，環境との相互作用をふまえた発達論へと展開している。親（養育者）との情緒交流を通した自己の形成，その不全が精神病理に及ぼす影響について検討されてきた。

　ここで重要なのは，大人あるいは児童・青年の中にも乳幼児の心の部分があり，今ここでも生き生きと動いているという視点である。心理療法やプレイセラピーの場面において，「いま表出されている不安は何歳ごろの心理的主題に関連したものか」と問うことにより，クライエントの実年齢が提起している問題の背景にある，空想や不安の質をみきわめて関わっていくことができる。主要なテーマとなる，依存 ―他者に頼るという経験をしながら自律的な自己を形成していくこと― をめぐる転移の質を実感するという言い方もできよう。発達論を学ぶことのひとつの意義はここにある。

《キーワード》　精神-性的発達論，発達ライン，ポジション論，分離-個体化，自己感の発達

1.　フロイトの精神-性的発達論

　フロイトの精神-性的発達（psychosexual development）論の特徴のひとつは，性欲動（リビドー）が人間の精神発達を支配するというものである。ある時期に性欲動が敏感になる身体部位の名前が発達段階の名前にもなっており，一者心理学的な視点による。第二に，その理論化は乳幼児の直接観察によるものではなく，成人の神経症患者による想起をもとに遡及的に再構成したものである。患者の回想という偏りや不足に

加えて，言語で表現されたものによるので，精緻な直接観察データに比べると乳児期の発達はおおまかなとらえ方になっている。ではあるが，後に大きな影響を与える重要な発達論であり，現在の精神分析的心理療法での見立てにあたっても基本的な枠組みとして念頭に置かれている。藤山（2008）がこの見取り図について端的に述べているものを引用しておこう。

　「フロイトはある意味では，すべての子どもが，口とか，肛門とか，ペニスとか，最終的に性器とか，こういういろんな人間のからだのさまざまな快感領域というものにくっついた人間の空想というものを，いろんなふうに体験しながら性的な世界をだんだん自分のものとして，マスターしてコントロールして楽しんで，最終的に家族をつくって子どもを生んで次の世代というものをきちっとつくっていけるような存在になっていけるというところにまで動いていくという話を，考えているわけです。」（p.183）

　直線的なモデルであり，ある段階の満足や不安から離れられないことを固着，逆方向に発達が戻るのは退行とされる。藤山（前掲書）が述べているように，授乳期，排泄期，性別形成期でもよかったところ，それを口唇期，肛門期などとしたことによってファンタジーが広がる。嫌悪する向きもあろうが，それぞれの時期の名前に関連した喩えが日本語にもあるように，生き生きとした理解を深められるものでもある。

口唇期（oral phase）　口唇帯（口腔粘膜）が，欲動をまとめて心を構造化する主要な役割を果たす。外界との交流は主に口唇を通してであり，その対象は母親の乳房である。生存のための栄養の摂取と性的快感が混合している。指しゃぶりは，自分自身の身体で欲動を満足させる自体愛的なものであり，すでに経験したことのある快の探求とみなされる。後期になると口唇帯の興奮・快だけではなく，口で攻撃をする，すなわち

噛んだりバラバラに噛みちぎったりという空想をいだくようになる。

肛門期（anal phase）　肛門領域の刺激過敏性の利用による苦痛と快をもとに，快を自分でコントロールすることがテーマとなる。身体の一部のように扱われる便は「贈りもの」でもあり，排便することは従順さの表現として，排便の拒否は反抗を意味すると考えられる。たしかに清潔訓練として自己管理の課題を与えられた幼児にとって，ウンチを出すか出さないかを自分で制御できることは，親への武器にもなるだろう。保持と放出，支配とあきらめ，加虐と自虐，能動性と受動性という両価的な葛藤をいかに収めていくか。この時期の心的主題は日本語臨床研究会（フォーラム）において豊かに探索されており，排泄の際の，ぶちまけたい，汚したい，すっきりしたい，尻拭いさせたいには，そうした行為に伴う快感とともに他者への攻撃や支配のニュアンスがある。

男根期（phallic phase）/**早期性器期**（early genital phase）　発達してきた性器のもとに部分欲動（まだ組織化されていない幼児性欲の構成要素）がまとめられる。フロイトは男性器への興味，男根所有者-被去勢者という対立と去勢される不安ということで述べたが，女性精神分析家のホーナイらの批判を受けた。万能感，自己愛的な力をいかに適切にもつかというテーマでもある。つづく**エディプス期**（oedipal phase）は，男の子は父親への同一化が，女の子は母親への同一化が起こる，3歳から5歳頃の時期である。エディプス葛藤に直面し，それが解消されていく中で超自我が形成され，社会的な対人関係のひな型となる三者関係を生きることができるようになっていく。

潜伏期（latency phase）　子どもの性的活動性が減退し，思春期に再び活性化するまでの6～12歳頃の時期。子どもの関心は脱性愛化され，性欲動は成熟した防衛機制である昇華によって，社会的技能の発達や知的活動に用いられる。それは例えば，系統だった学習や同性の友人とのス

ポーツを通した充実・満足感であり，環境との関わり方に新たな道が生まれる。ハルトマンの言う「葛藤外の自律的自我領域」が拡大するが，思春期になるとまた性的・攻撃的な感情が高まり，欲動にまつわる空想を同世代との関係において現実化し始めるようにもなる。

性器期（genital phase）　部分欲動が性器優位のもとに組織化されていく，生物学的にみても，性器がその本来の機能である生殖作用を営みうる時期である。欲動論的な発達モデルはこの性器統裁という性器性愛の時期を目標とするが，それは相手との関わりの中でしっかりと生産性を引き受けるという意味あいと言ってよいだろう。

2.　自我心理学の発達論

　フロイトの末娘であるアンナ・フロイトは，児童精神分析のパイオニアであり，戦争孤児のための孤児院をつくって保育・教育・福祉の分野に精神分析を応用するとともに，ロンドンのクリニックで自我発達の研究を系統的に行った。病理だけでなく正常な発達にも関心をもち，ストレスによる子どもの退行は，正常で一時的反応の場合が多いことに注意をうながしている。彼女が提唱した「発達ライン」は，「欲動，自我-超自我の発達，およびそれらの環境的な力に対する反応と交互作用の結果を，つまり成熟，適応，構造化の交互関係で示す」ものである（Freud, A. 1965　黒丸・中野訳 1981）。

　第 1 ラインは，全面的依存から，青年がもつ心身の自己信頼へと至る，成熟を基盤にした発達ラインである。それは，（1）母子の一体期，（2）子どもは欲求充足的な依存をするが母親との関係は流動的で動揺する（欲求が充足すると対象の重要性は減少するため），（3）対象の肯定的で一貫した内的イメージをもつ，（4）愛情対象へのしがみつき，責めたて，支配・制御しようとする両価的関係，（5）エディプス的段

階（同性の親への嫉妬と競争），（6）欲動切迫が減少する潜在期，仲間や先生などとの関わりに移動する，（7）幼児の態度へと逆行する前思春期，（8）性衝動と攻撃性の高まりに自我が苦闘する思春期，である。

　第2は，母親に完全に依存している状態から身体的自立へと向かうラインである。第3は，自己中心性から仲間を持てるようになるまでのライン，第4は欲動を向ける対象が，自らの身体（体いじり）から玩具へ，遊びから勉強や仕事へと向かうラインである。

　この発達ラインの概念は，領域ごとの発達プロフィールを描いて評価するという臨床的な活用へと発展した。ある子どもの問題を，特定の発達ラインの停止や退行という観点から理解し，「正常な発達のライン」へと修復することも関与の目標となる。さらにアンナ・フロイトは，精神内界の葛藤に由来する神経症的な問題と，器質的な要因や剥奪体験による発達の歪み（欠損）を区別し，後者については，葛藤や防衛の解釈をする精神分析ではない治療法（「発達支援」）を提唱した。

　エリクソン（Erikson, E.H.）の漸成発達理論は，個体が発達する姿を心理社会的な観点からライフサイクル全体として描写したものである（Erikson 1950/1963　仁科訳 1977）。発達の8段階説であり，乳児期（口唇　感覚器）：「基本的信頼 vs. 不信」，幼児前期（筋肉　肛門期）：「自律 vs. 恥・疑惑」，幼児後期（移動　性器期）：「自発性 vs. 罪悪感」，学童期（潜伏期）：「勤勉性 vs. 劣等感」，青年期：「アイデンティティ vs. アイデンティティ拡散・混乱」，前成人期：「親密性 vs. 孤立」，成人期：「生殖性（世代継承性）vs. 停滞」，老年期：「統合 vs. 絶望」である。人生の節々で新しい自我の特質が現われ（そこにはグランドプラン[i]がすでに何らかの形で存在しているのだが），そのことが引き起こす危機の解決が発達を前進させていく。フロイトの，欲動が器官を変えながら発現していくという精神-性的発達論を下敷きに，それをライフサイクル

---

i　グランドプランとは，生まれながらにもっている生体の資質のことであり，そうしたプランは人間関係や社会との関わりの中で分化し開花していく。

全体に拡張したが（成人期，中年期，老年期の追加），最終的に性器部位に性的関心が向けられるとするフロイトの想定をせず，社会的な環境（対人関係を含む）との相互作用を重視しているという違いがある。

3. クラインのポジション論

クライン（Klein, M.）は，子どもの分析経験を通して妄想-分裂ポジションと抑うつポジションという二つの心的状態を叙述した（Klein 1940, 1946）。子どもの中には，口唇期，肛門期，エディプス期の空想と不安が混合して存在していることを発見したことによる。発達段階ではなく「ポジション」という概念を用いたのは，それぞれ独自の不安，防衛機制，対象関係の型をもった心の構えであることを示している。

抑うつポジションは，発達的には乳児期のより後期（生後4～6か月頃から）の心的状態であり，自分自身と他者をともにありのままに見ることができる，抑うつ不安にもちこたえられる心のモードである。ここでの「抑うつ」は病気を意味してはおらず，錯覚や確信を失ったことの喪の悲哀や，愛する人を自分が攻撃してしまったことに対する罪悪感・後悔を指しており，それらを認識し引き受ける構えである。対象への気遣い（concern）や，自分の攻撃によって損なったものへの償いや修復の願望も含まれる。その内実は，他者の安全に関する心配である。対象関係はたいして重要ではないと万能的な解決をする躁的防衛[ii]や，強迫防衛が用いられたりもする。クラインは，人生最初の重大な喪失である「離乳」に着目した。乳児の内的世界においては，最早期から体験されてきた小さな喪失 ―空想の中で繰り返し向けてきた母親への攻撃（不在の母親を憎むこと）とそれが引き起こす不安― が最高潮に達するのが離乳であり，「愛する対象の喪失」に向かい合いながら自分の内部に

---

ii　躁的防衛とは，相手を傷つけた責任や良いものを損なった罪悪感をもつのは耐えがたいので，それらを排除して，躁的にふるまうことである。たとえば，相手を脱価値化したり，征服感をもったり，陽気さや軽率さに逃げ込んで，本当はそこに自分が大切に思う対象が含まれていることを体験しないようにする防衛である。

良い対象を確立していく。まさに「内的世界を辛苦を重ねながら再建しなければならない。」(Klein 1940　森山訳 1983，p.135) このとき，対象の良い面と悪い面を統合させるという心的課題にまさに直面する。クラインの考えで重要なもう一つの観点は，早期エディプス・コンプレックスへの取り組みが，すなわち他人には自分のコントロールの及ばないところがあると受け入れることが，抑うつポジションの達成に関連するというものである。

　妄想-分裂ポジションは，より早期の，まったく良いかまったく悪いかというように心を分裂（断片化）させて外界と部分対象的に関わる，迫害不安に対応している状態である。「妄想」とは，投影による被害妄想的な心性を指しており，「分裂」は良い/悪いを分けておくこと（スプリッティング）を示している。つまり，他人を理想化したり，逆に恐れたり憎んだりするとき，その陰性の感情は迫害的に戻され，被害的な猜疑心に覆われてしまう。ここには，バラバラになって絶滅させられるという自分の安全が脅かされる不安があり，悪い部分を排泄し続ける投影同一化という防衛が用いられる。

　最早期においては，まず適切な二極分化を十分に確立することが重要である。まず最初に〈良いもの〉と〈悪いもの〉が分割されて，それぞれとの関わりを通して乳児期の経験が組織化されることがひとつの達成となる。もしこの二分法が確立されなければ，良いものは悪いものと混ざって常に脅かされ，安定した外界との関係を形成することができずに自我そのものが断片化してしまう。面接者を攻撃してくる場合に，欲求不満にさせる面接者が〈悪い〉と感じられている場合と，面接者を〈良い〉と感じるがゆえに攻撃してくる場合を区別するのは重要である。

　クラインの考えを発展させたビオン（Bion 1963）は，散乱し分裂・断片化していた要素が，新しいまとまりをもって統合され，またそれが

解体されるというように，成人の精神生活の中で二つのポジションが絶えず振動していることを指摘した。また，クライン派のベティ・ジョセフは，成人の精神分析的心理療法において，ふたつのポジションのどちらが優勢かをつかむ意義を以下のように述べている。

「ポジションの概念は，患者の言うことに耳を傾ける時，私たち自身を方向づける枠組みとして役に立つ。私たちは，現在動いている患者の心の中心的ポジションの感覚をつかむ必要がある。たとえば，患者が，責任や痛みの感覚や対処する必要のある罪悪感の感覚を伴った抑うつ的スタンスから，彼の外的かつ内的な世界を見ているのか，それとも衝動や自己の一部，多くの恐怖を分裂排除し投影したり対象を理想化したり心的現実との接触から逃避したりする妄想的スタンスから見ているのかを知る必要があるのだ。」(Joseph 1981，小川訳 2005)

　クラインからスーパーヴィジョンを受け，独自な理論を構築した小児科医で精神分析家のウィニコットは，情緒発達の達成としての抑うつポジションを強調し，離乳をめぐって，徐々に「脱錯覚（disillusion）」する機会が提供されると述べた（Winnicott 1958　北山訳 2005）。乳児は，自分の欲求に万能的に適応してくれる外界という経験を通して万能の錯覚をもつ。ちょうどそのときに乳房を差し出されるとき，乳児は，自分が母親の「乳房を創造した」という錯覚を抱くのである。そして，この万能感がほどよく保たれることはとても大事である。しかしながら，乳児の成長とともに（すなわち欲求の分化により），母親が乳児のニーズへ適応することの「失敗」が起き，乳児は欲求不満を感じて，徐々に段階的に「脱錯覚」がなされていく。ニードへの母親の不完全な適応が，すなわち欲求不満を体験することが成長を促すという指摘は重要である。このとき「失敗」は悪いこと，あるいは起きてはならないことという意味ではまったくない。起きてしまうのである。ただ，最初の適応がほと

んど正確である必要があること，脱錯覚のときに落差の大きい急激な幻滅がないことが条件であり，喪失を引き受ける現実検討が獲得されることによって「思いやり（concern）」が達成されていく，とした。

4．マーラーの「分離-個体化」過程

　精神分析の知見を乳幼児の観察研究に応用したのがスピッツ（Spitz, R.A.）である。彼は，「心のオーガナイザー」や，自我の重要な機能としての「自己調整（self-regulation）」を探求し，早期の環境や，養育者との相互作用という要因がいかに本質的なものであるかを繰り返し提示した。ホスピタリズム，依 託 抑うつ，無差別微笑，8カ月不安などもスピッツが名づけた現象である。乳幼児との相互作用という点を縦断研究によりさらに明らかにしたのがマーラーであった。

　マーラー（Mahler, M.S.）は，1950年代から健康な乳幼児と母親をペアにした縦断的な観察研究を行った。それは，母子の情緒的な応答関係のもとで近づいたり遠ざかったりする行動徴候，乳幼児の表現や緊張の調節，苦痛や快の感情体験などを克明に観察するものであった。そして，生後数週間からおおよそ3歳の「心理的誕生」に至るまでの発達の道筋を，「分離-個体化」過程として示した（Mahler et al. 1975　高橋他訳 1981）。分離とは身体感覚を含めて母親と離れていられるという意識をもつこと，個体化とは「私が〈存在すること〉の感覚」を基盤にした自律性のもとで個性をつくっていくことであり，分離と個体化は絡み合いながらも，必ずしも同じペースとはならずに進んでいく（表5-1）。

　人生最初の数週間は，幻覚的な全能感のもとでホメオスタシスを保とうとする「正常な自閉期」である。この自閉段階は，反応性の欠如ではなく相対的なものだと述べているが，その後の観察を経て，自閉という言葉は適切でなかったとマーラーは認めている。「共生期」は，乳児が

表 5-1　マーラーの「分離-個体化」過程

発達期・下位段階		大体の年齢	発達的特長
未分化期 (nondifferentiation)			・胎生期の名残り　　・幻覚的全能感 ・一時的覚醒不活動（alert inactivity）
	正常な自閉期	1 ～ 2 カ月	
	正常な共生期	3 ～ 4 カ月	・最初の愛着　　・共生圏（symbiotic orbit） ・二者単一体　　・生理的心理的平衡 ・「個」と「関係」の発達的土壌
分離・個体化期			
	分　化　期	5 ～ 8 カ月	・見比べ（comparative scanning） ・「税関検査（customs inspection）」 ・人見知り（stranger anxiety） ・心理的孵化
	練　習　期	9 ～14カ月	・外界への好奇心・意気高揚 　（"世界との浮気"） ・母親不在への過敏反応・混乱 ・気分低下状態　・空間移動・事物探索能力 ・他児との遊び　・移行対象・情緒的エネルギー補給
	再　接　近　期	15～24カ月	・分離意識 ・両価傾向（"飛出し"と"しがみつき"） ・欲求不満の高まり・不機嫌 ・「自己調節」「関係調節」の困難 ・自己価値の傷つき ・強要（coercion）　・退行と前進 ・能動的「イナイイナイバー」 ・象徴的遊び・言語 ・父親とのプレイフルな関係 ・「悲しむこと」と「心から渇望すること」
	個　体　化　期	24～36カ月	・現実吟味　・長時間遊べる能力 ・母親不在への耐性 ・対象表象の内在化
情緒的対象恒常性 確立期		36 カ月～	・自己と対象の恒常性 ・情緒的に必要な対象の内的保存 ・同一人物の"良い"面と"悪い"面の統合的体験 ・自律的自我能力

（齋藤久美子「分離-個体化」『精神分析事典』岩崎学術出版社，2002より）

母親とひとつの共通する境界内部で生きていると経験している，未分化で融合した時期である。共生が終わりに近づく頃に，幼児は心理的に「孵化」する。

　分離-個体化期の下位段階「分化期」には，外部に向けられた知覚活動が生じ，母親の顔を手や目でさかんに探索して自分の体と区別をする。母親ではない見知らぬ相手の顔を徹底的に詳しく調べる「税関調査」と言われるような探索活動も始まる。ただ単に母親の身体にもぐりこんでいたこれまでとは対照的な，視線による接触が分化することにより，対象イメージを心の中に保つ基盤がつくられていく。「練習期」には移動運動能力が飛躍的に成熟し，這い這い，そして直立歩行により自力で母親のところを離れられるようになる。移動先にあるものを触ってみたり舐めてみたり，いろんなものに興味が広がり「高揚的」気分で探索をする。筆者の観察例では，玩具にとどまらず例えば置いてある図鑑をみつけると，その表紙をゆっくり開いて閉じて，顔に風を感じてうっとりしたり，近くにある新聞広告を握ってその音を楽しんだり。親のことなど忘れているかのように生後10ヶ月の乳児は熱中していた。グリーネーカーは，この時期の練習を「世界との浮気」と譬えているが，こうした探検が終わると母親の膝元に戻って情緒的燃料補給をしている。また，マーラーの観察ビデオには，母親が部屋からいなくなったのに気づいた幼児の気分低下状態（low-keyedness）が映っている。身振りや動きが緩慢になり，周囲への関心が薄れて内部に注意を集中する。こんなときに母親以外の人があやそうとすると，情緒的バランスを失ってワッと泣き出してしまう。

　次の「再接近期」にはこうした母親から離れる動きが反転し，接近を求める要求が再び前景化する。子どもはこの時期，わかりにくい矛盾した表現を繰り返していく。自分ひとりでしたい，押しのけたい，でも母

親に助けてもらわないと何もできない，しがみつきたいという両価傾向の高まりである。全般的な不満足と，気分の急激な変化，かんしゃく，怒りと失望が優勢になる。しかし自律の欲求はもはや押しとどめられず，ここが誰しも「無傷で切り抜けることはできない」発達上の岐路となっていく。母親の側も，順調に進んでいた分離のプロセスが逆戻りしたかのように感じ，幼児の後追いと飛び出しという極端な揺れ動きに合わせることが難しくなっていく。自己調節も関係調節も困難になり，例えば，助けを借りずに靴ひもを結ぼうとするがうまくいかず，いらいらして「やって」と言うけれども，親が手を出すと怒ってしまう。再接近期危機にある癇癪やむずかり，しがみつきである。これを延々と反復することになり，「じゃ勝手にして！」と親は言ってしまったりする。幼児の感情表現が発達とともに分化し，また母親の根気強い共感的な関わりによって，何とかこの時期を乗り越えていく。また，非常に早期から父親は「母親とは全く異なる範疇の愛情対象に属して」おり，そうした父親や，その環境の中での他者との余裕のある関わりがよい緩衝材となる。

　この危機は，子どもからみると万能的な自己の幻想を手放す苦痛な状況なのだが，母親と実に劇的な争いを繰り広げる。そのとき母親が完全にしびれを切らしてしまうと，子どもはひとりでやれるかのように自分で自分の気持ちを収拾するか，あるいは，赤ちゃんに戻って全部世話をしてもらうか，どちらかの道しかなくなってしまう。こうした分離-個体化の主題はライフサイクル全般にわたり，精神病理のルーツとしても注目される。青年期境界例の中核病理の説明として，自立に向けた動きに対する親の否定的反応 —見捨てるぞという脅しにより受け身であることを促す— が子どもに「見捨てられ抑うつ」を引き起こす，という理解である。

　再接近期が終わるころには，心の中に，不安なときに呼べば応えてく

れる内的母親像が浮かび，それを拠り所にして自分で気持ちを立て直し，長時間遊べるようになっていく。それは，愛情対象が不在であっても心の中に安心を与える表象を保持することであり（良い対象表象の内在化），情緒的対象恒常性が確立され，「良い」と「悪い」に分裂していた対象を一つの全体としての表象に統合することも意味している。

以上のような「分離-個体化」論は，ブロス（Blos, P.）の青年期発達論 ─再接近期に比せられる退行を通して親から精神的に離脱する「第二の個体化」─ や，マスターソン（Masterson, J.F.）らによる境界例の理解に大きな影響を与えた。

5. スターンの自己感の発達

スターンは，精神分析家であるとともに発達研究者として，乳児の体験世界の側面である「自己感（the sense of self）」から心の発達をとらえる作業仮説を提示した（Stern 1985　小此木・丸田監訳 1989）。また，実証的なデータをもとに，マーラーが記述したような自閉の時期はなく，自己と他者を混同するようなことはいかなる時点でも決して起こらないと異議を唱えた。

順に出現してくる4つの自己感を提示し（図5-1），言葉をもつ以前から存在している自己感が乳児の発達をオーガナイズするとした。自己感とは，自分の行動を自分がしていると思える感じ（発動の感覚），連続性や身体のまとまりの感覚，他者に意味を伝達し（意図の感覚）それぞれの他者との間に間主観性を確立できるという感覚のことである。

新生自己感：乳児はあらゆる知覚様式（「無様式知覚」）を用いて，外界の刺激を活発に取り入れる。内部で何か連続的に動いているものへの感覚と，外部の知覚や行為などのネットワークがつくられていく過程そのものであり，それは大人の言語を媒介とする主観的単位とはおよそ

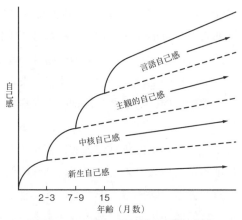

図 5-1　スターンの自己感の発達
(『乳児の対人世界：理論編』D.N. スターン　小此木
他訳　岩崎学術出版社，1985/1989より)

違っている。

　中核自己感：単一で連続性をもつ身体を単位とした自己感である。母親とは身体的に分離している，自分から何かを発動でき，時間的な一貫性があり，情緒体験をもつと感じている。そして，乳児の自己を制御（調節）する他者というものを体験していく。

　主観的自己感：他者にも心があることを発見し，行動の背後には感情・動機・意図があることがわかり，「間主観かかわり合いの領域」へと一足飛び的な成長が起こる。ここでも，意識されたり言葉で表現されたりすることはないまま進んでいく。生後9か月以降，別の知覚様式による相互交流パターンである「情動調律（affect attunement）」がみられるようになり，他者との間での内的主観的な体験の共有が可能であることを学ぶ。

　言語自己感：言語の発達にともない，自己を客観視する，象徴を用い

る，願望を抱くなどの能力を獲得する。言語獲得は，他者と意味を共有・伝達できる，あらたな可能性を広げる。それは同時に，乳児にとってはこれまで総括的なものだったのが，その一断片のみが言葉で切り取られる体験であり，その他の部分は潜行したままとなる。これが無意識を生み，この2つの体験の間にあるズレは神経症発症の素地になるとされる。

　無感覚様式だった乳児の総括的体験が質的に変化することについて，スターンは，壁に映る黄金色の日差しの斑点の知覚の例を示している。子どもは，その斑点の強さ，暖かさ，形，明るさ，喜びなどを混合して体験している。そこに言語が入ると，例えば「まあ，あの黄金色の日差しをごらんなさい！」と言った途端に，感覚様式のうちのひとつにしっかり固定されて，無様式の総括的体験は粉砕されてしまう。言語へと脚色されたものが公式版となって，無様式の方は潜行すると述べている。「言語かかわり合いの領域」の下層に，それまでの自己がオーガナイズしてきた領域があるという視点は，どの自己感の領域にどういう病理が発生するかという観点を提出するものでもある。

　乳幼児精神医学は，ボウルヴィの「アタッチメントと分離不安」，エムディによる母親の「情緒応答性」をはじめ，子どもの発達をとらえる豊かな補助線となる概念を提供してきた。精神分析が，精神医学や発達心理学，神経科学と対話をしながら学際的な発展をみせている領域であり，それは精神分析的かかわりにおいて精神病理の起源を見立てるうえで参考になるにとどまらず，乳幼児と親への直接的支援に役立つ重要な知見となっている。

　なお，これまでの記述の多くが「母親」となっているが，それは第一義的な「養育者」と置き換えてみていく必要がある。また，愛着研究での母子分離や自己信頼の獲得などにおけるジェンダー化された理論につ

いて，精神分析の内外から批判的検討がなされていることも付記してお
く。

学習課題

課題1　口唇期または肛門期の発達課題を積み残した成人のパーソナリ
　　ティの特徴と病理について，できるだけ具体的に挙げてみよう。
課題2　マーラーの再接近期危機について，子育て中の養育者に聞いて，
　　あるいは子育てを振り返って具体的なエピソードを収集し，その危機
　　体験はどういうものかを考えてみよう。
課題3　言葉によってとらえきれなかった感覚が残るエピソードを一つ
　　挙げ，そこにどのような体験が隠れているかの言語化を試みてみよう。

引用文献

Bion, W.R. 1963　精神分析の要素　福本修訳　1999　精神分析の方法 I〈セブン・
　サーヴァンツ〉　法政大学出版局
Erikson, E.H. 1950（1963改訂）仁科弥生訳　1977　幼児期と社会1　みすず書房
Freud, A. 1965　児童期の正常と異常　黒丸正四郎・中野良平訳　1981　アンナ・
　フロイト著作集9　岩崎学術出版社
Freud, S. 1905　性理論のための三篇　渡邉俊之訳　2009　フロイト全集6　岩波
　書店
Freud, S. 1923　幼児期の性器的編成　本間直樹訳　2007　フロイト全集18　岩波
　書店
藤山直樹　2008　集中講義・精神分析（上）：精神分析とは何か/フロイトの仕事
　岩崎学術出版社
Joseph, B. 1981　心的平衡と心的変化　小川豊昭訳　2005　岩崎学術出版社
Klein, M. 1940　喪とその躁うつ状態との関連　森山研介訳　1983　メラニー・クラ

イン著作集3　誠信書房

Klein, M. 1946　分裂的機制についての覚書　狩野力八郎訳　1985　メラニー・クライン著作集4　誠信書房

Mahler, M.S., Pine, F. & Bergman, A. 1975　乳幼児の心理的誕生：母子共生と個体化　高橋雅士・織田正美・浜畑紀訳　1981　黎明書房

小此木啓吾（編集代表）2002　精神分析事典　岩崎学術出版社

Stern, D. 1985　乳児の対人世界：理論編　小此木啓吾・丸田俊彦監訳，神庭靖子・神庭重信訳　1989　岩崎学術出版社

Winnicott, D.W. 1958　臨床論文集　北山修監訳　2005　小児医学から精神分析へ（ウィニコット臨床論文集）岩崎学術出版社

6 | 内的世界の理解：対象関係論

田中健夫

　「対象」というと自分の外側にある物や相手をイメージするだろうが，対象関係論では主に「内的対象」を指す。私たちの心のなかの「自己-対象」表象の性質が，現実のできごとや対人状況を意味づけるという考え方である。言語では掬（すく）いきれない体験水準のことを説明するのはそもそも難しいのだが，現代の精神分析の共通基盤となる視点を提供している対象関係論の考え方とその臨床的な意義をみていくことにする。

《キーワード》 対象関係論，内的対象，表象，無意識的空想，思考の生成，コンテイニング

1. 対象関係論の視点

　フロイトにとって他者は“欲動を向ける相手”であったが，英国を中心に発展した対象関係論は，ある人とかかわりをもちたいという関係希求のニーズに重点を移動したモデルである[i]。この間には，発想の大きな飛躍があることについて，福本（1999）は以下のように指摘する。

　「単にフロイトの原点を 繙（ひもと）くことは必ずしも適切でないばかりか，二つの意味で大きく誤解する恐れがある。」 その理由のひとつは，「面接室内での対象関係の展開を重視するようになったフロイト以降のパラダイム・シフトが ・・・（フロイトの）過去への還元主義的な印象によって，十分に明確にならない点」であり，もうひとつは，テキストを出発点に学ぶことが表層的で知的なものとなり，精神分析がもつ「情動的経験の深みを回避することになること」である。（p.237）

---

i　フロイトの著作に対象関係論の萌芽はあるとされる。論文「喪とメランコリー」（1917）において，「対象の影が自我の上に落ちる」という表現で，喪失した対象が取り入れられ，もともとの自我との間で内的葛藤を起こすことを述べている。

フロイトのテキストとの対話は，いまも豊かな示唆をもたらす。ここからは，前章までの無意識についての考え方や発達論をふまえて，対象関係論の視座を深めていきたい。

1）心の中に棲んでいる対象の表象

対象（object）という言葉には「客観」という意味もあり，無機的で冷たいものというイメージをもつかもしれないが，すべては情緒的な含みをもっている。鞄でも財布でも，あるいは鞄につけているマスコットでも，それらをなくしたとき私たちは，ただの物がなくなったとは感じない。また，対象に含まれるのは物だけではない。身体の部分，グループ，国，思想，あるいや匂いや音も対象である。もちろん，恋愛対象，頼ろうと思ったら頼れる対象，無視してもよい対象など，人についても対象という言葉で表すことがある。

これらは外側にあるもの（外的対象）であるが，心のなかには，「内的対象[ii]」が棲んでいる。それは，心の中に思い描かれる「表象[iii]」として，イメージよりは永続的に存在している。たとえば，「父親」であれば，ひとつの固定した表象だけでなく，父親という言葉から私たちそれぞれに喚起される「父親とはこういうもの」にまつわる対象表象群がある。「やさしい父親」「厳格な父親」「希求する父親的なもの」をはじめ，それぞれの個人にヴァリエーションとその強弱がある。

留意しておきたいのは，こうした他者表象が，必ずしも現実の他者を反映していない点である。クラインもこのことに留意をうながしている。ある子どもの分析で，通常以上に親切で愛情深い親のもとで育った４歳児が，自分自身のサディスティックな衝動のために，ずたずたに切り裂かれたり食い尽くされるような懲罰の恐怖の中に身を置いていた。「やさしくて愛情深いその母親とは対照的に，子どもが超自我の懲罰に脅か

---

ii　内的対象は，内的を省略して「対象」とだけ示される場合も多い。
iii　「表象（representation）」という言葉が意味するところは学派によってさまざまで，いまも議論の俎上にあがっている。ここでは，心に思い描かれるものであり，感覚や機能や情動などを含んだものとする。

されるということは，実に異様なことである。すなわち，この事実から，私たちは決して，実在の対象と子どもに取り入れられた対象とを同一視してはならない。」（Klein 1927　遠矢訳 1983）　セラピーの中で表現される親像は，現実の親をそのまま反映しているわけではなく，子どもが独自に形成してきた親表象のあらわれなのである[iv]。

2）「自己-対象」が対となったいくつもの表象群

　さて，心の中には，対象にまつわる表象だけでなく，自己にまつわる表象もあり，それらは対(ペア)のようになっていると想定してみよう。たとえば，図6-1の「クライエントの内的世界」の中に示された，「求める」自己は，「応える」対象と，あるいは「気づかない」対象と対になっているかもしれない。あるいは，求めない-無視する，求める-誤読する（ズレて応じる）などもあるだろう。

　ここでの留意点は，表象が，断片から全体的なものへと移行するということである。内的世界の成熟をイメージする手がかりとして図6-2

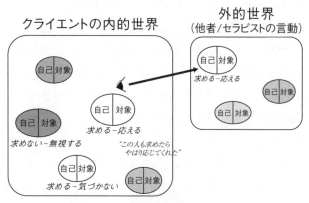

図6-1　対象関係論のモデル

---

iv　これに関連して，内的対象の「他者性（あるいはむしろ，そこにいる他者）」の感覚（Hinshelwood 1994），という指摘は喚起的である。つまり，心の中に統合されないまま異物として棲み続ける表象があり，それは具象的に体験され，成長をうながしたり，ときにその人を苦しめたりするものとなる。

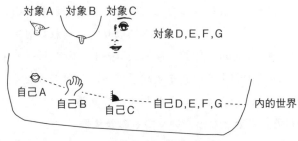

図6-2 断片-自己と断片-対象 (松木 1996, p.18)

をみていただきたい。乳児期の，部分だけをとらえる認知能力にもとづく口-(母親の) 乳首[v]が，全体的な自己-対象という関係性になっていき，心的機能にまつわる表象（たとえば「求める-応える」）も形成されていく。

3）内から外へ

　内的世界のありかたが，外的世界のできごとを意味づけていく ―「内から外へ」を説明しよう。あるできごとや対人状況に際して，内的世界の「自己-対象」表象のどれかが活性化（前景化）し，その状況を意味づける。先の例だと，「この人も求めたらやはり応じてくれた」と，内的世界のありかたを確証するように外的世界を体験する。現実の状況は必ずしも明瞭ではなく，曖昧な情報が含まれるが，内的世界で優勢になりやすい「自己-対象」表象をもとに現実は解釈されていくのである。

　もちろん，現実のできごとや状況が内的世界のありかたに影響を与え，経験を通して内的世界が修正されるということはあるのだが，基本的な視点は「内から外へ」にある。

　なお，「求める」自己とこれまで書いてきたが，もともとそうした自己が存在しているわけではない。乳児は，自分でもはっきりわからないニーズが親に受け取られる経験の繰り返しによって，そのニーズには輪郭が与えられ，自己表象として位置づいていく[vi]。成人であっても，他

---

v　部分対象関係という。

者と話していくなかで，自分が相手に何を期待しているのかがわかると
いう経験をすることがあるだろう。また，内的世界のありかたが他者に
投げかけられたとき，その投影を向けられた他者もそれに影響を受ける。
ここに作用している心的メカニズムが投影同一化である。ある人の空想
である「思い込み」をもとにかかわりがなされ，自分の心情がそれに影
響を受けたという経験はないだろうか。そのとき，「よくわからない感
じ（それ）」としてしか掴みようのないものに，しかし影響を受けて自
分は反応している。そのようなやりとりを想い起こしてみていただきた
い。

4）プレイセラピーの例

　ここまでの説明は，主観に偏りすぎという印象を与えるかもしれない。
しかし，心理臨床は主観的事実に基づくものである。こうした心のはた
らき方のモデルをもつことが精神分析臨床においては有効であり，理解
の基盤となる。プレイセラピーの場面を例に，以上のことを考えてみよ
う。

　親の気まぐれで過剰に干渉されたかと思うと，まったく無視をされる
というマルトリートメント[vii]を受けてきた年長児が，紹介されて心理相
談室にやってきた。プレイセラピーに導入するが，その初期には，ち
らっと部屋の中を一瞥するものの，自発的な行動はほとんどみられな
かった。セラピストが，プレイルームに向けたわずかな関心を取りあげ
ても無視し，無気力なまま，目の前の玩具でときに一人遊びをした。何

---

vi　ウィニコットはこのように述べている。お腹のすいた赤ん坊は「乳房のところ
へいき，そして食いつかれるのに見合った何ものかを幻覚しようとする。その瞬間
現実の乳首が現れて，彼が幻覚していたのが乳首であったのだと感じることができ
る。それゆえ，彼の考えは，細部にわたる実際の視覚や感触，匂いによって豊かに
され，次にこの素材が幻覚の中で使われるのである。このようにして，彼は実際に
手に入るものを呼び出す conjure up 能力（キャパシティ）を築き始めるのである。」（Winnicott
1945　妙木訳 2005，p.170）
vii　マルトリートメント（maltreatment）は，子どもへの適切ではない接し方・養
育であり，虐待を包含する概念である。接頭辞 mal- には「悪い」「不規則」「不良」
「不全」などの意味がある。

回かに互るかかわりを続ける中で，人形遊びをしきりにするようになった。

　クライエントはいつも親役をして，小さな子どもの人形の世話をした。この回，セラピストは，世話をされる子どもの人形の役をあてがわれた。夕食の準備が始まるが，クライエント（親）は突然に外に行ってしまい，子ども（セラピスト）はひとり取り残されてしまう。しばらくして親は帰ってくるが，「さあおお急ぎ！」と，子どもはどんどん食べさせられ，風呂に入れられ，寝かされる。子どもはされるがままで，親に甘える暇もない。「ねえねえ，あのね」と話しかけると食べるのが遅いと怒られ，早く寝なさいと叱られる。そうかと思うと，眠りかけたところを「そうそうお土産があるの」と起こされる。子どもが，お土産はいったい何かを確かめてもたもたしていると，「あ，いらないの」と取りあげられる。別の玩具を「欲しかったんじゃないの？」と渡されるが，何かを言う前にそれも取られてしまう。だんだん何か言うのはやめておこうと諦め，寝ようとすると，また起こされて，「これ欲しかったんでしょ」と目の前に置かれるが，どうしたらいいのか，立ったまま目をこすっている。

　ここに展開しているのは，子どもの気持ちへの目の向かなさ，作業工程のような育児，押しつけと支配である。遊びでのこうしたやりとりを通して，子ども役をしたセラピストは，求める-いない，求める-別のものを押し込んでくる，自分の気持ちを表現する-関心を向けられない，という性質をもつ「自己-対象」表象が優勢に形成されてきたであろうクライエントの内的世界を実感していく。日常での役割が，遊び ―それは決して楽しい遊びではない― を通して，逆転して表現されている。

　気持ちに関心を向けないという対象表象が圧倒的であるとき，子どもは，自分の気持ちはないものとして他者にただ反応する自己を肥大化させるしかない。来談初期の自発性の乏しさはそうした内的世界のありよ

うを示していたと考えられる。ここにみられた無気力さはどういうものか。セラピー場面での，立て直そうとする気持ちや希望が再三くじかれ，押しつけられ，混乱して立ち尽くすなかで抱いたセラピストの逆転移が，クライエントの内的世界に居すわる無力感の性質を探索する手がかりとなる。

2. クラインとウィニコット

　ここまで所々でクラインとウィニコットの業績を取りあげてきた。著作のほとんどは邦訳されており，関連文献は数多く，重要な概念を解説した用語辞典もそれぞれ編纂されている[viii]。

1）クラインの臨床と業績

　メラニー・クラインは，子どもの中に"乳児の心"を発見したと言われる。最初の観察事例「フリッツ」（息子のエリック）は，4歳9か月のときに突如として「人はどのようにして生まれるの」という質問を毎日繰り返すようになった。説明をすると好奇心はさらに広がっていった。神はどういう存在なのか，そして大便と尿に興味は移った。5歳半のときに彼は，「（母親の）お腹とその中の絵をみたい」「そこに子どもがいないかどうかみたいんだ」と言った。そこには，受け入れたくない苦痛と不安が背景にあるとクラインは考えていった。

　1920年代，子どもとの分析的なプレイセラピーを試みていく中で，クラインは，多くの子どもが，母親の身体とその内部への活発な空想をしていることを発見した。母親のお腹の中には赤ん坊や糞便や宝物やペニスがあり，母親とカップルになったその関係に子どもは入り込めず，そ

[viii]　クラインについては，主要な論文を引用しながらクラインの着想を解説した『リーディング・クライン』，『新釈 メラニー・クライン』がお薦めである。ウィニコットの著作では，スクィグルを用いた『子どもの治療相談面接』，16回の子どもの心理療法の記録『ピグル』で治療の実際に触れていただきたい。舘直彦による『ウィニコットを学ぶ』（2013），日本のウィニコット研究の第一人者である北山修による論考『改訂 錯覚と脱錯覚』（2004）をはじめ，ウィニコット研究は近年さらに盛んである。

れらを破壊しようと空想して報復を怖れる"早期エディプス"の世界を
叙述した。貪欲にむさぼったり，排斥されたりという不安に満ちた子ど
もの無意識的な空想を，クラインは否定することなく，直(じか)に語りかける
解釈を通してかかわっていった。子どもが生来もっている，世界を理解
したいという欲望である知識愛本能（epistemophilia）と，不安による
知性の制止にも関心を寄せた。

　トゥルードという，夜驚をともなう不安におびやかされている4歳の
女の子がやってきた最初の回をみてみよう。彼女は，荷馬車の中に前
もって入れていた玩具の男を放り出して投げつけ，何度も虐待を加えた。
そして絵本から取り出してもらおうと思って持ってきた，絵本の中に描
かれたシルクハットの男に好意を示したとき，クラインはこう解釈した。
トゥルードが「お父さんのおちんちんを捨てたがっている」と。この解
釈はたちまち彼女の不安を減少させて，クラインを信頼して帰っていっ
た。トゥルードにとって，荷馬車や絵本は母親を表しており，母親の身
体の内部を（トゥルードの空想上の攻撃によって）ひどく傷つけたこと
への報復の不安に言葉が与えられた（解釈）ことにより落ち着いていっ
た。クラインは，子どもたちの不穏な遊びの「意味を理解するように迫
られていると感じ，それが子どもの不安の無意識的，主観的決定的要因
への鍵を含んだコミュニケーションの重要な要素であると理解した。」
（Likierman 2001　飛谷訳 2014，p.63）

　Likierman は，このように奇怪に響く解釈は，それらを最初に聞いた
精神分析家を戸惑わせ不快にさせたように，今日の読者をも当惑させる
だろうと述べたうえで，しかし，それは注意深く判断され十分に文脈化
された観察をもとにした解釈であると指摘する。クライン自身も，次の
ように述べている。「私が解釈するのは，次のようなときである。子ど
もがさまざまな反復の中で ―実際よくあるのは，玩具や水，それに切

り抜きや絵画などさまざまな媒体を通して—— 同じ心的素材を表現しているとき，その上，これら特定の活動がそのときおもに罪悪感を伴っていて，それが不安として現れたり，あるいは反動形成の現れともいえる過剰な補償の含みをもった表現で現れることが観察できるとき，そうしてある種の連関について私が洞察に達することができる。こういった場合に，私はこれらの現象を解釈して，これらの現象と無意識や分析状況とを結びつける[ix]。」

　子どもがリアルに生きている内的世界へのこうした直観と観察力は，クライン自身のたびかさなる喪失体験と，重い鬱状態を契機にした精神分析による治療経験がもたらしたものでもある。また，子どもの無意識的空想を引き出す，クラインが採用したプレイセラピーの設定も重要である。それは低いテーブルの上に，小さくてシンプルな玩具を並べたものであった。紙，鉛筆，はさみ，木製の男女の人形，荷馬車，列車，動物，積木，家などである。こうした設定のもと，ことさら仲良くしようというかかわり（陽性転移の意図的な形成）をしないことによって，子どもの内的世界にある不安が動員され，それは遊びの中に表現されて

図 6-3　個人ごとに用意された子どもの精神分析的
　　　　 セラピーの玩具

ix　この部分は『リーディング・クライン』（参考文献，p.45）の訳文を採用している。

いった。無意識的空想の劇化としての遊びにあらわれた最も深い不安の解釈を通して，分析関係を切り結んでいったのである。

　このとき，空想の位置づけがフロイトとは異なっていることに留意したい。フロイトは，欲動が原動力となって夢や空想がつくりだされると考えたが，クラインは，本能に由来する無意識的空想こそが一次的なものだとした。またクラインは，女の子に特有の不安状況の観察から，女性性の発達にも関心を向けた。父親が登場するフロイトのエディプス期より前の，発達早期の母親との関係の重要性に着目したことは，以降の精神分析的発達論と臨床に大きな影響を及ぼした。

2）ウィニコットの臨床と業績

　D.W. ウィニコットは小児科医であり，英国独立学派または中間学派（クライン派と自我心理学のどちらにも属さない）といわれる立場の精神分析家である。最初の児童分析のケースのスーパーヴィジョンをクラインから受けており，ふたりは生涯に互って密な交流を続けつつも，理論的には独自な見解を発展させた。ウィニコットは環境の役割を重視し，母子をひとつのユニットととらえた「一人の赤ん坊などというものはいない」（Winnicott 1960）という言葉は有名である。ウィニコットはいくつもの独創的な概念を提出しており，それは，抱えること（holding），移行対象と移行現象，遊ぶことと創造性，偽りの自己，ひとりでいられる能力などである。乳幼児に対する「ほどよい」育児の重要性，侵襲をおこすような極端さがないことや，子どもの攻撃から生き残ることの意義を強調した。講演やラジオ番組による一般大衆に向けた発信にも熱心で，生涯で600編以上の論文がある。平易な文章ではあるが多義的でときに逆説的な書き方は，生き生きとした臨床感覚を喚起させ，また創造的な読みをうながす。『赤ん坊と母親』（1987/1993）から，ウィニコットの文章をいくつか引用しておこう。

　「お母さんは赤ちゃんが噛んだり，引っ掻いたり，髪の毛を引っ
ぱったり，蹴ったりするとき，ある仕事をしなくてはなりません。
それは生き残るという仕事です。ほかのことは赤ちゃんがすべて
やってくれます。もしお母さんが生き残れば，赤ちゃんは愛という
言葉に新しい意味を見出すでしょう。そして一つ新しいことが赤
ちゃんの生活に生じます。ファンタジーです。赤ちゃんがお母さん
にこう言っているかのようです。『お母さん，あなたが私の破壊か
ら生き残ってくれたので私はあなたを愛します。夢と空想の中であ
なたのことを考えるときはいつもあなたを破壊していますが，それ
はあなたを愛しているからなのです』と。こういうふうに赤ちゃん
はお母さんを対象化し，お母さんを赤ちゃんの一部でない世界に置
き，そして使用しうるものにするのです。」(p.43)
　「年長の子どもは，ほんの2〜3分あるいは1，2時間，過去に
戻って，早期の段階に属する基盤を繰り返す必要があるのです。こ
ういうことは実にしばしば生じます。‥‥ しばらくの間子どもは幼
児になります。そして特別の保護から普通の状態に自然に戻ってい
けるように，時間が与えられねばならないのです。」(p.32)
　「人間は失敗を重ねます。赤ちゃんを普通に世話する間母親は絶
えず失敗を修復しているものです。疑いもなく，これらの相対的な
失敗がすぐに修復されることが積み重なって，ついにはあるコミュ
ニケーションとなり，赤ちゃんは成功について知るようになります。
このように適応が成功すると，安心感が，つまり愛されてきたとい
う感情が与えられます。分析家として私たちはこのことをよく知っ
ています。‥‥ 失敗が一定の時間内に，秒内に，分内に，時間内に
修復されない場合は剥奪という用語が用いられます。」(Winnicott

1987　成田監訳，根本訳　1993, p.106)

3.　ビオンによる独自な思索とその影響

　W.R. ビオンの生涯は，喪失と外傷的なできごとの連続だった。1945年から8年間クラインとの分析を経験し，50歳を過ぎて分析家の資格を取得した後，精神分析の本質についての独自の思索を深めていった。ビオンの初期の業績はグループ心性の解明である。集団にも，個人と同じように独自にうごめく非理性的な無意識があり，集団がなすべき課題からたやすく離れて，迫害不安に抗する防衛的な文化をグループ全体が発展させることを叙述した。集団精神療法や，グループがはらむ問題（「スケープゴート」など）の理解に寄与する視点である。精神分析へのオリジナルな貢献は，精神病の精神分析，パーソナリティの精神病的/非精神病的部分，思考の生成，精神分析の要素の探求をはじめ多岐に亘る。ここでは，思考の生成とコンテイニングを取りあげる。

1 ）思考の生成と象徴水準

　思考の生成と成熟のモデル（Bion, 1962, 1963, 1967）は，乳児の体験，あるいは精神病患者との治療経験をふまえて記述され，精神分析臨床における交流の質をとらえる有益な視点をもたらす。ビオンは，乳児は生まれながらに前概念をもっているという。なぜ赤ん坊は母親の乳房に吸いつくことができるのか，ということである。本能的な知識や物事の関連性についての前概念をもっており —それは期待の状態に相当するものであり，現実の体験とつがうことによって概念（conception）が生じ，その繰り返しによって物事の関連性がわかっていく。一方，対象が不在であるときに，乳児は強烈な欲求不満を体験する。その不満に何とかもちこたえられると，（い）ない-対象の感覚印象を保持しつつ，

不在という概念が獲得されていく。このとき欲求不満に耐えられないと，感覚印象は断片化されて，奇怪な対象（bizarre objects）が形成されて精神病性の思考がつくられる。

　患者の語りや分析家の臨床的思考の水準という，面接関係で交わされているものの質をとらえる視点は 3 章でも取りあげたが，視覚的な要素と物語とで成り立っている夢思考水準のものについて，分析家は「もの想い」し，概念としてまとめあがったときに解釈をする。こうした象徴水準での思考が機能していない患者への臨床的関与について，現代の精神分析臨床では，ビオンのアイディアを参照して探索がされている。

　ビオンはまた，知ろうとすることは，他者との情緒的なつながりであると言う。経験から学ぶことのできる「K」（knowing）の結合に対して，知ろうとしないで無知なままでいる「noK」，知ることを歪め嘘をつく「-K」は，治療を意味のないものにしてしまう。「L（love）」「H（hate）」による結合もあり，これらを参照点に，いまどういった情緒に面接関係が支配されているかをみきわめ，「K」の関係性を構築していくことを考えるという視点は臨床的にも役に立つ。

2）コンテインメントの理論

　コンテイニングは，クライエントが恐れ・拒絶している部分の投影を受けとる容器（コンテイナー）となり，クライエントの不安に圧倒されてしまうことなくもちこたえ考え続けるプロセスであり，セラピストの機能のことである。4 章でも触れたが，ここでは分析家 Riesenberg-Malcolm（2001）の臨床例を通して考えてみよう（福本・平井監訳 2005，pp.191-192.）。

　ジムという13歳の少年とのセラピーである。学校からの紹介理由は便を漏らすという深刻な問題であったが，読んだり書いたりもできて，それ以外は「面倒」な子ではなかった。ただ，誰とも関わりをもつことも

話すこともなかった。彼の母親は，常に不満を抱えた雰囲気の閉じこもりがちな女性で，ジムが家でも夜にお漏らしをする，ずっとひきこもりがちな少年であったと語ったが，語られたことはそれだけだった。

　ジムは年齢のわりには痩せていて，顔にはいつも「天使のような微笑み」を浮かべていた。部屋に入るときにも抵抗を示さず，分析家の前にぎこちなく座ったまま，何も反応を示さなかった。

　しばらくすると分析家の促しで，ジムはついにクレヨン（黒）と紙を取り，なぐり描きで紙の半分を覆うということをした。それは何週も何週も続いた。分析家はこれに当惑したが，不安は感じず，「恐ろしい何か，私にはわからない性質をもった何かを，彼が私に伝えようとしている」と感じて，退屈はせずに興味を惹かれていた。

　分析家は，「ジム自身の内部で，何か黒くて不可解なものを感じている」と話しかけた[x]。そして，これが何であるのかを理解したり解明したりすることを，私に期待していないようだ，ということも話題にした。しかし，数週間のあいだ，ジムのどんな反応も認められず，分析家も，彼がページを黒く塗り続けるときにほとんど喋らなかった。ときおり，ジムの症状と結びつけて伝えることもしたが，明らかな反応はみられなかった。しかし，分析家は，ジムと気持ちが触れ合っていないとは感じられなかった。

　それからしばらくして，ジムは分析家を幾度かチラリと見たが，そこに微笑みがないことに気がついた。

　ついにあるセッションで，ジムは，いつものなぐり描きに没頭して紙の2/3を黒く塗ったとき，紙の余白に2つの円を描いた。円はくっきりと描かれ，互いに離れていて，黒い部分とは泡でつながっていた。ジムは，円の中を塗りつぶさなかった。これが分析家に車のヘッドライトを思いつかせたので，ジムにそのように伝えた。ジムはうなずいた。そ

---

x　精神分析臨床では，子どもの内的世界のありようを，治療プロセスの中でこのように子どもにわかる言葉で返していく。

して分析家は，「ジムが陥っている混沌か，またはジムが自分の内部に
抱え込んでいる混沌に，私の言葉が光を当てるかもしれないと感じてい
る」と伝えた。そして，「それを私たちが一緒に理解できるというかす
かな希望を，ジムは経験している」とも言った。彼が，紙とクレヨンを
使うことを止めて話し始めたのは，分析過程のこのときからだった。

　面接経過はさらに続くが引用はここまでとする。Riesenberg-
Malcolm は，この経過を通して，どんなふうに「人が他者の中に何か
を入れるか」を示そうとしたと述べる。以下，彼女による振り返りを引
用しよう。ジムの場合，人の気持ちや言葉を自分の中に入れるというこ
とはまったく理解できない絶望の感覚のもとにあった。その理解できな
さが，私によって感じられ，受けとめられた。すなわち，私に投影され
たものや，彼が私に喚起した感情に何らかの意味を見出し，それを何と
か彼に伝えようと試みていた。その地道な試みの繰り返しにより，最終
的に彼自身がそれを用いることができた 一なぐり描きから，丸を描い
たり話したりするという，より洗練された（象徴的な）コミュニケー
ションへと移行することでそれを示した。こうした分析家のコンテイニ
ングは，能動的な過程である。

　いかがだろうか。当初の，他者への（あるいは自分に対しての）期待
というものがまったくないジムの心的状態は，黒く塗りつぶす描画の繰
り返しにあらわれていた。一見して意味のなさそうな表現を受けとめ，
分析家の中に起きてくる反応を感じとり，それにもとづいた言葉による
かかわり（解釈）によってジムの内部に何が生じているかの理解が共有
され，コミュニケーションへとつながったプロセスは印象的である。途
中で，ジムが分析家を何度かチラリとみて，そのときに「微笑みがな
い」ことの観察もしている。方向性のない「天使のような」あり方がな
くなっていることから，分析家に向けて何かを伝えているという手応え

と，ジムの防衛的なありかたの変化を読み取ったのであろう。

　車のヘッドライトを，分析家に思いつかせたところはどうであろうか。ここまでの関わりの経過をふまえた分析家の連想であり，離れた二つの丸（中が黒く塗られていない）がヘッドライトのようで，解釈の言葉が光を当てるかもしれないという交流は，比喩の使用による象徴度の高いやりとりである。突然にこのような交流が生じ，セラピーが展開していくのには驚かされるばかりである。分析家の心の機能が，交流の中でジムに取り入れられていったという見方もできよう。

　観察をふまえた仮説の生成/修正は，1回の面接の中でもミクロに起こるものである。（Th. はセラピスト，Cl. はクライエントを示す。）

---

①観察→①Th. による解釈→①Cl. の反応

　　　　　　　　　↳　②観察→②解釈→②反応

　　　　　　　　　　　　　　　↳　③観察→③解釈→③反応 ⋯

　「①観察」は，Cl. の言動および Th. の情緒反応の観察（すなわち逆転移の吟味）である。「①観察」を続けていく中で仮説が生成されていき，それは「①解釈」として伝えられる。解釈は「① Cl. の反応」を引き起こす。反応は，言語による同意/不同意にとどまらず，それに続く語りの連想の広がり（「そういえば，こういうことが思いついたのですが ⋯」）や，より深い不安を表現するような語りやプレイの展開にもあらわれる。時間が経ってから表現されたり，行動で示されたりもする。

　Th. は「① Cl. の反応」をみながら（「②観察」），もの想いにより再吟味をして次の「②解釈」をする。

　エッセンスを取り出すと，以上に述べたようになる。2章で述べた「かかわりの中に身を置きつつそれを振り返る」というセラピストのあ

り方が，この過程を支えていることがわかるであろう。解釈を実際にするかどうかは，たとえば，それが先取りになってしまう場合や，確度が低いときは今は伝えないという選択をすることも多い。セラピストの中に漂わせて問いとして抱えておきながら（「コンテイニング」），心的事実をそのまま叙述したり，非言語的な反応で返すということもある。

　次の章では，精神分析臨床の実際をさらにみていくことにしよう。

学習課題

課題1　投影同一化の例をひとつ挙げてみよう。

課題2　ウィニコットの『子どもの治療相談面接』の事例を読んで，そこでどのような非言語的な交流がなされ，分析家の解釈（言語による理解の伝達）が何をもたらしたかを考えてみよう。

課題3　ビオンの概念，“コンテインメント”がうまくいかなかった日常の例をひとつ思い浮かべてみてほしい。そこで何が起きたかを，受けとり手の立場からできるだけ叙述してみよう。

引用文献

Bion, W.R. 1962　経験から学ぶこと　福本修訳　1999　精神分析の方法 I 〈セブン・サーヴァンツ〉　法政大学出版局　pp.1-116.

Bion, W.R. 1963　精神分析の要素　福本修訳　1999　精神分析の方法 I 〈セブン・サーヴァンツ〉　法政大学出版局　pp.117-212.

Bion, W.R. 1967　再考：精神病の精神分析論　松木邦裕監訳，中川慎一郎訳　2007　金剛出版

福本修　1999　解題：精神分析理論から「究極の現実」へ　精神分析の方法 I 〈セブン・サーヴァンツ〉　（Bion, W.R.）所収　法政大学出版局　pp.237-310.

Freud, S. 1917　喪とメランコリー　伊藤正博訳　フロイト全集14　岩波書店

Hinshelwood, R.D. 1994　クリニカルクライン：クライン派から現代的展開まで　福本修・木部則雄・平井正三訳　1999　誠信書房

Klein, M. 1921　子どもの心的発達　前田重治訳，西園昌久・牛島定信責任編訳　1983　メラニー・クライン著作集1　子どもの心的発達　誠信書房　pp.3-62.

Klein, M. 1927　児童分析に関するシンポジウム　遠矢尋樹訳，西園昌久・牛島定信責任編訳　1983　メラニー・クライン著作集1　子どもの心的発達　誠信書房　pp.165-204.

Klein, M. 1932　児童の精神分析　衣笠隆幸訳，小此木啓吾・岩崎徹也責任編訳　1997　メラニー・クライン著作集2　誠信書房

Likierman, M. 2001　飛谷渉訳　2014　新釈メラニー・クライン　岩崎学術出版社

松木邦裕　1996　対象関係論を学ぶ：クライン派精神分析入門　岩崎学術出版社

Riesenberg-Malcolm, R. 2001　ビオンの包容理論 Bronstein, C. (ed.) in Kleinian theory: A contemporary perspective.　現代クライン派入門：基本概念の臨床的理解　2005　福本修・平井正三監訳　岩崎学術出版社　pp.189-208.

Winnicott, D. W. 1945　原初の情緒発達　北山修監訳，妙木浩之訳　2005　小児医学から精神分析へ（ウィニコット臨床論文集）　岩崎学術出版社　pp.159-176.

Winnicott, D. W. 1960　親と幼児の関係に関する理論　牛島定信訳　1977　情緒発達の精神分析理論　岩崎学術出版社　pp.32-56.

Winnicott, D. W. 1987　ウィニコット著作集1　赤ん坊と母親　成田善弘監訳，根本真弓訳　1993　岩崎学術出版社

参考文献

北山修　2004　改訂 錯覚と脱錯覚：ウィニコットの臨床感覚　岩崎学術出版社

Rustin, M. & Rustin, M. 2017　リーディング・クライン　松木邦裕・武藤誠・北村婦美監訳　2021　金剛出版

館直彦　2013　ウィニコットを学ぶ：対話することと創造すること　岩崎学術出版社

Winnicott, D. W. 1971　新版 子どもの治療相談面接　橋本雅雄・大矢泰士監訳

2011　岩崎学術出版社

Winnicott, D. W. 1977　ピグル：ある少女の精神分析的治療の記録　妙木浩之監訳　2015　金剛出版

7 精神分析的心理療法の実際

田中健夫

　精神分析的心理療法はどのように開始され，どのように終わるのか。その
プロセスでは何が起こっていくのだろうか。治療的な変化を引き起こす機序，
困難な事例へのアプローチ，精神分析との違いなど，精神分析的心理療法の
実際にまつわるテーマを考えていく。
《キーワード》　アセスメント面接，マネジメント，試みの解釈，治療機序，
解釈，ワーキングスルー

　私自身は精神分析の経験はないので精神分析の実践を語ることはでき
ない。週2回の精神分析的心理療法については，患者としてもセラピス
トとしても経験があり，例えば，連続する2日でセッションをもつこと
の意義を強く実感している。そういった設定が可能であれば ―それは
現実的な条件に規定されるが― 初日の連想が自由になれたり夢を翌日
に話し合えたりができて，転移が見えやすくなる。ある精神分析家は，
連日の精神分析のセッションが自律的にもたらす深まりと週末の別れと
いうリズムでの営みを続けている。そうした質の交流の経験に突き抜け
てしまったので，それと照らしてしか週1回のセラピーをとらえられな
い，と言う。そうなのだろうと想像する。精神分析家がおこなう精神分
析的心理療法では，そこで眼差されるものや心の使い方は違うのだろう
と思う。現実的なことがより多く混ざってくる週1回の精神分析的心理
療法の独自性と魅力についてもこの章では述べていきたい。

1.　精神分析的心理療法の流れ

1）アセスメント面接

　精神分析的心理療法を始めるかどうかは，数回に亙(わた)るアセスメント面接を通して慎重に検討される。仙道（2019）が「アセスメント・コンサルテーション」という言葉を用いるように，この段階での面接には，精神分析的心理療法への導入（セラピーの体験をしてもらうこと，面接構造の提示），適応の判断とどのように役に立つのかの見立て（アセスメント），場合によっては，心理教育や他の治療選択肢の提案（コンサルテーション）という，いくつかの役割が含まれる。注意すべきは「来る者は拒まず」導入するのではないことである。精神分析的心理療法は長い時間とエネルギーをかけておこなうものとなるため，アセスメント面接での体験をふまえて情緒的にも納得して合意のうえで始められる必要がある。また，精神分析的心理療法およびセラピストの限界についての認識，リソースのアセスメントと資源配分[i]も吟味されることになる。セラピーを求める動機はさまざまであり，クリニックの外来から勧められて来てはみたものの，もともとセラピーを求めていたわけではない場合もあるだろう。精神分析的心理療法がクライエントの役に立つという見込みがあるときにアセスメント面接が提案され，その過程を経て方針が話し合われる。

　アセスメントの実際を述べておこう。主訴，セラピーを受けたいとする動機，生育歴と既往歴，家族関係などの情報を得ながら，自我機能や対象関係の性質を把握していく。最早期記憶や最近の夢を聞いてそのときの感覚や連想を話し合ったり，主訴と生育歴や家族との関連が検討さ

---

i　仙道（2019）は，「限りある資源を持つ心理療法家が，心理療法という万能ではない方法論を以って患者に向かいあうとき，自ずと適切な資源配分（レーショニング）について考えざるを得なくなる」と述べる。損害（副作用）と比べて利益（効果）が十分に大きくなるよう，セラピストがもちあわせるリソース（時間・能力・連携できる機関など）の限界をみきわめながら，最適な資源配分をクライエントと協議するということである。

れたりもする。衝動のコントロール，性の問題，心的外傷体験，身体疾患なども確認される。最終的にこれらをまとめた力動的定式化が，すなわち主訴にある問題と無意識的葛藤や防衛機制との関連の見立てが，セラピーの方針とともにクライエントに示され，治療契約について話し合われる。なお，精神分析的心理療法は，アセスメント面接を含めてカウチは用いられず，その多くは対面法でおこなわれる。

アセスメントの過程で，「なぜ今なのか」という問いを探索することには実りが多い。たとえば，生きづらさという自覚的な問題で来談した成人のクライエントがいたとする。自分の気持ちを押し殺して親の面倒をみないと親が倒れてしまうという心的に切迫した不安を抱いて生きてきたが，そうしてきたら自分のしたいことがわからなくなり，充実を感じることもなくて苦しい，というような無意識水準の葛藤が把握されていくかもしれない。しかし，なぜ今，この年齢になってセラピーを求めてきているのだろうか？　その背景には，当面している大事な人間関係での違和感が，あるいは親の病気というような事態があるかもしれない。自分の心的主題に取り組めるようになる，ライフサイクル上の時熟ということもある。クライエントの内界のありかたや，その反映として何が起こっているかに目を向けるとともに，「試みの解釈」をしてそれへの反応をみる。面接関係にもちこまれている（再演されている）対象関係を取りあげる転移解釈をして，それをめぐるコミュニケーションを観察していく[ii]。セラピー場面でも気持ちの表出をためらうことが観察されれ

ii　転移解釈でなくとも，シンプルな解釈であっても意義はある。吾妻（2018）は，トライアル解釈についてこのように述べる。「患者の情緒に触れつつ，かつ可能な限り情緒の相異なる二つの面に触れるようにするとよい。例えば，「あなたは奥さんにだいぶ怒っているようですね。でも奥さんなしでは生きていけないとも感じている」などといったくらいの解釈である。ポイントは，解釈が治療的効果を生むかどうかではなく，それに対して患者がどう反応するかである。心理学的心性を持った患者なら，このような解釈に対して，意外なことを聞いたというような表情で答える。… もう一つの利点は，セラピストの専門性を患者に示すことができることである。… メンタルヘルスの専門家としてのわれわれの専門性を患者に早い段階で知ってもらうことは，患者のセラピーへの意欲を高める効果を持つ。」（p.75）

ば，それもまた転移として話し合われよう。転移解釈をクライエントが
どのように受けとめ，反応したり活用したりするかは，精神分析的心理
療法のかかわりが役に立つかどうかを見立てるときの重要な指針となる。
　また，面接構造の提示がされていく。セラピーの場や時間という枠組
みを経験してもらいながら，料金や頻度などを含めて，提示されたセラ
ピーの設定をクライエントが意識的・無意識的にどのように受けとめた
かが吟味される。両者の交流を規定する現実的な要因に目を向け，継続
可能なセラピー構造を創り出すことは，理想的な精神分析的心理療法の
場が用意されているわけではない環境においてとりわけ重要な意味をも
つ。参考として，岩倉（2014）の「治療0期」の耕しと治水の過程の表を
掲載しよう（表7-1）。臨床の場にいかに精神分析的認識をもって入っ
ていくかを整理したものであるが，内省的な1対1の精神分析的心理療

表7-1　0期の耕しの過程と治水の過程

時期		目　的	機　能	仕　事	対　象
0期	耕しの過程	心理士として場に馴染み，仕事を獲得する	ニーズの見極めと掘り起こし	場のアセスメント・関係づくり・雑談的コンサルテーション・ミーティング	場全体
	治水の過程	事例化した問題への介入と収束を目指す	理解の促進・環境調整による沈静化・適応改善　関係育成的	アセスメント・コンサルテーション・マネジメント・リエゾン・コンテイナーの配置	面接の主体（依頼者や親）・周囲
1期		個人心理療法の契約と実践	心理療法機能内省促進的	関係性の取り扱い特異的な心理療法の実施	個人

（岩倉 2014）

法の「第1期」が機能するための準備として，それぞれの臨床現場がも
つ固有な"場"へのいくつかの働きかけが必要なことが示されている。

2）精神分析的マネジメント

　上記のことはマネジメントの問題でもある。精神分析的心理療法で扱
えることを明確にし，それとは別の枠組みでおこなうことを仕分け，セ
ラピーを支える環境を整える。

　精神分析的心理療法で扱えることの明確化とは，セラピーの関係性に
転移を入れ込んでいくことである。頻度の高い精神分析は設定に寄りか
かることができると言われるように，転移はおのずとセッションに集
まってくる。精神分析的心理療法では，現実の話題に含まれる転移を，
いま・ここに展開している関係性に目を向けながら感知していく。排出
されている「わからない」できごとを，考えられるものにしてセラピー
に入れ込むという意味合いもある。

　「仕分ける」は，精神分析的心理療法とは別の枠組みによる現実的な
サポートが求められるものをアレンジして連携することである。症状に
は薬が，学生相談の修学問題にはガイダンスが必要であり，養護施設で
のセラピーには多職種連携のもとでの生活の支援が必須である。精神科
治療においては，管理医とセラピストの二人が役割分担をして一人の患
者の治療にあたる A-T スプリットの実践の蓄積がある。管理医
（administrator）は患者の症状管理と日常生活の支援にまつわる現実
的な機能を担い，セラピストはクライエントの内界を扱う心理療法に専
念する。人的・経済的な困難はあろうが，役割の境界をはっきりさせる
ことの臨床的な効果は大きい[iii]。医療以外の臨床領域においても，精神

---

iii　マネジメントおよび連携にあたっての留意点について岩崎（2002）は，セラピ
ストは管理医に対しても，面接内でのクライエントの言動について秘密を厳守する
こと，管理医は患者から，あるいは患者をとりまく現実状況から直接的に情報を得
たうえでその役割を遂行するという2点を指摘する。また，松木邦裕が編集にたず
さわった金剛出版の『～の精神分析的アプローチ』シリーズ（摂食障害，抑うつ，
精神病，パーソナリティ障害，トラウマ）では，すべての巻にマネジメントの章が
設けられおり，その具体的な記述は参考になる。

分析的心理療法を支える環境を整えることは重要である。

　こうした視点は，日常的な診療やソーシャルワーク，教育臨床などに精神分析を活かすものでもある。また，心理検査（とくに投映法）においても，心的主題，自我の強さ，防衛のありかたなどのパーソナリティの機能水準を力動的視点から見立て（小此木・馬場 1989ほか），治療方針やマネジメントにつなげている。

3）治療機序

　面接（治療）契約にもとづき，アセスメント面接から継続的なセラピーへと移行する。移行にあたって，「これから，私はメモを取ることをやめます。そしてあなたにはセッションの中で心に浮かんだことを何でも話していただきたいと思います」などと言うかもしれない（Usher 2013　岡野監訳 2018, p.77）。アセスメント面接の段階で説明され，それまでに，連想し探索するという経験をしていても，何でも/自由に話すようにという指示は戸惑わせるものとなる。セラピー初期のかかわりでは，抵抗^{iv}をみきわめ理解につなげる，転移を集積する，非言語的で間主観的^vなかかわりに注目するなど，学派により強調点に違いはある。また実際的には，自由に話すことの難しさそのものが話し合われたり，あらためて「これはあなたの時間です」と伝えられたりもするが，セラピストの中立的で一定した態度（内的設定）は保たれる。

　それでは，何が治療的変化を引き起こすのだろうか。それは解釈なのか，それ以外の要因（たとえば間主観的な交流，分析家のパーソナリティ，共感）なのかは，精神分析における本質的な作用を問うテーマとして繰り返し取りあげられてきた。Strachey（1934）の古典的な論文「精神分析の治療作用の本質」では，変化をもたらす解釈（「変容惹起解釈」）が論じられている。それは，分析家にエス衝動が向けられてい

---

iv　抵抗という日常的な言葉は誤解を与えるが，意識的にあるいは意図をもって抵抗するわけではない。セラピーの進展を妨げる無意識的な防衛のことを示しており，そこにある意味を探索することになる。
v　「間主観的（intersubjective）」とは，心理療法においてセラピストとクライエントの主観性の交わる場，主観的世界の相互作用に焦点を当てることである。

るのを患者に意識化させる解釈（第一相），エス衝動が目の前にいる現実の分析家にではなく患者の空想対象に向けられたものであることに気づかせる解釈（第二相）をたどる。こうして，神経症を引き起こす厳格な超自我による支配は必要な修正がされる。第一相の解釈が引き起こす不安を解消するときに，中立性を放棄した保証（安心づけ）をしないこと，そして，解釈ではいま・ここでの当面性（差し迫った衝動を扱うこと）と特異性（詳しく具体的であること）が重要だと指摘されている。この Strachey の考え方は基本的に現在にも受け継がれている。もちろん，治療関係外の人間関係についての解釈（転移外解釈，there & then の解釈）も用いられ，それは変容惹起解釈の下地をつくるものともなる。

　解釈は知的な理解の伝達ではなく，情緒的な交流と洞察がともなう必要がある。また，解釈はセラピストの理解の限界を提示するものであり [vi]（そしてクライエントの反応をふまえて仮説は修正される），とりわけ陰性のものに目を向けることが大事であり，望ましいひとつの解釈は防衛と不安（内容）の両方が含まれることなども共有されている。なお，精神分析的心理療法では解釈だけではなく，問題に名前をつけたり叙述をしたり，意識領域を広げるような明確化・直面化をしたり，支持的な介入もおこなわれる。子ども時代に得られなかった良い体験をセラピストが提供する「修正感情体験」は，その操作性とセラピストの万能感の培地となるという点で強く批判されている。Friedman（1978）は，セラピストとの情緒的絆だけでなく，解釈によって伝達される認知的洞察の重要性，そしてそれまで解離されていた体験内容の統合を治療的要因として整理している。

　逆転移の感知をもとに転移の理解が形づくられ，転移解釈という言語的な介入によってそれが伝えられる。転移解釈にもいくつかの水準があり，Roth（2001　吉沢訳・松木監訳 2017）を参照して例示すると，「夢

---

vi　例えば Winnicott（1968）は，「私が解釈するのは，おもに私の理解の限界を患者に知らせるためである。答えをもっているのは患者であり，患者だけである」と述べている。

に出てきた厳しい男性は父親をあらわしており，父親についてこのように思っていると気づくのをあなたは怖れている」（レベル 1：過去の親子関係とのつながりを指摘する転移外解釈），「その夢の男性は私（セラピスト）をあらわしている」（レベル 2：当面性・特異性ともに低い）という解釈は，クライエントは違和感をもって受けとめるかもしれない。いま・ここで起きていることと結びつける，「あなたに解釈をしている私は，夢の中の男性のように感じられているようです」（レベル 3），クライエントの内的世界に巻き込まれたエナクトメント（再演）が起きているセラピー状況に注意を向ける解釈（レベル 4）がある。心的変化を導き出すために，レベル 3 とレベル 4 に到達する重要性を Roth は強調する一方で，時間や空間を超えて繰り返されている内的対象関係に実感をもって目を向けていくために，これら異なる水準の経験への気づきをセラピストはそのままに漂わせておくという態度も大切だと指摘する。「私たちは，交流のこれらすべてのレベル，内的現実と外的現実のレベルにおいて，私たちのこころの中にこの全体的な風景を想い描く必要がある。… そして，私たちは最も役に立つ介入はどこなのかを判断する必要がある。」（p.102）

4）治療の終結

　セラピーの始まりに比べて，いかに終わるかを論じることはなかなか難しい。フロイトは晩年の論文で，精神分析の目標として，第一に「患者がその症状に苦しむことがなくなり，その不安や制止を克服している」，第二に「十分に抑圧された素材が意識化され，理解困難なことが説明され，内的な抵抗が征服されたことによって，関連した病的過程の反復を恐れる必要がない，と分析家が判断している」という二つの条件を挙げている（Freud 1937　藤山編・監訳 2014）。併せて，精神分析は長い時間のかかる仕事であり治療期間の短縮は難しいこと，完全な分

析は存在しないこと，精神分析的な治療の限界についても指摘する。この論文で興味深いのは，欲動を「飼いならすこと」という表現であり，自我にとって異物であった欲動を「調和のなかに持ち込」むということがめざされる。

　精神分析的心理療法においても，フロイトが「ワーキングスルー」という言葉で示したように，セラピーによる変化が恒久的なものとなるように，異なる文脈のなかに現れる抵抗や防衛・転移-逆転移が吟味され，根気よく取り組まれる。一回の転移解釈で，「ああそうか」と劇的に変化するということはないのである。セラピストの機能が内在化され，クライエントの考えや生活のなかに主体性のもとで統合されていく。そして「終結の作業」は，時間をかけて，設定を変えずに ―頻度を減らしていって徐々にセラピーから離れるというようなことはせずに― 双方で決めた終結の日までセッションをおこなう。

　終結にまつわるいくつかのことを述べておこう。ひとつは，時期尚早な終結である。初期の場合には，無意識的な意味を十分に扱わないうちに陽性転移のもとで症状が消失する「転移性治癒」がある。症状がなくなった途端の「健康への逃避」宣言には，それを抵抗としてとらえる解釈と話し合いもなされよう。あるいは，怒りの行動化としての中断ではないのか，面接のプロセスで起きている（ときに潜在的な）陰性の交流にもちこたえられないゆえの終結ではないかなどが吟味される必要がある。逆に，精神分析的心理療法が終わらないという問題もある。変化することへの抵抗，あるいは治療関係において何かが避けられているがゆえに面接が継続しているということも起こる。認識しておく必要があるのは，私たちにとってこれまでの心的均衡を手放すことは，それがパーソナリティの良い変化であっても，苦痛と感じられうる困難なものだということである。

　終結が話題になったときに，その意味を両者が検討していくことは意義が大きい。終結期は，分離と喪失をめぐる心的主題が再燃し，"信頼"の問題が前景化するが，それらは転移の文脈で理解され，ワークする最後の機会となっていく。

2. 困難な治療への応用

　精神分析臨床は，困難な治療に応用されている。近年は抑圧という防衛機制を主に用いる神経症圏のクライエントばかりでなく，解離や切り離し（スプリッティング）という，不安や葛藤を心の中に保っておけない機制が優勢のパーソナリティ障害群や，自閉スペクトラム群がセラピーのターゲットになってきている。

　歴史を振り返ると，現実を否認する精神病（「自己愛神経症」）には転移が起こらないので精神病者への精神分析はできないとフロイトは考えたが，その後は，精神病者へのアプローチが試みられていった。サリヴァン（Sullivan, H.S.）は，統合失調症者にみられる他者と関わる能力の重篤な障害（歪み）をとらえ，環境療法的なアプローチをおこなった。米国対人関係論の流れは，チェスナット・ロッジ精神病院での精神病の精神分析的心理療法をおこなったフロム=ライヒマン（Fromm-Reichmann, F.）—自我境界の曖昧な患者への侵入的な解釈を控えて，安全感や信頼感を保障する治療関係の場を重視した—，そしてサールズ（Searles, H.F.）の，心的発達においてノンヒューマンなもの（風景，樹木，動物，機械など）の体験を重視した治療論へと展開していった。英国対象関係論ではローゼンフェルド（Rosenfeld, H.）が精神病性転移を明らかにし，性愛的な対象関係と破壊的な対象関係の混同による困惑状態を叙述し，それが羨望に対する防衛であることを指摘した。ビオンは，精神病的なパーソナリティと非精神病的パーソナリティがあること，

精神病者との精神分析では具体的な投影同一化が起こり，内的現実を認識すること（連結 linking）は攻撃され，奇怪な対象が形成されることなど精神病の治療について重要な貢献をしている。また，破壊的で自己愛的な，あるいは病理的組織化によるパーソナリティの病理の研究も蓄積されている。変化をおそれ強力に防衛的に反応する患者や，行動化が激しい，または倒錯的な患者へのアプローチも精神分析の中で真摯に取り組まれてきている。

　近年は，自閉スペクトラムへの精神分析的なアプローチが，ポスト・クライン派を中心に積極的に試みられている。自閉対象の概念を提出したタスティン（Tustin, F.）は，対象が象徴的な意味をもっておらず，硬さという感覚的な性質が重要であること，その硬さによって自分を脅かす「自分でないもの」（他者性）の脅威から身を守るという役割の重要性に着目した。アルヴァレズ（Alvarez, A. 2012　脇谷監訳 2017）は，発達研究に裏打ちされた心理療法を提唱し，セラピストが積極的に情緒的な関わりの世界に引き入れるように試みる介入技法を提起している。そして，防衛的に使用されているかのようにみえる自己尊重の感覚を維持するために必要なものと，発達の妨害物となる防衛とを区別することや，いくつかの考えを同時に保持する力（複線思考）を支える自信や喜びや期待という感覚の経験を与えてくれる対象として目の前にいることの意義を指摘した。まずは，命のある対象に関心をもつ力を発達させる（「心の再生」の）ために，生きた仲間として呼び戻すような，意味があることを主張する解釈技法が用いられる。平井（2009）は，このアルヴァレズの考えをふまえて，精神分析の過程には象徴的表現・コミュニケーションから成る部分と，非象徴的相互作用から成る部分という二重性があると指摘する。（図7-1）後者には，象徴化の能力を育む条件を整えていくことが介入の方向性になり，そこでセラピストはクラ

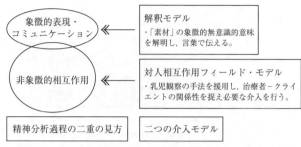

**図7-1　精神分析過程の二重の見方と二つの介入モデ
ル（平井　2009, p.202）**

イエントと関わり（「プレイヤー」），関わりの性質を観察・吟味して
（「観察者」）よりシンプルで「記述的」な，呼びかけるような介入をす
るというモデルを提示する。自閉スペクトラムへの精神分析的アプロー
チは，日本においても意欲的な実践がなされ成果をあげてきている（た
とえば，福本・平井　2016）。

　児童養護施設での被虐待児との精神分析的心理療法と施設における設
定などの実践的問題（平井・西村編　2018）や，知的障害のある人への
精神分析的アプローチ（Sinason 2010　倉光他訳 2022）をはじめ，喚
起的な臨床経験が次々と紹介されてきている。

3. 精神分析，精神分析的心理療法，短期力動療法

　日本で広くおこなわれている週1回の精神分析的心理療法の特徴につ
いては，『週一回サイコセラピー序説』で多角的に論じられている。同
書のサブタイトルに「精神分析からの贈り物」とあるように，高頻度の
精神分析の営みによってみいだされた概念や考え方の恩恵を得て，日本
独自の週1回面接の臨床経験が積み重ねられている[vii]。

　精神分析と精神分析的心理療法は本質的に違うのか，違うとするとそ

[vii]　欧米では精神分析的心理療法であっても週2〜3回という面接頻度でその多く
はおこなわれているという。

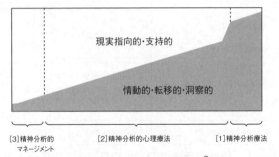

図7-2　分析的態度と「環境の提供」（北山　2016）

＊図のタイトルは筆者

れはどういう点なのかについて，日本の精神分析学会などで近年活発な
議論がなされている。たとえば，北山による図（図7-2）を参照して
考えてみると，白い部分は，環境調整や環境の提供をおこなう機能であ
り，精神分析的心理療法として面接の頻度が下がるにつれて現実的なマ
ネジメントや支持的なかかわりが増えていく。精神分析的心理療法では，
外的な人物が重要な転移対象となったり，すべてが転移解釈で扱われる
というよりはその他のかかわりの量が増えるが，精神分析に求められる，
セラピストの観察と内省をする心の使い方が重要になるという点では同
質である。

　短期力動療法の歴史は古く，精神分析とは，時間と効果の問題をめ
ぐって相互にアンビバレントな関係のもとでこのふたつの治療様式は対
立してきた（Solomon et. al. 2001　妙木・飯島監訳 2014）。精神分析
（的心理療法）に比べて短期，あるいは時間制限を意味するものであり，
短期（限定された回数）ではあるが，症状の解決にとどまらないパーソ
ナリティや自我機能の永続的な変化を目標としている。適応としては，
問題をある程度限局化できるクライエントで，無意識的な素材への反応
があり，変容への動機づけがあることが挙げられる。短期でおこなうと

いう契約のもとで，セラピストは，葛藤と防衛，反復されるパターンの把握を手がかりに，クライエントの防衛を緩め感情体験の促進をうながすような能動的な関わりをしていく。自由連想は中心技法とはされない。精神分析臨床のエッセンスが凝縮したやりかたとして，同書（『短期力動療法入門』）には，幅広い問題が他の技法と組み合わせて柔軟に用いられていることが示されている。

　それではあらためて，精神分析的心理療法が役立つのはどんな人かを考えてみたい。セラピーを勧められるのはどんな人かという問いについて，Usher, S.F.（2013）がまず挙げているのは，「曖昧さへの耐性」と「心について考える能力」である。「曖昧さへの耐性」は，クライエントが主導的に心理療法をおこなう前提となるもので，それは精神分析的心理療法ではとりわけ重要である。「心について考える能力」とは，自分の人生について仮説を立て，それを理解することに関心をもち，性急な解決を必要とせずにいられることである。あるいはユーモアのセンス，クライエントが彼ら自身について笑うことができる，すなわち自分に対して少し距離を置き，観察する能力を有していることも必要である。加えて，精神病的な症状がないこと，過去の関係性の中に少なくともひとりは肯定的で親密な思いやりのある愛着関係が含まれていること，衝動の表出を先延ばしできる（行動化をしない）能力をもっていることも，導入にあたって良い指標となるものとして挙げられる。

学習課題

課題1　医療，教育，福祉領域のいずれかにおいて，精神分析的心理療法を導入するとしたときに，具体的にどのようなマネジメントを検討する必要があるかを挙げてみよう。

課題2　精神分析的心理療法において，終結に向けて面接頻度を減らすことはしない，というのはどうしてなのかを考えてみよう。

課題3　変化することの心的苦痛を想像したうえで，精神分析的心理療法の導入にあたっての工夫についてアイディアを出してみよう。

引用文献

吾妻壮　2018　精神分析的アプローチの理解と実践：アセスメントから介入の技術まで　岩崎学術出版社

Alvarez, A. 2012　子どものこころの生きた理解に向けて：発達障害・被虐待児との心理療法の3つのレベル　脇谷順子監訳　2017　金剛出版

Freud, S. 1937　終わりのある分析と終わりのない分析　藤山直樹編・監訳，坂井俊之・鈴木菜実子編・訳　2014　フロイト技法論集　岩崎学術出版社　pp.101-147.

Friedman, L. 1978　Trends in the psychoanalytic theory of treatment. The Psychoanalytic Quarterly. 47(4), 524-567.

福本修・平井正三　2016　精神分析から見た成人の自閉スペクトラム：中核群から多様な拡がりへ　誠信書房

平井正三　2009　子どもの精神分析的心理療法の経験：タビストック・クリニックの訓練　金剛出版

平井正三・西村理晃編　2018　児童養護施設の子どもへの精神分析的心理療法　誠信書房

岩倉拓　2014　心理臨床における精神分析的実践：治療0期の「耕し」と「治水」　藤山直樹・中村留貴子監修，湊真季子・岩倉拓・小尻与志乃・菊地恭子著　事例で学ぶアセスメントとマネジメント：こころを考える臨床実践　岩崎学術出版社　pp.91-105.

岩崎徹也　2002　A-Tスプリット　小此木啓吾編集代表　精神分析事典　岩崎学術出版社　pp.37-38.

北山修　2016　分析的枠組と分析的態度について　精神分析研究, 60(1), 41-51.

北山修監修・高野晶編著　2017　週一回サイコセラピー序説：精神分析からの贈り

　　物　創元社

小此木啓吾・馬場禮子　1989　精神力動論：ロールシャッハ解釈と自我心理学の統合　金子書房

Roth, P. 2001　風景を定位すること：転移解釈のレベル　ハーグリーブス＆ヴァーケヴカー編，吉沢伸一訳，松木邦裕監訳　2017　心的変化を求めて：ベティ・ジョセフ精神分析ワークショップの軌跡　創元社　pp.99-116.

仙道由香　2019　心理療法に先立つアセスメント・コンサルテーション入門　誠信書房

Sinason, V. 2010　知的障害のある人への精神分析的アプローチ：人間であるということ　倉光修・山田美穂・中島由宇訳　2022　ミネルヴァ書房

Solomon, M.F., Alpert, M., Neborsky, R.J., McCullough, L., Malan, D. & Shapiro, F. 2001　短期力動療法入門　妙木浩之・飯島典子監訳　2014　金剛出版

Strachey, J. 1934　精神分析の治療作用の本質　山本由美訳，松木邦裕監訳　2003　対象関係論の基礎：クライニアン・クラシックス　新曜社　pp.9-55.

Usher, S.F. 2013　精神力動的サイコセラピー入門：日常臨床に活かすテクニック　岡野憲一郎監訳，重宗祥子訳　2018　岩崎学術出版社

Winnicott, D.W. 1968　対象の使用と同一化を通して関係すること　橋本雅雄・大矢泰士訳　改訳　遊ぶことと現実　岩崎学術出版社　pp.119-130.

8 | 精神分析の展開と応用

田中健夫

　精神分析は，現在どのような展開をみせており，臨床的な応用がされているのだろうか。さらには，精神分析的アプローチの治療効果にまつわるエビデンスの問題，精神分析をいかに学んでいくかというテーマもこの章では扱っていくことにする。

《キーワード》　関係論，日本の精神分析，メンタライゼーション，乳幼児観察，エビデンス，個人分析

1. 精神分析の展開

1）20世紀後半の世界での展開

　アメリカの精神分析は自我心理学を中心に多様な展開をみせ，第二次世界大戦後は精神分析家になる訓練への応募も，分析を希望する患者もあふれており，精神医学にも大きな影響を及ぼした。しかし1970年代には，精神分析のエッセンスは希薄化し徐々に衰退していった。その要因は，コスト削減と効率が謳われる医療におけるマネジドケア[i]の影響に加えて，権威主義的な治療構造への批判，一般医学からの離反などにある。生物学的，実証的な医学が主流になり，精神分析の精神医学への影響力も急速に減じていった。一方で，ヨーロッパに目を転ずると，例えばドイツでは公的医療保険の枠組みの中で，精神分析的な治療を受けることができる[ii]。英国も，医療費縮減のなかアクセスの問題をはらみつつも，必要な人には無料で精神分析的セラピーが提供されている。精神

---

i　民間の医療保険という第三者を介入させて（すなわちマネジメントを導入して）市場原理をもちこむ仕組みのこと。

ii　小林（2008）によるとドイツでは，精神分析（1967年〜），深層心理学（1967年〜），行動療法（1987年〜）に関してのみ，健康保険の適用対象となっている。

分析的アプローチの展開と応用を考えるときのひとつの例として，1999
年から2000年にかけて英国 BBC2で放映された "Talking Cure" という
6回シリーズ番組を挙げてみたい。国営の国民保険サービス（NHS）
に属するタヴィストック・クリニックの協力のもと，精神分析臨床とは
どういうものかを国民に広く紹介するものであり，そこでは，トラウマ
に悩む青年の治療，子どもを交通事故で失った夫婦面接，精神分析的な
プレイセラピーとともに，高校の校長への定期的なコンサルテーション
や，訓練の一環として行われている乳幼児観察が放映された。

　ジャック・ラカンとパリ心身症学派の影響の大きいフランス，独自の
発展を遂げながら国際的に影響力のある分析家を輩出してきた南米，そ
してオセアニア地区においても1940年代から訓練は始められている。近
年は，インド，中国，台湾，韓国などのアジア圏においても広がりをみ
せている。

2）アメリカにおける関係論の発展

　アメリカには，H. コフート，R.D. ストロロウという，自己心理学，
間主観的アプローチの伝統がある。Storolow et.al.（1987　丸田訳
1995）は，セラピーの流れの中で結晶化する現実は，間主観的な現実で
あり，共感的共鳴のプロセスを通して言語化されるとした。患者の内部
のプロセスや機序としてとらえられてきた転移，抵抗，陰性治療反応な
ども間主観的な現象として，すなわち分析家-患者のそれぞれ別個に
オーガナイズされた主観世界の相互作用からなる，展開しつづける心理
的な 場 で起こるという視点である。そして分析家が中立であるとい
うことは原理的に不可能であるとし，分析家や患者という一者単位の存
在を仮定して考えていくことには批判的である。間主観的なフィールド
に意味は生成されるという 文 脈 を徹底的に重視する立場は，次から述
べる関係論も同様である。

　アメリカでは現在，1980年代の欲動から関係性への転回（"relational turn"）というパラダイムシフトを経て，幅広い源流を含み込んだ（対人）関係論が主流となっている。それは，ウィリアム・アラソン・ホワイト研究所のJ.R. グリーンバーグとS.A. ミッチェルをはじめとする分析家が各所で同時発生的に生み出した，諸理論の統合と再公式化の流れである。吾妻（2016）と川畑（監修）（2019）を参考にしながら関係論・関係精神分析を紹介しよう。

　関係論では，現実の面接関係での体験をより重視し，治療機序は，クライエントと面接者との相互作用そのものにあると考える。現在の面接室でのかかわりによる新たな体験が行動の変化，洞察につながるという発想である。技法的には，対等な関係性のなかでクライエントが気づいていくプロセスを大事にした「詳細な質問（detailed inquiry）」が，自由連想に加えて用いられる。探索の協力者としての，「問う余地があるものへの敏感さ」による好奇心のもとでの質問は，クライエントがもつ現実の経験の知覚の歪みを際立たせ，変化のきっかけとなる。そこには，自由連想法の限界についての認識がある —自由連想法が前提としている，心が外部から隔離して存在することが可能であるかのような想定，そして，心がすでに完全に形成されているという想定への批判，クライエントの主体的な選択や相互交流の否認があるという批判がある。

　本当に深いレベルの無意識は自由連想で浮かび上がってくるものだけではない。無意識には未だ構築されていない解離されたものもあり，それは二者間に行動によって表現されてくる（「エナクトメント」）。これまで意識したことのないような自己が面接者の側にも活性化しているような状況が，治療的には重要な変化の局面となる。面接者が「自分が今感じている気持ちがどこから来ているのか分からないと感じ，それを治療の素材として患者と共有するとき，一番深いレベルの無意識的素材を

扱える可能性がある。」（吾妻 2016, p.44）これを吾妻は「構築主義的
な対話」と述べている。

　しかしながら，面接者の側の逆転移による行動化は有害なものである
場合が多い。エナクトメントは意図して回避できるようなものではない
と今日では考えられているが，転移を受けての不全感を放出してしまっ
たり（たとえば無力感から面接頻度を減ずる提案をする），逆に強い介
入をしてしまうというようなエナクトメントは，向けられた感情に面接
者が耐えられないことを表していると受け取られうる。ただ，エナクト
メントを避けようと過剰に努力をするよりは，それは起こってしまうも
のだという現実を受けいれて治療的に役立てていくことが提案される。
関係論では逆転移の有効な利用ということに研究を集中し，それが現代
の精神分析のひとつの方向性を示し活性化させてきた。

　アメリカ心理学会では1979年に第39分科会として精神分析部門が設置
され，精神分析と精神分析的心理療法の研究・実践の発展に重要な役割
を果たしている[iii]。

3）日本の精神分析

　日本の精神分析の黎明期1920年代後半からの歴史は西（2019）が詳し
いので参照されたい。古澤平作（1897 - 1968）は，戦前から戦後にかけ
て東京で精神分析クリニックを開業し，日本の精神分析界の指導的な臨
床家を育てた。古澤は，日本独自の精神分析理論である「阿闍世コンプ
レックス」 ―怨みを向けた母親から赦されることが罪悪感の起源にな
る― を提唱した。古澤（1954）は，「あくなき子供の『殺人的傾向』が
『親の自己犠牲』に『とろかされて』始めて子供に罪悪の意識の生じた
る状態」（懺悔心）を，キリスト教を基盤とする「罪悪観」から区別し
た[iv]。治療においても一体感や融合感を目標とする「とろかし」技法が
その特徴であった。また，フロイトが確立した治療設定をそのままの形

---

iii 「子どもと思春期・青年期」「女性，ジェンダー，精神分析」「カップルと家族
療法」「精神分析家の社会的責任」ほか実践家，臨床家，地方支部があり，それぞ
れの部門に参加して学会活動をする。

で日本に適応することは難しいと考えて，柔軟に回数を変えたり週一回の面接を導入した。

　アメリカ留学の経験をもとに理論化された土居健郎の「甘え」は，日本の臨床文化や人間論に根ざした概念として，1971年の『「甘え」の構造』出版以降さまざまな視点や立場からの論考が蓄積されている。土居は，日本人の患者を精神分析的に治療したときの転移感情に「甘え」が非常にしばしばみられ，「甘えたい心」が抑圧されている状態（甘えたくても甘えられない），「自分がない」という自我障害の状態（対象に依存して受身的に甘える関係に埋没している）を叙述した。相手との一体感を求める甘えは，相手がこちらの意図を察して受け容れてくれることが絶対条件だが，そのようにはならないことが多いのでいきおいフラストレーションを経験することが多く，「すねる」「ひがむ」「こだわる」などの相手にひっかかって（つながって）いる状態となる。こうした日本語ならではの表現と概念使用に着目した日本語臨床研究が北山修を中心に発展し（『日常臨床語辞典』（2006）など），「見るなの禁止」（北山，1982）をはじめオリジナルな臨床知見が国際的に発信されている。

2．精神分析の応用

　精神分析を応用した臨床的アプローチをいくつか紹介しよう。

1）メンタライゼーション

　メンタライゼーションとは，行動の背景にある心の状態（考え，感情，欲求，願望，信念）を理解しようとする過程をあらわす概念であり，1990年代後半にP.フォナギー & M.タルジェによって提唱された。私たちは，あの人がこういう行動をとったのはどうしてだったのだろう？などのように，日常的にこうした心的活動をしている。複雑な認知過程

iv　この論文は，古澤がウィーンに留学した1931年にフロイトに手渡したドイツ語論文の日本語版である。宗教から距離を置こうとしていたフロイトは，この論文に特に関心を示さなかったという。なお，仏典から引用したとされる古澤論文の阿闍世物語には欠陥が多く，小此木啓吾によって修正された版（古澤の記述では曖昧だった母親からの赦しの体験部分の補足）が1970年代に発表され，それが普及した。

を必要とするものだが，ほとんどは自動的に（「手続き的なもの」として）おこなわれる。もともとは，境界性パーソナリティ障害への治療法として「メンタライゼーションに基づく治療（MBT: Mentalization-Based Treatment）」が開発されたが，現在では幅広い治療的文脈・領域にメンタライゼーションの考え方が活かされており，子ども向けのMBT-Cや，短期メンタライジングおよび関係療法（SMART[v]）が臨床現場に普及してきている。図8-1に示されるように，効果的なメンタライジングは連続体の中間に位置し，一方の極には心の状態を気に留めない非メンタライジングが，もう一方の極には歪んだメンタライジング（例えば，現実との接点がない想像による心の読み誤り）がある。

　子どもは，養育者が子どもの心の中にあるものを想像してミラーリングしてくれることによって，健康なメンタライジングの能力を発達させる。ミラーリングとは，乳児の身体の不快や苦痛に共鳴し，それをリフレクトして子どもに映し返すことである。このとき，子どもの苦痛の実情に即していること（ほどよい随伴的応答）と，これが養育者の感情ではなく子どもの感情だよという標識があること（有標性）が大事である。後者は，子どもにマーク付きで示す，例えばわざと普段より高い声で言ってみたり誇張したりすることである。このようなうまいミラーリン

非メンタライジング	メンタライジング	歪んだメンタライジング

←―――――――――――――――――――――――→

具象的および刺激駆動	地に足のついた想像	空想的および投影的

図8-1　マインドブラインドネスにおける想像の失敗
（J.G.Allen & P.Fonagy 2006　狩野・池田訳 2011，p.23）
※「マインドブラインドネス」とは，メンタライジングの反対の，物理的な物事には気づくものの精神的な物事の状態には気づかない心の状態のことである。

---

v　Short-Term Mentalizing and Relational Therapy.　子どもだけでなくその家族にもメンタライジング・アプローチが実施される，相互交流のモデルにもとづく短期治療である。

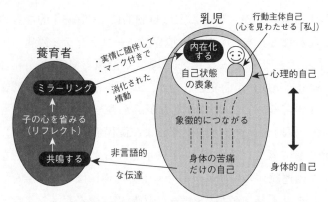

図 8 - 2　感情調整の発達：情動の象徴化（Bateman &
　　　　Fonagy 2004）をもとに崔（2016, p.31）が作
　　　　成）

グにより，子どもの身体の苦痛は低下し，「行動主体」の感覚や自己コ
ントロール感という本質的に快いものが生まれていく。そうして養育者
の，心を省みる能力を取り込み（内在化して），自分の心の状態につい
ての表象が形成され，身体的自己とのつながりをもつ感情調整[vi]能力が
発達していく（図8-2）。このとき，養育者から歪んだミラーリングが
され続けると，養育者に都合のよいように発せられた言葉が子どもの中
にそのまま取り入れられて，内側から自分のことを攻撃する「ヨソモノ
自己」が居座ってしまう。自分を責めすぎたり人に気を遣いすぎたりす
ることは，低い自己評価や慢性の抑うつなど感情調整の障害を引き起こ
す。
　治療は，そのすべての過程がメンタライジング能力の向上に焦点づけ
られている。クライエントの語りのなかで，他者があらわした感情に反
応できないときや，使い古された説明がされたり，連続性を欠いた話が
されたりするときは「止めて，聴き，みる」という技法が用いられる。

──────────

vi　感情の調整（regulation）は音量調節に喩えられるように，「弱める」だけでな
く，音量が小さいときには周囲の人たちに聞こえるように強めなければならない。
そしてまずは，調節が必要な何かがそこにあることを認識することが必要である。

メンタライジング・アプローチは，面接関係と力動的プロセスの理解を基盤にしながらも，行動の背景にある前意識的な心の状態の読みとりに専念する —無意識を扱わず実証的なエビデンスを示すことを重視している。そして，クライエントとの間で力動的定式化をオープンに話し合うとともに，治療チームでこうした考え方を共有し連携して治療に当たる。2017年に発足した「日本メンタライゼーション研究会」では，MBT の開発者を招聘したりワークショップを開催したりするなどアクティブな活動を展開しており，メンタライゼーションの考え方の有効性は多くの臨床現場で実感されている。

　海外の関連図書の訳出が進んでいるが，外傷的育ちに苦しむ人々と治療スタッフに向けて書かれた崔（2016）や，メンタライゼーションの概念と治療の実際をわかりやすく解説した池田（2021）をまず読んでいただくことをお勧めしたい。

２）乳幼児観察[vii]とその応用

　乳幼児観察は，「観察と内省」という精神分析的態度を身につけていく基礎訓練である。1948年に，エスター・ビック（Esther Bick）が創案してタヴィストック・クリニックで始められ，1960年からは英国の精神分析インスティチュート[viii]の訓練カリキュラムに取り入れられており，その入門的な位置づけにある。分析家/セラピストを目指しているわけではない対人援助専門職の社会人も，乳幼児観察コースを経験してそれぞれの現場での支援に活かしている。そして現在では，リスクの高い乳児（未熟児や自閉症）や，養育機能が脆弱ながらクリニックに通うことが難しい家庭への治療的観察が英国では導入されており，日本でも，学級崩壊したクラスや保育園などの集団を定期的に観察して支援するという実践が報告されている。

　乳児観察は，赤ちゃんが生まれたときから毎週1回1時間，家庭を訪

---

vii　正確には「タヴィストック（方）式」であるが，広がりをみせていること，邦訳でもタイトルにいちいち冠していないことからここでも省略した。
viii　インスティチュートとは，精神分析家を養成する教育訓練のための機関である。

問して，赤ちゃんを，そして赤ちゃんと家族（主に母親）との交流を観察するものである。それは非臨床的な設定でおこなわれ，手を出さず，育児相談のような助言もしない。しかしそれは冷たく客観的にということではなく，"関心をもって見る"という情緒的に関与した姿勢での観察である。訪問中はメモをせず，終了後に詳細な記録を書いて，それをセミナーグループで発表する。観察家庭には丁寧な説明をして開始され，時間枠の変更やお休みなどもしっかり話し合われる。こうした時間の枠や，観察の設定外で個人的な交流はせず，観察場面でも不安に駆られて動いてしまうことなく一定の態度で観察をするという（面接とも共通する）内的設定の感覚を体得していく過程ともなる。

　そこでは，乳児の「原始的不安に出会うこと」（Rustin 1989　浅野訳 2019）によって，観察者の中にも同質の不安が喚起され内なる対象関係が揺さぶられていく。観察者は，単なる共感ではなく，乳児を「内側から，ある部分で本当の理解をしていると感じる」（上掲書，p.14）ことになり，主に依存をめぐる，私たち成人の中にある"乳児の心"と生き生きと出会う機会となる。参与的な観察は，訪問している間にどうやって居場所をみつけるかという問題に始まり，家族メンバーの誰かに強く情緒的に同一化したり，不確実さや無力感を経験したりもする。あるいは，母子のユニットから排除されているとか，逆に侵入して破壊してしまわないかと不安になったり，自他の境界が曖昧になるような巻き込まれも起こる。それを言語水準の記録としてまとめ，グループで検討をする中で考える心の余裕を取り戻すという循環が繰り返される。

　まとめると，乳児観察は，母親や他の家族との関係を通して乳児が発達していく過程をつぶさに観察する機会であるとともに，経験をもとに先入観なく考える姿勢や，非言語的なふるまいへの感受性が鍛えられる。日本においても東京と関西，東海中部にセミナーグループがあり，乳児

観察を経験した臨床家がその応用的な可能性を模索し実践している（たとえば，鈴木・上田編 2019）。

　　保育臨床に赤ちゃん観察体験をどのようにいかしているか，鈴木・上田編（2019）での対談を引用しよう。

　　森稚葉（認定こども園臨床心理士）と，上田順一（幼児園カウンセラー，臨床心理士）による対談である（pp.169-172）.

　　森：（赤ちゃん観察をする）前は，別の園で保育臨床をやっていたけど，そのときに見ていたのは問題行動だったかもしれません。… 問題行動だけじゃなく，ある程度の時間観察して，子どもが動くパターンや流れを大事に見てはいました。子どもに関わりどう応答してくるかを見て，アセスメントしていたところがあったけれど，赤ちゃん観察をしてから関わる量が減りました。子どもから求めてきたら関わるけれど，そうでない限り，基本的に見ていられるようになりました。それは私の中で大きい事でした。もちろん赤ちゃんと違って幼児には応じることも必要になるけど，こちらから介入してみる事をしなくなったと後になって思います。以前は，自分が試しに関わってみて「こうやればうまくいく」関わり方を探していた気がします。今は「この子はどんな世界に生きてるのかな」という事を見るようになった。… この子はどういう空想を生きてるだろうと考えるようになって，それをコンサルテーションの場で保育者たちとも話し合うようになりました。

　　上田：見方がずいぶん変わりますよね。

　　森：自分の見方が変わって，それを保育者たちと共有することが，子どもにどう影響するかを考えたエピソードがあります。（エピソードの内容は省略）　保育者と共有することで，「たぶん理由が

あるんだろう」という目線で子どもの行動を一緒に見てみようという感じになる。それがさっき言ってたシンキングスペースだと思います。

上田：たとえば僕の場合，保育者みんながある子どもに注目している状況で，「彼がこうやって注目されることをどう体験しているんでしょうか？」と伝えて，保育者たちが彼についてそれぞれ考えたことを話してもらうことがあります。「彼はこれまで注目されていなかったから，丁寧に見ましょう」というのではなくて。このよく見ること，話し合うことが保育の一つの仕事になっていく，これもシンキングスペースだと思います。

この対談では，観察者が入ったときに保育の場で起こる独自なプロセス（観察者が保育に与える影響），行為の裏にある心の世界（心がまとまっていない部分）にも視点が入ることの重要性，子どもの心の奥にある恥ずかしさなどのネガティブな感情も実感してかかわっていくことなどが，子どもの具体的な姿を例示しながら語り交わされている。

３）ワーク・ディスカッション

乳幼児観察のセミナーグループが運営モデルであるワーク・ディスカッションは，さまざまな現場において目の前で繰り広げられていることに注意をはらい，関心を開き，観察者自身の情緒反応を手がかりにして"何が起きているか"を集団的に考えていく方法である。

それは，以下のようなものである。セミナーリーダーのもとに５名程度のグループ参加者が週１回集まり，観察記録を輪番で提出する。グループは１回90分から２時間，参加者は，詳細な報告を聴いて浮かび上がってくる気持ちや連想を率直に語り合っていく。記録には，観察され

たありのままの事実と，喚起された情緒的な反応が書き込まれている。リーダーは，報告の内容を専門用語に落とし込むことなく，起きていることの理解をうながす探索的な問いを投げかけていく。参加者相互に担う「相互の責任といった民主的な精神」のもと，「誰かエキスパートが説明をして，助言を与えるのではなく，事象に光をあてるために共に考える」（『ワーク・ディスカッション』Rustin & Bradrey 2008　鈴木・鵜飼監訳 2015 pp.vi-vii.）。こうした好奇心の雰囲気のなかで，報告者の臨床現場で起きていることの理解を深めていく方法である。

　ここには，誰かが答えを知っているわけではない（知らないことにもちこたえる）という精神分析の姿勢が貫かれており，同一化および投影の重要な役割についての認識がある。つまり，ひとつの現象には，意図の交錯した多層的な現実があり，別の登場人物に情緒的に同一化した発言がなされたりもする。それらが交わされ，臨床現場で起きていることは何かが立体的に吟味されていく。参加者の不安は現象のある側面に投影され，それがいったい誰の不安なのかが混然としたりもする。こうしたプロセスが結果として考える心の空間の拡張をもたらし，現象の理解のための，そして報告者の不安を抱える場としても機能する。

　ワーク・ディスカッションは，臨床訓練や講座の中核部分として実施されるにとどまらず，臨床的支援としても用いられている。鈴木（2015）は，その方法論が，観察力や感受性，「経験から学ぶ」能力や対人スキルの向上を目的とした定期的グループワークに有効であり，被災者支援や医療従事者，児童養護施設の職員，訪問介護のヘルパーなど，トラウマティック・ストレスに曝されている「心理療法が届かぬ世界」にいる支援者に役立つことを指摘する。『ワーク・ディスカッション』（2008/2015）には，教育，医療，福祉などの現場や，社会資源の乏しい環境における実践が紹介されている。

　同書から，教師ためのワーク・ディスカッションの例を取りあげよう（pp.35-37）[ix]。

　ある教師がグループの中で，前の週に起こった出来事を報告した。14歳のクラスを教えていたときに喧嘩が始まった。一人の少年が脅しにかかり，椅子を持ち上げて別の少年に投げんとしていたが，それが教師（報告者）にぶつかって怪我をした。学校がその後のサポートをきちんとしてくれなかったことへの落胆と，上司が自分のことを過剰反応だと言ったのは信じられないことが述べられると，グループメンバーはそれに共感した。それから，その少年の家庭的な問題（両親間のDV）と，公的支援が届いていないことがさらに語られると，ある参加者は「こんなことはあってはならない。上司はあなたの言い分を聴くべきだ」「こんなことに耐えるのを拒否すべきよ … 私だったら，その子がしかるべき人の面接を受けるまで，教室に戻るのを拒否するわ。そこにいるのは安全じゃない。ひどすぎる！」と怒ってほとんど叫ぶように主張した。

　この時点で表出された感情が強すぎて，参加者の何人かは不安になってグループの雰囲気もピリピリしてきた。少年の家庭環境への言及がグループではまったく無視され，そのことにセミナーリーダーは驚き，報告をした教師も黙ってしまった。リーダーは，不安の高まりのもとで，参加者間の意見の相違から逃避する方へと引っ張られていることを感知し，学校の管理体制の悪さや公的支援への不満ゆえにグループが考えられなくなっていることに対して，「いま，ここで」起きていることについての慎重かつ批判的ではないコメントが必須だと考えた。リーダーはこう伝えた。「これがいかに悲惨なできごとだったかを認めることが必要であり，これほどの強い感情に包まれると，何が起きているのかを一緒に考えるよりも，管理職との戦いや仲間割れのような状態になりやすい」と。グループは安堵したようすになり，それからは暴力的なものに

---

ix　簡潔な記載でわかりにくいところがあったため，主語や状況などを補足した。

過剰に曝されたり見捨てられたと感じる体験が，いかに至るところで繰り返されているかに注意が向けられた。それは少年が，DVを面前で見ている状況を両親が気にしていないと感じていることの想像と理解へとつながった。また，教師が自分は安全ではないと感じていることを人に知らせることの重要性，厄介ごとの原因になるのを恐れて何でも処理できるかのように振舞いつづける（あるいは沈黙してしまう）ことの問題性についても話し合われた。

　ここにみられるのは，外でのできごとのグループ内での再演である。また，投影と同一化が活発にはたらいて強力な情緒が交錯することがわかるだろう。巻き込まれながらも，いま，ここで起きていることを手がかりにして，グループ全体で事象を考えていくための心の空間を確保することの意義が示唆される。

3.　エビデンスという問題をどう考えるか

　精神分析には治療効果のエビデンスが乏しいと批判にさらされてきた。たしかに実証研究の遅れはあったが，近年は，標準的なランダム化比較試験（RCT）にもとづく研究が蓄積されている。RCTとは，治療前後の症状や心理社会的機能の改善について，治療群を統制群と比較する（二つの群は無作為に割り付けられ，効果は客観的指標により評価される）研究である。そうした実証研究のメタ分析では，精神分析的心理療法や短期力動的心理療法[x]は，認知行動療法や支持的療法などと比べて治療効果において差がない（劣るものではない）ことが明らかになっている。また，各国の精神分析コミュニティでは系統的な研究が進められている。一例を示すと，P.Fonagy et. al.（2015）は，少なくとも2種類

---

x　短期力動的心理療法は週1～2回の頻度であるが，期間を限定し，治療目標を明確にして治療マニュアルも有している。無意識的な不安と防衛を扱い，転移関係に焦点づけて解釈もすることから理論基盤は精神分析にある。なお工藤（2016）は，実証研究にのりやすい精神分析的心理療法および短期力動的心理療法と，精神分析—意識という観測・記録装置ではエビデンスをみることが原理的に不可能—を，区別して論じていくことの必要性を強調する。

の治療が失敗に終わった難治性のうつ病患者129名を，長期精神分析的心理療法と一般精神科治療（英国のガイドラインが定めた，薬物と認知行動療法・カウンセリングによる通常治療）にランダムに振り分け，うつ病評価尺度や社会的機能や主観的幸福感の尺度によって定期的に評価をした。その結果，フォローアップ段階での寛解は長期精神分析的心理療法群の方が有意に高く，社会的適応も大幅な改善を示していた。こうした研究は，精神分析的心理療法のエビデンスを示すにとどまらず，精神分析的アプローチの精神保健一般への寄与を示すものとして注目される。日本精神分析学会でも2015年よりワーキンググループが設置され，実証研究の成果の集積と研究の推進がはかられている。

　ところでエビデンスをめぐる議論にはいくつかの観点がある。認知行動療法などでは，特定の症状を対象にした介入効果を実証する前提としてその技法に関するマニュアルがあるのだが，精神分析や精神分析的心理療法にそうしたものはない。また，エビデンスというときのアウトカム指標が研究によって異なる[xi]ことも，まとまった知見を提示しにくいということの背景にはあった。

　さらに別の論点として，治療の終結から時間が経っても改善[xii]が続いている，あるいは効果が大きくなるという「遅延効果（sleeper effect）」をどうみるか，ということがある。終結3年後，5年後というフォロー

---

xi　効果や改善というとき，そもそも何を指標にするのか。英国の国立アンナ・フロイト子ども家族センターの研究ユニットの共同代表者である N.ミッジリーは，日本での講演において，心理療法の効果研究における指標について次のように述べている。「特定の症状に焦点を当てることはしませんでした。… いくつかの研究が，抑うつに苦しむ子どもは，不安や対人関係，自己感といった他のことでも困っていることを示していたからです。これが何を意味するかというと，精神分析に関する研究は，これまでは調査研究の主流ではなかったのですが，むしろ最近は調査研究が精神分析の考え方に追いついてきているということだと考えています。アメリカにおける主な調査研究の母体となっている National Institute of Mental Health（2013）の研究で，個別の症状に焦点を当てるアプローチには資金をつけないようになっていて，特定の症状に焦点を当てたアプローチからの離脱が始まっています。つまり，調査研究の助成団体が，精神分析的な考え方に追いつこうとしているのです。」

アップ時の治療効果についての比較研究のレビュー（鈴木，2018）では，精神分析的アプローチは，症状でもパーソナリティの変化という点においても，治療が終結して時間が経つほどに良い変化が遅れて生じてくると考えられることが指摘されている。遅延効果は，治療者や良い対象が患者の中に取り入れられて長期に亘って保持される，言葉を換えると「内在化されている」ことを示すものでもあり，今後さらに詳細な検討が期待されている。

4.　訓練としての個人分析，精神分析の学び方

　精神分析臨床は，みずからの経験と照らし合わせて実感のもとで学んでいくものである。そのためには，どこかの時期に精神分析的セラピーを受けること，そうして精神分析臨床に内在する独自のプロセスへの信頼を身につけていくことは不可欠となる。自分の内的対象に誠実である，という姿勢の獲得とも言えようか。海外の資格では，自分自身の治療としてセラピーを受けることが必須であり，日本精神分析協会をはじめとする日本のインスティテュートでも訓練の一環として個人分析が求められている。併せて，コースワーク（系統講義，ケース・カンファレンス），ケース担当をしながらのスーパーヴィジョンを通して学ぶこともその時間数が定められており，大学院修了後にトレーニングを始めることになる。

　精神分析関連の書籍は翻訳をはじめ次々と出版されており，転移-逆転移をめぐる理解と詳細なかかわりがそこには記述されている。学派ごとの考え方やアプローチの違いに圧倒されてしまうことがあるかもしれないが，事例を自分に引きつけながら読んでみるとよいだろう。精神分析の事例なのか，週1〜2回の精神分析的心理療法の事例なのかに留意しながら，そこで起きている交流とそれをとらえる概念をみていくこと

---

xii 「改善」の指標は，症状の改善，パーソナリティの統合，社会的適応などである。質的研究では，良い対象の内在化がいまも現在進行形で患者の中で続いていることが窺われる知見もある。

が大事である。そして，フロイトをはじめとする古典を身近な仲間と輪読することは，自分の頭で考えるのに役に立つ。精神分析臨床に携わっていくことは，自分の無意識というものを大切にしながら生活をするという生き方に関わるものでもある。

　ひとりで無意識と向かい合っていくことは困難である。もし自分のありかたや生き方への行き詰まりを感じているなら，精神分析的なオリエンテーションで実践をしている臨床家を訪ねてみるとよいだろう。

学習課題

課題1　メンタライゼーションの推薦図書（崔 2016，池田 2021）のいずれかを読んで，役立つと思ったことと疑問点をまとめよう。

課題2　身近な対人的な場で起こった，情緒的に巻き込まれたできごとのありのままを記録してみよう。それを振り返って，自分の心に起きていることを観察して叙述することの難しさと意義を考えてみよう。

課題3　エビデンスにもとづく心理療法とは何かを検討する際の留意点を挙げたうえで，精神分析（的心理療法）が長期間に互るということについて，あなたなりの考えをまとめてみよう。

引用文献

吾妻壮　2016　精神分析における関係性理論：その源流と展開　誠信書房
Allen, J.G. & Fonagy, P. (eds.) 2006　メンタライゼーション・ハンドブック：MBT の基礎と臨床　狩野力八郎監修，池田暁史訳　2011　岩崎学術出版社
崔炯仁　2016　メンタライゼーションでガイドする外傷的育ちの克服：〈心を見わたす心〉と〈自他境界の感覚〉をはぐくむアプローチ　星和書店
土居健郎　1971　「甘え」の構造　弘文堂

Fonagy, P., Rost, F. Carlyle, J., McPherson, S., Thomas, R., Fearon, R.M.P., Goldberg, D. & Taylor, D. 2015 Pragmatic randomized controlled trial of long-term psychoanalytic psychotherapy for treatment-resistant depression: the Tavistock Adult Depression Study. *World Psychiatry*. 14(3), 312-321.

池田暁史　2021　メンタライゼーションを学ぼう：愛着外傷をのりこえるための臨床アプローチ　日本評論社

川畑直人監修，京都精神分析心理療法研究所編　2019　対人関係精神分析の心理臨床：わが国における訓練と実践の軌跡　誠信書房

北山修　1982　悲劇の発生論　金剛出版

北山修・妙木浩之編　2006　日常臨床語辞典　誠信書房

小林亮　2008「ドイツにおける心理療法士 ─資格制度とその活動状況」 サトウタツヤ　編集担当　心理学の歴史に学ぶ：欧米諸国における臨床心理学資格の実際とその歴史：日本の質的心理学の歴史をつくる ─日誌研究会と質的研究の方法論　ヒューマンサービスリサーチ：オープンリサーチセンター整備事業「臨床人間科学の構築」, 10, pp.4-16.

古澤平作　1954　罪悪意識の二種（阿闍世コンプレックス）　精神分析研究, 1(4), 5-8.

工藤晋平　2016　エビデンス・ベースドな精神力動論　精神療法, 42(3), pp.50-55.

Midgley, N. 2020　講演記録（「青年期のデプレッションの治療としての短期精神分析的心理療法（STPP）：臨床および調査研究の知見」） 鈴木先生と工藤先生へのリプライ　荻本快訳　精神分析研究, 64(2), 145-150.

西見奈子　2019　いかにして日本の精神分析は始まったか：草創期の5人の男と患者たち　みすず書房

鈴木誠　2015　ワーク・ディスカッションとは何か 『ワーク・ディスカッション：心理療法の届かぬ過酷な現場で生き残る方法とその実践』 岩崎学術出版社 pp.2-14.

鈴木菜実子　2018　フォローアップ研究から見る精神分析的実践の特異性について 精神分析研究, 62(1), 159-162.

鈴木龍・上田順一編　2019　子育て，保育，心のケアにいきる赤ちゃん観察　金剛出版

Rustin, M. 1989　原始的不安に出会うこと　浅野美穂子訳 in Miller, L., Rustin, M.,

Rustin, M., & Shuttleworth, J.（eds.）　乳幼児観察入門：早期母子関係の世界
　2019　木部則雄・鈴木龍・脇谷順子監訳　創元社，pp.13-33

Rustin, M. & Bradley, J. 2008　ワーク・ディスカッション：心理療法の届かぬ過酷
　な現場で生き残る方法とその実践　鈴木誠・鵜飼奈津子訳　2015　岩崎学術出版
　社

Storolow, R. D., Brandchaft, B. & Atwood, G. E. 1987　間主観的アプローチ：コ
　フートの自己心理学を超えて　丸田俊彦訳　1995　岩崎学術出版社

9 | 近代的パーソナリティ研究の先駆者としてのユング

吉川眞理

C.G.ユングは，近代におけるパーソナリティ研究の先駆者の一人である。言語連想実験を活用して，無意識の作用を実験心理学の手法によって証明する研究を行い，そこで見出されたコンプレックス概念により，フロイトの「抑圧」概念を裏付けた。さらに，『心理学的類型論』は，人間のパーソナリティの多様性をとらえる視点を提供しており，その後のパーソナリティ研究に多大な影響を与えている。

《キーワード》 タイプ論，言語連想実験，コンプレックス，外向-内向の軸，心の4機能

1. 言語連想実験からの発見：コンプレックス

バーゼル大学で医学を学んでいたユングは，クラフト-エビングの精神医学の教科書において，精神病は，「人格のやまい」であるという記述に衝撃をうける。そこでは「人格」が，「生物学的及び精神的事実に共通な経験の場」「自然と霊（スピリット）との衝突が一つの現実となる場所」と位置づけられていた。「経験の客観性の背後に立ち，『人格のやまい』に対して全人格をもって立ち向かう」という著者の言葉に深く感銘を受け，ユングは，この考え方こそ新しい精神医学の可能性を引き出すものになるという直観によって，精神医学の道を志したと報告されている（Jung 1961　河合他訳 1972）。

バーゼル大学を修了後，チューリッヒのブルクヘルツリ病院に助手の

152

職を得たユングは，チューリッヒ大学精神医学教室に籍をおきながら，言語連想実験に取り組んでいた。言語連想実験は，100個の単語を刺激語として，それについて連想する単語を反応として求める。この方法は，ユング以前にヴントやゴールトンによって観念連合の実験として考案されていたが，ユングはその反応語の内容よりも，反応時間の遅れに着目し，そのような遅延の背後に情緒的要因が作用していると考えていた。ユングは，これらの知見を1904年から1907年にかけて「心理・神経学雑誌（Journal für Psychologie und Neurologie）」という雑誌に論文として発表し，後に『診断学的連想研究 I（1906）・II（1909）』として出版している。

　ここでユングの行った言語連想法の方法を具体的に紹介しよう。予め定められた100個の単語について，「今から単語を 1 つずつ，順番に言ってゆきますので，それを聞いて思いつく単語を 1 つだけ，できるだけ早く言ってください。」と伝え，ストップウォッチを持ち，相手の反応した単語と反応時間を書き留めていく。こうして，100個の連想を終えた後に，「もう一度繰り返しますので，前と同じことを言ってください」と求め，前回の反応を覚えていた時は（＋），忘れていた時は（−）を記入し，一回目と違う単語を言ったときは，その単語を記入していく。ユングの『診断学的連想研究』に記載されている100個の刺激語リストの一例を挙げると表 9-1 の通りである。

　この簡単な課題において，ユングは次のような兆候に着目した。
① 反応の遅延（平均反応時間を超える）
② 複数語の反応
③ 再生の失敗
④ 反応時の笑い，口ごもり，ため息，手足の動作
⑤ 刺激語の意味の取り違え

⑥　同じ反応語がくりかえし出現する

⑦　外国語で答える

　このような兆候は，いずれも意識的にコントロールされていない現象であり，これらは，刺激語が「痛みを伴う情緒的色調をおびた心的内容の塊，コンプレックス」（Jung 1935　小川訳 1976）に触れている根拠と見なされた。

　ある実験で，ユングは35歳の男性が，「ナイフ」，「槍」，「打つ」，「鋭い」，「ボトル」という語で異常な反応が現れたとき，「あなたには酒を飲んでナイフを誰かに突き刺したという嫌なことがあったのですね」というと，彼は「どうしてわかったのですか！」と言って，若いころに外国で酔っ払って口論になり，相手をナイフで刺したために１年間服役したことがあったことを告白したのである。それは男性が周囲の誰にも語っていなかった秘密であった。ユングは，その後，この手法をチューリッヒの裁判所の求めに応じて窃盗事件の解決に役立てたことを報告している（Jung 1911　林訳 1993[i]）。

　これらの実験より，ユングは「コンプレックス」という概念を用い始めた。ユングによれば，「コンプレックスとは，外傷体験的な影響や，相容れない傾向のために分離した心の断片である。連想実験が証明しているとおり，コンプレックスは意志の働きを妨害し，意識的な行為を混乱させる。例えば，記憶の障害を引き起こしたり，連想の流れをせき止めたりする。」（Jung 1911　林訳 1993）と説明された。

　日常的に体験する現象をコンプレックスという言葉で記述してみよう。ある人が，昔失恋した相手と同じ○○さんという名前の人と出会うが，その人の名前がなかなか覚えられないとすれば，失恋の体験により「○○さんコンプレックス」が作用していると言えるだろう。これは，個人的な体験に基づく，個人的なコンプレックスと位置付けられる。

---

i　当該文献には，犯罪事実の心理学的診断（スイス刑法雑誌18巻）1905年に報告されC.W.2に所収されている旨，記述があるが，この論文については邦訳されていない。

　これに対して，心理カウンセラーになろうとする人が，他者を救いたいという強い情熱を持って動いている場合，そこに，「救済者コンプレックス」が動いていると考えられる。また「権力コンプレックスを持っている」人がいれば，権力に対する野心が強い場合と，権力に対する反発が強い場合の両極端がありうるだろう。前者の場合，権力者に接近していくが，後者の場合は権力者の前で反抗的にふるまうかもしれない。また，権力者の失敗や欠点を鋭く非難するかもしれない。この人の「権力コンプレックス」は，幼いころ権威的にふるまう父親に抑えられて嫌な思いをしたことに由来しているとすると，それは「父親コンプレックス」と言い換えることもできるだろう。このように，コンプレックスは，日常的な心理の動きを説明するのに便利な概念ではあるが，それだけに学術的な研究の対象にはなりにくい性質をもつ。さて日常場面で第三者からコンプレックスを指摘されると，とても不愉快な気持ちになることもあるだろう。しかし，自分の行動が，このようなコンプレックスによって影響をうけていることに気づくことは，自分の心の理解を深めることができる。先述の，権力コンプレックス，救済者コンプレックス，父親コンプレックス，母親コンプレックスといったものは，程度や表現の方向性の違いがあっても，どの人にも共通するコンプレックスであり，普遍的な性質を持つコンプレックスと分類されるのである。

　ユングは，このようなコンプレックスを「さまざまな観念が共通の感情の調子によって結びついて一個の複合体となったもの（上掲書）」と定義して，神経症の原因として作用すると考えた。ユングによれば，心理療法の初期の病歴聴取でクライエントのコンプレックスが語られることはまずないという。クライエントは，このようなコンプレックスを認めず，むしろその存在を何とか否定しようとする。しかし心理療法においては，このコンプレックスの存在を自身で認識することが重要であり，

表9-1　言語連想検査100刺激語リストの一例

1	頭	26	青い	51	蛙	76	洗う
2	緑	27	ランプ	52	別れる	77	牛
3	水	28	犯す	53	空腹	78	妙な
4	歌う	29	パン	54	白い	79	幸運
5	死	30	金持ち	55	子供	80	うそ
6	長い	31	木	56	注意する	81	礼儀
7	船	32	刺す	57	鉛筆	82	狭い
8	支払う	33	同情	58	悲しい	83	兄弟
9	窓	34	黄色い	59	あんず	84	怖がる
10	親切な	35	山	60	結婚する	85	鶴
11	机	36	死ぬ	61	家	86	間違い
12	尋ねる	37	塩	62	可愛い	87	心配
13	村	38	新しい	63	ガラス	88	キス
14	冷たい	39	くせ	64	争う	89	花嫁
15	茎	40	祈る	65	毛皮	90	清潔な
16	踊る	41	金	66	大きい	91	戸
17	海	42	馬鹿な	67	かぶら	92	選ぶ
18	病気	43	ノート	68	塗る	93	干し草
19	誇り	44	軽蔑する	69	部分	94	嬉しい
20	炊く	45	指	70	古い	95	あざける
21	インキ	46	正しい	71	花	96	眠る
22	怒り	47	国民	72	打つ	97	月
23	針	48	刺す	73	箱	98	きれいな
24	泳ぐ	49	本	74	荒い	99	女
25	旅行	50	不正な	75	家族	100	侮辱

（河合 1967）

そのために治療者には慎重で思いやりのある態度が求められると言う。コンプレックスに関与している感情は，個人の自我による制御や分別によって抑えることができず心の秩序を乱す。つまり，意識の中心のコントロールタワーである自我の支配下におさまらない，自律的な観念群がコンプレックスなのである。

　そのため，強い感情が付与されたコンプレックスが動き始めると，自我にもコントロール不能な身体化症状が出現したり，極端な場合には，自我がそのコンプレックスと置き換わってしまうことすらあるという。自我とは別個の人格が出現する多重人格であったり，憑依とよばれる状態である。また，ユングは分裂病（現代の統合失調症）の症状とコンプレックスとの関連を指摘した。この疾患の患者の空想の中では，特に心の深い層に由来する神話的な内容を持つコンプレックスが活動し，妄想や幻想という形で表現されると考えたのである。

2. コンプレックス概念を通してさまざまな心の症状を理解する試み

　コンプレックスについて語った最初の講演から20年余の年月を経て1934年チューリッヒ工科大学で行われた心理療法学会の開会講演（Jung 1934　林訳 1993）で，ユングは，再びコンプレックスをとりあげている。

　「今日では，誰もが自分たちが『コンプレックスを持っている』ことを知っています。」と述べている。20年間のあいだに「コンプレックス」という用語は一般にも広く知られるようになっていた。さらに，ユングは「しかし，コンプレックスの方が私たちを持っているのだということは，あまり知られていません」と続けている。

　ユングは，1911年から1934年にかけて，このコンプレックスという概

念を，憑依の現象から神経症，ヒステリー，当時の分裂病（現代の統合失調症）の症状を説明する重要な鍵概念として活用してきた。そこで彼は，意識と心は同じものと見なされるとして「意識の統一性および，意志の優越性という素朴な前提は，コンプレックスの存在によってきわめて危ういものにされてしまいます」（Jung 1934　林訳 1993）と主張してきた。

　この「コンプレックス」現象への着眼は，現代の神経科学の知見にもつながる先見性を備えていたと言えるだろう。

　ユングは，「今日，コンプレックスが分離された部分心であるという仮説は，確実なものと考えてよいでしょう。それが起こる病因は非常に多くの場合，いわゆる心的外傷，すなわち情動的ショックあるいはそれに類似するものであり，それによって心の一部が分裂させられるのです。その最も多く見られる原因はもちろん道徳的葛藤です。この葛藤は，結局，人間的存在の総体を肯定することが一見不可能に見えることに由来しています。（中略）コンプレックスに気づいていないとコンプレックスは自我さえも取り込んでしまい，そのためにコンプレックスとの同一化という一時的で無意識的な人格の変化が起きるからです。この［取り込み］という概念はきわめて近代的なものであり，中世においては別の名前で呼ばれていました。それはかつて『ものに憑かれる』と言われていたのです。（中略）しかし，日常的なコンプレックスによる言い間違えと，ものに憑かれた人による野蛮な瀆神とのあいだには原理的な違いはありません。それは程度の差にすぎません。」（上掲書）と述べている。ここでユングは，私たちの誰もが，程度の差こそあれ意識に統合されていない辛い感情に彩られたコンプレックスを抱えていると考え，それは錯誤行為を引き起こし，場合によっては自我そのものと入れ替わって，別の人格が出現する多重人格障害にもつながると理解していたのである。

今日では日本の心理臨床現場でも多重人格の症状と出会う機会が多くなったが，そのような症状の背景に，外傷的な体験に関わる強い情緒に彩られたコンプレックスの存在を仮定するユングの理論は，素朴な形ながらも，その後の多重人格障害に関する神経科学的な理論を先取りしていたと言えるだろう。そのような理論の例として，現代の神経ネットワークモデルを挙げることができる。このモデルでは，人間の脳を巨大で複雑なネットワークの活動としてとらえ，解離の病理を，神経ネットワークを構成するいくつかの部分の間に何らかの形の連絡の障害が起きている状態として理解する（岡野 2011）。コゾリノ（L. Cozolino 2002）によれば，神経ネットワークは個別の機能ごとにモジュール（単位）に分割されており，各モジュールは同時並行的な活動を営みつつ，全体との統合を保つ。解離はその統合が一時的に失われた状態として理解されるという。興味深いことに，これは，ユングが述べたコンプレックス理論と非常に近い見解といえるだろう。

3. 20世紀のパーソナリティ研究における心理学的類型論の位置づけ

　20世紀に入って，科学的な心理学とともに，フロイトやユングによる深層心理学が発展したが，この時期，まず人間のパーソナリティをタイプに分類する類型論的アプローチがいくつか発表されている。その一つは，クレッチマーによる『体格と性格』[ii]（1921）である。クレッチマーは精神科病院の入院患者の診断名と体型の関連を統計的に検証しながら，分裂病と躁うつ病の要素が，程度の差こそあれ，多くの人間に共有されていると考えた。疾患を持たない人の内面にも存在する統合失調症につながる傾向と，躁うつ病につながる傾向をとらえ，精神病患者の内的体験の了解が可能であることを示している。またシュプランガーは，『生

---

ii　原書名は，Körperbau und Charakter。

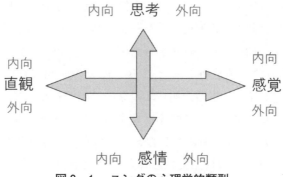

図 9 - 1　ユングの心理学的類型

活の形式（Lebensformen）』（Spranger 1921）において，個人の重視する価値観（理論，経済，審美，宗教，権力，社会）により人格を 6 類型に分類している。これらの類型論と同時期に，ユングも1921年に『心理学的類型論』[iii]を刊行している。ユングは，この著作において，古代，中世から近代におよぶヨーロッパ文化圏の文献研究により，神学者，文学者，哲学者，芸術家の著作を根拠資料として，さまざまな特徴的な構え，対立する主義等を抽出しながら，一般的なタイプとしての外向-内向を提案している。さらに心理的機能の軸として「判断」と「知覚」に関する軸を想定した。「判断」の軸は，その思考と感情の 2 機能を両極にもち，「知覚」の軸は，感覚と直観の 2 機能を両極とする。これらのそれぞれの軸において，どちらの機能が優勢かによってタイプを決定する構造的な類型論であった。（図 9 - 1 ）

4．ユングによる心理学的類型論の概要

　ユングによって考案された外向-内向という用語は，その後のパーソナリティ研究に取り入れられてきた。米国で考案されたギルフォード性格検査は，この外向-内向性を中核に構成されており，英国で作成され

---

iii　翻訳書名は『タイプ論』。

たモーズレイ性格検査においても外向性尺度が設定されている。またその後，性格形容詞の辞書研究からパーソナリティの5因子構造が見出された。辞書から抽出された性格形容詞について，自身があてはまる程度の評定を求めて因子分析したところ，複数の研究において，5因子（ビッグ・ファイブ）構造が明らかになったのである。ゴールドスタインの作成したビッグ・ファイブを構成する形容詞リストの一部を紹介すると表9-2のとおりである。この5因子のうち，もっともはっきり現れる因子は，ユングの用語である外向-内向と名付けられる因子であった。人間のパーソナリティをとらえる次元として「外向-内向」を提唱したユングの考えが，その後の心理学に継承されるとともに実証されたと言えるだろう。

　しかし，これらの質問紙に用いられている外向-内向の項目内容は，ユングの考えた外向-内向の概念と必ずしも一致しているわけではない。ユングの外向-内向という用語は確かに広く普及したが，その概念は複

表9-2　ゴールドバーグによる5因子の形容詞対

因子名	挙げられた形容詞対より抜粋
外向-内向：Extraversion	おしゃべり/無口，勇敢/臆病，活発/不活発，精力的/非精力的，でしゃばり/引っ込み思案
協調性：Agreeableness	冷たい/暖かい，不親切/親切，非協力的/協力的，利己的/非利己的，疑い深い/信じやすい
誠実性：Conscientiousness	気まぐれ/計画性のある，無責任/責任感のある，怠慢/良心的，観念的/実際的，怠惰/勤勉
情緒的安定性：Neuroticism	緊張/リラックス，神経質/気楽，不安定/安定，感情的/理性的
知性・開放性：Openness	知性的/非知性的，分析的/非分析的，好奇心のある/好奇心のない，創造的/創造的でない

（出所：村上・村上　1999　一部改変）

雑で難解であるために理解されにくかったようである。

　その著書において，ユング自身は，外向-内向の概念を次のように説明している。

　それは，関心や心理的エネルギーの方向性によって区別される一般的な構えによって区別される。外向型の人は，客体すなわち現実世界の物や人に対して積極的な態度をとり，それらの意義を高く評価している。外向型の人にとっては，現実の世界で，何を経験し，所有し，達成するかが重要なのだ。「もっぱら客体や客観的な既成事実を基準にして自らを方向づけ，そのためよくなされる重要な決断や行動が，主観的な意見ではなく客観的な状況に左右される場合，これを外向的な構えと呼ぶ。」（Jung 1921　林訳 1987）　彼らは，あけっぴろげで愛想がよく概して陽気であり，少なくとも親切で人好きのする性格である。彼らは周りの誰とでも上手につきあい，たとえ争うことがあっても，その人との関係を断ち切ることがない。これに対して，内向型の人は，客体を無視するのである。「このタイプが自らを方向づけるさいには，感覚的刺激を受け取る主観的素質としての知覚や認識という要因を基準にする。」（Jung 1921　林訳 1987）「関心が客体に向かわずに，客体から主体へ引き戻されるのである。（上掲書　定義　内向）」　彼らは，現実世界の事物や人そのものではなく，それらが彼らにもたらす主観的体験を重視する。対人関係において，彼らは閉鎖的で，その心の内を明かさない，内気な人たちである。

　さて，あなたは外向-内向タイプのどちらだろうか？　表9-3の佐藤淳一（2005）が作成したユングの心理学的タイプ測定尺度（JPTS）から抜粋した項目対を参考に自己評定してみよう。左右の項目のうち自分によりあてはまる項目を選んでみると，自分自身の向性を知るヒントになるだろう。

表9-3　外向-内向の5項目対

	外向	内向
外向-内向（E-I） Extraversion VS Introversion	▶新しい環境にもすぐとけこめるほうだ。 ▶初対面の人と話をするのは得意なほうだ。 ▶外側の世界を広げていくのは得意なほうだ。 ▶社交的で交友関係は広いほうだ。 ▶自分の思っていることをみんなに伝えるのが得意なほうだ。	▶新しい環境になじむまでは時間がかかるほうだ。 ▶初対面の人と話をするのは苦手なほうだ。 ▶内側の世界を広げていくのは得意なほうだ。 ▶気のあった少数の友人と長くつきあうほうだ。 ▶自分の思っていることをみんなに伝えるのは苦手なほうだ。

（佐藤　2005　ユングの心理学的測定尺度JPTSより抜粋，一部改変）

　さらに，ユングの類型論では，個人が適応するときに用いる自分の中で最も分化している機能によって，そのタイプを分類する。

　このような機能として，ユングは対照的な2機能として判断に関わる合理的機能の思考-感情と，知覚に関わる非合理的機能の感覚-直観の2対を挙げている。この4つの機能を，『心理学的類型論』第11章の定義（上掲書）よりまとめてみよう。

1）合理的機能：思考-感情

　思考とは，思考の持つ法則に即して対象を概念的に連関づける心的機能であり，そこで判断が下される。感情は，第一に自我と対象との間に生じる活動であり，その対象を受け入れるか拒むかという点で価値づける活動である。両者は対照的な機能でありながら，ともに判断する機能であることがポイントである。前者は正しいか，正しくないかという基準に照らして判断する。これに対して，後者は好きか，嫌いかという基準に照らして判断する。また両者とも，何がよいか，良くないかについ

表 9 - 4　思考-感情の 5 項目対

	思考	感情
思考-感情（T-F） Thinking VS Feeling	▶物事の筋道や考え方に興味があるほうだ。 ▶日々の生活に筋道だった道理や理屈が必要だと思うほうだ。 ▶人と議論し合うのが好きなほうだ。 ▶ものごとを論理的に捉えようとするほうだ。 ▶意見を議論し合うことが大切だ。	▶人の感情や気持ちに興味があるほうだ。 ▶日々の生活の気持ちのふれあいや情緒的な交流が必要だと思うほうだ。 ▶人といる時は気分よくいたいほうだ。 ▶ものごとを情緒的に捉えようとするほうだ ▶気持ちを分かち合うことが大切だ。

（佐藤 2005　のユングの心理学的測定尺度 JPTS より抜粋，一部改変）

てある基準をもっており，その基準にそって判断されるという点で法則性を尊重しており，その意味で合理的機能と定義されている。例えば選挙で投票する時に，候補者が好きか嫌いかで判断する有権者もいれば，候補者の主張が正しいかどうか判断して投票しようとする有権者もいるだろう。前者は感情タイプであり，後者は思考タイプと分類される。

　あなた自身の合理的機能においては，思考と感情のどちらが優勢だろうか？　表 9 - 4 の思考-感情に関わる項目対（佐藤 2005）のうち，どちらが自分によりあてはまるだろうか？

2）非合理的機能　感覚-直観

　感覚とは，まず物理的な刺激によって引き起こされた五感による感覚，感覚器官や身体感覚による知覚である。そして身体に生じた生理的な現象の知覚も感覚となるので，双方向性を持っている。これに対して直観とは，一種の本能的把握であり無意識的な知覚によって生じている。それは一瞬に全体像として現われるが，それがどうして生じてきたのか説

表9-5 感覚-直観の5項目対

	感覚	直観
感覚-直観（S-N） Sensation VS Intuition	▶第六感や予感をそれほど重視しないほうだ。 ▶事実に基づいて進もうとするほうだ。 ▶さまざまな五感の感覚を楽しむほうだ。 ▶未知のものに出会ったとき，五感を頼りにするほうだ。 ▶事実やデータを大切にするほうだ。	▶第六感や予感を重視するほうだ。 ▶未知のものに向かって進もうとするほうだ。 ▶さまざまな予感や第六感を楽しむほうだ。 ▶未知のものに出会ったとき，第六感やひらめきを頼りにするほうだ。 ▶予感やひらめきを大切にするほうだ。

（佐藤 2005 のユングの心理学的測定尺度JPTS より抜粋，一部改変）

明することは難しい。感覚も直観もともに要素的な性格を持ち，法則に従っているわけではない点で非合理的機能と定義されている。さて，あなた自身の非合理的機能においては，感覚と直観のどちらが優勢だろうか？ 表9-5の感覚-直観に関わる項目対（佐藤 2005）のうち，どちらが自分にあてはまるだろうか？。

以上4つの機能のうち，私たちは，どの機能をもっともよく用いているだろうか？それは外的な環境とともに内的素質によって決定づけられる。それによって，2（向性）×4（機能）のタイプ分けができる。それを外的世界への適応に用いている点で，その機能は外向的である確率が高い。しかし，ユングの考えによれば，これらの機能は，それぞれに内向的である場合もあれば，外向的である場合もあるという。ここで，それぞれの機能の外向，内向の違いを確認してみよう。

㋐**外向的思考と内向的思考**

思考における判断の基準が，外から取り入れられたものであるとき，

それは外向的思考である。科学的な思考は，客観的根拠を求めるという点で外向的思考であり，学術雑誌に掲載された先行研究を論拠として論じる文学的研究も外向的思考の側面をもつだろう。ユングは，代表的な外向的思考型として，客観的事実をもとに客観的現実を論じるダーウィンを挙げている。特に客観的現実に実際に働きかけようとする実践科学，応用系の学問，医学，工学，教育学，そして臨床心理学も基本的には外向的思考型の学問体系と言えるだろう。一方，内向的思考の特徴は，主観的理念を用いて思考することである。その例としてカントが挙げられている。カントが論じようとしたのは，主観世界であったという点で，カントは内向的思考型である。このように哲学，物理学，数学など，理論そのものを扱う学問は，内向的思考である。ユングによるこのタイプの描写はなぜか相当辛口である。これによればこのタイプの人は，できるだけ表に出ようとせず隠れることを好む。その判断は，冷酷で強情でわがままで思いやりがないように見えるが，それはこの判断が主体と密接に関わっているからである。それは常に客体に対する主体の優越を示したいからであって，慇懃，愛嬌，親切であっても，その背景に相手の敵意を和らげようとする意図が感じられる。そして，たまたま自分に理解を示す人がいると，その相手を買いかぶってしまう。身近な人にとっては，親しみやすい愛すべき人物であるが，遠い人からみると傍若無人で横柄に見られがちである。そして，自分に対する批判には，それがたとえ公正なものであっても個人的な憎しみをもって立ち向かっていくという。(Jung 1921　林訳 1987)

⑦外向的感情と内向的感情

外向的感情型の特徴は，客観的な状況や一般に認められている対象に肯定的な感情を向けることである。人々が一般に好む流行に敏感で，人気のアーティストを好きになる。愛情の対象には，世間的にも認められ

る相手を選択する。そして周囲の人々に暖かい愛情を注ぐよき家庭人である。誰かに出会うと賑やかなおしゃべりがひとしきり続く。このタイプの人は周囲の人との間に強い感情の絆を持つことを何より大事にする。これに対して，内向的感情型の人は，調和のとれたひかえ目な態度，気持ちのいい落ち着き，好感の持てる協調性といった印象を与える。表面上は静かだが，その感情は深く沈潜し表から見えにくい深い湖にたとえられる。人が熱狂している場面で，一緒に熱狂することはなく，主観的な感情によって動いているので，世間的な評判とは無関係に対象を選択するが，その感情がわかりやすく表出されることはまずないので，相手はむしろ拒否されているような気分になるかもしれない。

⑦外向的感覚と内向的感覚

外向的感覚型の人は，現実世界に対する感覚がきわめて発達している。しかし不思議なことにこのタイプの人は，その場その場の感覚に生きているので経験が積み上がっていかないようだ。彼にとって感覚は具体的な生のあらわれであり，充実した現実の生命を意味するものである。洗練された外向的感覚型の人は，自己の感覚を美的な感性の極致にまで磨き上げて，客観的感覚という自己の原理を守ることができる。たとえばファッション業界で成功する人がこれにあてはまるだろう。感覚的享楽を求める快楽主義者，耽美家と言われる人もいるかもしれない。いつも自分の立場にふさわしく装いをこらしており，おいしい料理を楽しみ，心地よい家に住んでいる人が思い浮かぶ。これに対して内向的感覚型の人は，外的現実よりも，その現実が引き起こす主観的体験に忠実である。そのため，外から見ているとこのタイプの人が何に感銘を受けているのか全く理解できないことが多い。彼らは流行と全く関係なく，自分の主観的感覚にとって心地よい装いを選ぶだろう。その住居も外部の人を招くためというより自分の安全な「巣」として機能するのかもしれない。

多くの内向型が表現を苦手としているが，例外的に内向的感覚型の人が表現の才能を持つならば，特異な原始性を帯びた作品が一般の人を驚かせるかもしれない。主観的世界に向けられたアンテナは神話的世界をとらえている。日常としては閉鎖的な静かな生活を好んで過ごす。しかし彼の発信を現実世界に届ける外向型のサポートを得ることができれば，この特異な主観世界を受信できる内向的感覚型の人の作品が世に出ることになるだろう。

㋒外向的直観と内向的直観

　外向的直観型は，未来の可能性に敏感である。彼はこれから芽生えてくるもの，未来において期待できるものに対する繊細な嗅覚をそなえている。しかし，それらがいったん世間に認められてしまうと，興味が失せてしまう。このタイプは経済界や文化の領域で新たな宝の発掘に大きな役割を果たすことができるが，次々に新たな宝を発見しながらも，その宝を自分のために使うことにはあまり興味がないかもしれない。また，可能性だけでなく将来現実に起こり得ることについて予見することもある。これに対して内向的直観型は心の深い部分の内容やそこで起こっている現象を受け取る。これらは神話的，あるいは神秘的な性格を帯びており，イスラエルの予言者たち，シャーマンの系列である。現代では荒唐無稽な空想家と見なされることもあり，あるタイプの芸術家もこれに属する。このタイプの芸術家の作品は，あらゆる色彩に輝く，現実離れした崇高あるいはグロテスクなイメージに満ちている。このイメージは理解されることが困難であり，彼自身にも合理的な説明は不可能である。内向的直観型の人は，この不可思議なイメージを心の深層から現実へと運ぶ役割を果たすのである。

5. 心理学的類型論からの示唆

　以上の説明により4機能は，その方向性が内向か外向かによって，ずいぶんその方向性や対象が異なるものであることに気づかれたと思う。私たちは一般的に，外向的な思考，感情，感覚，直観を4機能であると見なしがちであるが，ユングの解説は，心の内面に方向付けられる内向的な4機能の存在に改めて光を当てている。

　さらに，ユングの心理学的類型論では，それぞれの人が自らが得意な機能をもって外界と関わることで，さらにその機能が分化されて発達するとき，それほど得意でない機能は活用されないままにとどまり，この十分に分化されていない機能は劣等機能と呼ばれる。それは，意識から遠く，無意識の領域にとどまっている機能である。ユングは，この劣等機能を意識化し分化させていくことを重視していた。それは，心の発達すなわち第14章で紹介する個性化の過程につながる心の作業として理解してもらいたいからである。

学習課題

課題1　自分自身は，どんなコンプレックスを持つのか，考えてみよう。

課題2　あなたは外向-内向タイプのどちらだろうか？　あなた自身の判定とその根拠となるエピソートを挙げてみよう。

課題3　あなたの合理的機能のうち，思考と感情のどちらが優勢だろうか？　また，非合理的機能のうち，感覚と直観のどちらが優勢だろうか？　それぞれの自己判定とその根拠となるエピソートを挙げてみよう。

引用文献

Cozolino, L 2002　The Neuroscience of Psychotherapy, Building and Rebuilding the Human Brain, WWNorton & Company

Goldberg, L.R. 1990　An alternative "description of personality" : Big-Five factor structure. Journal of Personality and Social Psychology

Jung, C.G. 1906　診断学的連想研究Ⅰ　高尾浩幸訳 1993　人文書院

Jung, C.G. 1909　診断学的連想研究Ⅱ　高尾浩幸訳 1993　人文書院

Jung, C.G. 1911　コンプレックス概論　林道義訳 1993　連想実験　みすず書房

Jung, C.G. 1921　タイプ論　林道義訳 1987　みすず書房

Jung, C.G. 1934　コンプレックス総論　林道義訳 連想実験 1993　みすず書房

Jung, C.G. 1935　タビストック講義（1968　分析心理学 ―その理論と実践　小川捷之訳 1976　みすず書房）

Jung, C.G. 1961　ユング自伝 ―思い出，夢，思想1　河合隼雄他訳 1972　みすず書房

河合隼雄　1967　ユング心理学入門　培風館

村上宣寛・村上千恵子　1999　性格は五次元だった ―性格心理学入門　培風館 P.41

岡野憲一郎　2011　続 解離性障害 ―脳と身体からみたメカニズムと治療　岩崎学術出版社 p.129

佐藤淳一　2005　Jung の心理学的タイプ測定尺度（JPTS）の作成 心理学研究 76巻 3号 p.203-210

参考文献

Spranger, E. 1921　文化と性格の諸類型2　伊勢田耀子訳 1961　明治図書

10 │ ユングのとらえた自我と無意識の相補的関係

吉川眞理

　フロイトの精神分析が自我の発達を重視するのに対してユング心理学では，自我と無意識の間の相互作用やその間に生じる補償といったダイナミックな現象に着目している。フロイトの精神分析においては，無意識とは，意識から抑圧された個人的無意識をさすが，ユング心理学では時代や文化を越えて多くの人に共有される普遍的な無意識に焦点があてられる。
《キーワード》　自我，意識，個人的無意識，集合的無意識，補償機能

1．ユングの心理学的研究の出発点

　ユングは，チューリッヒのブルクヘルツリ病院で分裂病（現代の統合失調症）の研究をしていたオイゲン・ブロイラーのもとで研究医として出発した。多くの患者との出会いを経験する中で，ピエール・ジャネの研究に着目し，ヨーロッパにおいて古くから知られている憑依は，意識水準が低下し，意識の主体である自我が乗っ取られる心理的現象であると考えるようになった。ユングの学位研究論文「いわゆるオカルト現象の心理と病理」（Jung 1902）は，ジャネの研究をふまえて，ドイツ語圏での症例を報告し考察するものであった。ユングは，知り合いの家族が開く交霊会[i]で霊媒をつとめる15歳の少女のさまざまな夢遊症状や心理学的自動症の症状を詳細に記録している。発作において，彼女は顔面蒼白になり，眼を閉じてカタレプシー状態になり，やがて何度か深呼吸をして，亡くなった親族や知人にそっくりの調子で語りだす。彼女の亡

---

i　交霊会は，降霊会とも呼ばれ，19世紀中頃に米国で起こりヨーロッパのブルジョア層に流行した。何名かが参集しテーブルを囲んで着座し，一名の霊媒が変性意識状態下で，親族の霊の憑依状態となり，親族の言葉を語る会合である。

くなった祖父は牧師であったが，彼女が祖父にそっくりな荘重なお告げの口調で語りだすと集まった参加者は驚きに包まれた。ユングはこの現象について「意識と不安定な結合しか持たない潜在記憶」が意識の前面に浮かんでくるプロセスを仮定していた。(Jung 1902　宇野他訳 1982) このような交霊会の場以外でも，彼女には多くの「自動症（本人の自覚がないまま生じる無意識的な動作や行動）」が見られた。たとえば，話をしている最中に，半ば目を閉じて夢見るようにぼんやりしながら独特な単調さで支離滅裂に話し続ける放心状態に入ってしまうことが報告されている。この症例研究をまとめたあと，ユングは半年間パリに留学し，ジャネの講義を聴講した。ジャネは，操作的に引き起こした自動症を観察し，これらの症状が意識水準の低下によって引き起こされると考えていた。心の病のメカニズムを科学的な視点でとらえようとしたジャネの姿勢は，ユングに大きな影響を与えた。「私はフロイトから始めたのではない。オイゲン・ブロイラーとピエール・ジャネから始めたのであり，彼らが私の直接の師である。」(Jung 1934　林訳 2000) という言葉が，ユングの研究の出発点を端的に示している。

2．ユングは自我をどのようにとらえていたのか？

　パリから戻ったユングは，オイゲン・ブロイラーのもとで言語連想検査の研究を継続した。この検査の結果により，反応の遅延や逸脱を引き起こすコンプレックス，すなわち「さまざまな観念が共通の感情のトーンを帯びて結びついて一個の複合体になったもの」を見出したユングは，やがて自我も，そのようなコンプレックスの一つであると考えるようになった。ユングによれば「自我はあらゆる身体的一般感覚（身体内部の刺激から起こる感覚）がかたく結びついた結合体の心理的表現である。それゆえ，自分自身の人格は，いちばん強固で，強力なコンプレックス

である」（Jung 1904　安田訳 1989）という。心に関するユングの理解において，自我は，意識の中心に位置づけられた。ユングによってまとめられた自我の定義は以下のとおりである。

「『自我』とは諸表象からなるコンプレックスであり，意識野の中心をなし高度の連続性と自己同一性を持っているように思われる。したがって私は自我-コンプレックスとも呼ぶ。自我-コンプレックスは意識の内容でもあり，意識の条件でもある，というのは心的内容が私に意識されるのはそれが自我-コンプレックスと関係をもっているときだけだからである。しかし自我が意識野の中心でしかないという意味では，自我は心の全体ではなく，他の諸コンプレックスの中の一つでしかない。」

（Jung 1921　林訳 1987）

　ユングによれば，心全体をみると，自我と関わりをもたずに自律的に動くいくつかのコンプレックスが存在する。彼は，これらのコンプレックスを二次的コンプレックスと呼んだ。これに対して自我は，意識領域の中心であった。しかしその自我も，分裂や抑圧の影響を被ってしまうため，心の全体を把握しコントロールすることはできない。時には自我がこれらの二次的コンプレックスに乗っ取られてしまうことがあると考えられた。このようなユングの自我観は，彼の生涯に渡る研究において一貫していた。『アイオーン』（Jung 1959　野田訳 1990）の第1章自我では，次のような自我論が展開されている。

> ➢ 「自我は，すべての意識内容が関わっているコンプレックスである。」（上掲書）
> ➢ 「これがいわば意識の場の中心をなすのであって，経験的な意味での人格のすべての意識的行為の主体である」（上掲書）
> ➢ 「自我は，（中略）…個としての存在の経験的獲得物でもある。つまり自我は最初はソーマ（身体）的因子と外界との衝突から生じ，

　　主体として存在するようになってからは，外界及び内界とその後の衝突によって発達してゆくように思われる」（上掲書）

　最後に挙げたユングによる自我の生成に関する記述は興味深い。この世に身体をもって生まれた個体において，その身体と外界との間の「衝突」から，「主体」が発生する。そこには身体からも外界からも独立している「内界」が形成され，そのうち主体がそれと認識できる領域が意識領域となる。この衝突とは，その後，身体から派生する本能的リビドーが充足されない状況であり，悩みや苦悩の源泉である。主体の苦悩の体験により，自我は発達していくのである。人間の意識の発達にとって苦悩が重要な役割を負っていることがわかる。この「意識」について，ユングは，次のように述べている。「私は意識を，心的内容が自我と関係を持ち，しかもその関係が自我に感じられる状態と理解する。自我と関係していても，関係があると自我に感じられないかぎり，その関係は無意識である。意識とは心的内容と自我との関係を維持する機能ないし活動である。」(Jung 1921　林訳 1987)

　実際のところ，ユングの著作の中で，自我に関するまとまった記述は，それほど多くない。しかし，よく誤解されるように，ユングは自我や意識の存在を軽視していたわけでは決してない。むしろ，自我こそ，認識の主体であり，それ故に無意識研究の基点となると考えていた。未知なる無意識を客体として記述しようとする時，認識し記述する主体としての自我そのものは，その記述の客体にはなり得ない。主として客体としての無意識を記述するユングの心理学は，逆説的に，それを意識化する自我や意識性の重視なくしては成立しないアプローチであることを強調しておきたい。

　ユングに直接指導を受けたマイヤー（Meier, C. A.）によれば，ユングの心理学においては「意識形成のプロセスを示すこと，言い換えれば，

意識化を進め，これについて述べることが第一の関心事」（Meier 1975
河合・氏原訳 1996）であった。ユングは，意識と無意識のダイナミッ
クな関係の探求に生涯，情熱を注いだと考えるマイヤーは，「ユングに
よれば，人間存在の目的は意識的であること」と断言する。その意識は，
責任をもって決意することを我々に強いるものであり，それは我々の勲
章であるとともに呪いでもあると付け加えている。ユング心理学におけ
る意識化への志向性がよく伝わってくるメッセージである。

3. 意識に対する無意識の補償性について

意識に対して，心には未だ意識化されない領域，無意識が存在し，意
識の意図しないところで，無意識が健忘や錯誤行為を引き起こし，時に
は意識によってコントロールできない症状をもたらすことが明らかに
なった。それは無意識の意識領域への侵入である。それはどのような作
用を意識にもたらすのだろうか？　はたして，その目的は何なのだろう
か？

ユングの考察を追ってみよう。
「無意識は，… 意識の一面的態度によって活性化される。人生がどの
方向であれ一面的な方向に向かおうとすると，無意識には個人の意識的
実体においては何の役割も果たさないものが蓄積されていく。それゆえ
に，私は抑圧理論を補償するものとして，無意識の補償理論を提唱した
い。」（Jung 1918　筆者訳）

ここでユングは，意識の一面性に着目している。ある意味，意識はい
つも目的を持っており，意識が強化されるほど，その一面性が顕著にな
るといってよいだろう。あまりに意識が一面的になると，その一面性か
ら排除された心的内容は無意識の中でどんどん増大していき，ついには
意識ではコントロールできない様々な症状をもたらしたり，衝動的な行

動化を引き起こす。ここでわかりやすい例をあげてみよう。

《学校で暴力を受けて吐き気で登校できなくなった男子中学生の事例》[ii]
　幼い時，父親が大声で母親を罵り，暴力をふるうのを目撃してきた
A君は，小学校でも大声で威圧してくる先生や上級生が怖く，学校に
いるだけで吐き気が起こるようになった。それでも仲の良い友人と一緒
なら何とか行動できていたが，中学校で友人から暴力を受けたのをきっ
かけに登校できなくなってしまった。登校しようとすると吐き気に襲わ
れてしまう。しかたなく，ずっと自宅で過ごすようになった。学校に行
かねばならないことは頭でよくわかっているが，吐き気がつらくてとて
も登校できない。さらにつらかったのは，兄弟に，「自分はこんなに頑
張っているのに，Aはずるい」と非難されたことだった。それを聞い
て，気持ちがもやもやして，突然思い立って髪を金色に染めることにし
た。すると，不思議なことに気持ちが楽になったのを感じた。金髪にな
ると，町に出ても，すれちがう人がさっと視線を避けてくれるので外を
歩きやすくなったが，同じように金髪の少年たちが群れている場所は，
視線が飛んでくるので，慎重に避けねばならなかった。しかしさすがに
金髪のままでは登校する勇気が持てず，登校できない日が続き，中学校
の卒業が近づいてきた。担任から卒業までに一度学校に顔をだすように
と言われた際，彼は思い切って髪を金色に染めたことを担任に伝え，こ
の髪のままでよいなら登校できるかもしれないと続けたが，担任の態度
が急によそよそしくなり，卒業したいのなら髪を黒くしてから卒業証書
を取りに来るように言われた。

　このA君の心理を，現実適応をめざす因果論により説明してみよう。
それはユングのコンプレックス理論を用いた説明であり，現代のPTSD

---

ii　なお，ここで紹介する事例は，複数の事例のエッセンスを組み合わせた複合事
例であり，実在する事例には対応しない。

治療に非常に近いものになる。

《現実適応志向の因果論的理解》

　まず，学校という外的社会の基準で考えるとＡ君の問題とは，不登校と金髪である。この二つの問題行動の原因は何だろうか？　Ａ君の主張に耳を傾けると，中学校で友人から暴力を受けたことである。そこで担任は，Ａ君が暴力をふるった生徒と接触しなくてよいように別室登校を提案する可能性もあるだろう。しかし，Ａ君は，別室が用意されても学校でいつ相手と出会うかわからないから登校できないと言い張るかもしれない。ここで「吐き気」という症状について考えてみると，吐き気は意図されたものではない。Ａ君の意識としては「吐き気」さえなければ登校できるのに，という思いがあるだろう。吐き気は，自律神経が交感神経優位となり，Ａ君の身体がいわゆる臨戦態勢の緊張状態にあることに伴う感覚と理解することもできる。Ａ君にとって学校にいくことは，いつ暴力を受けるかわからないという不安を伴っていた。しかし，通常より，その不安が強いのは，そのベースに，暴言や暴力をふるっていた父親の記憶が影響していると考えられる。中学校で暴力的な友人に出会うと，Ａ君には，幼いころの父親のイメージやそれに伴う恐怖の感情がよみがえってくるのである。Ａ君の父親と母親はすでに離婚しており，現在のＡ君は父親に脅かされることはない。しかし，幼いころの記憶や，そこに絡んでいる負の感情が，意識の外から彼を苦しめるのである。彼は，金髪になること，本来の自分とは別の自分になることで，その負の感情から距離をとり，何とか吐き気を和らげることができていたのである。

　意識は，抱えていくにはつらい記憶や感情を抑圧して，一面的ながらも安全性を確保しようとする。暴力的な父親の記憶を意識から遠ざけることで，心の安定を得ることができたのである。しかし，遠ざけられた

心的内容が，身体症状や突発的な行動を引き起こすことになった。治療的アプローチとしては，意識から遠い領域に押しやられた記憶や感情を拾いあげ，一つ一つ丁寧に組み立てて，彼の自我を中心とする心の世界に位置付け，彼の心を統合していくことになるだろう。そこでスクールカウンセラーとの面接が導入されることになった。

　彼は何度かカウンセラーと話し，登校できない苦しさ，友人の暴力的態度について話すうちに，暴力的だった父親についても語ることができた。カウンセラーとの二者関係の信頼が守りとして機能することで，彼は，記憶にからむ強い情動に圧倒されることなく，自分の気持ちをしっかり語ることができた。この体験をくぐり抜けることで，彼はその記憶や感情と向き合える自我の強さを備えるようになり，やがて金髪で変装しなくても，外に出られるようになる日が訪れるだろう。

　次に，Ａ君の心の発達を主眼に，目的論的に理解してみよう。ここでは意識の一面性を補償する無意識の機能が重要となる。

《心の発達志向の目的論的理解》

　Ａ君にとって学校にいくことは，いつ暴力を受けるかわからないという不安を伴っていたが，その不安の中身は，相手の暴力に対するものというよりも，そこでＡ君自身の中に怒りの感情が沸き起こることに対する不安であった。怒りのなすがままになり，コントロールできなくなる父親の状況を，幼いころの彼は目撃していたのである。彼がこの怒りに任せて行動すると，それは幼児期から自分を脅かしてきた父親そっくりになってしまう。彼は，暴力的な父親を嫌っており，絶対に父のようになりたくないと考えていた。そのため，そうなってしまうかもしれない場面は，何とかして避けねばならなかった。彼は，母親の気持ちに寄り添う，穏やかで優しい少年に育っていた。ここで彼の意識は心の暴力的側面を排除した一面性を持つと考えられるのである。

　しかし，兄弟の非難は彼の誇りを傷つけた。それでも彼はその怒りを激しい言葉や暴力で表現することはできなかった。しかし，突発的な行動化として，彼の怒りが火のように明るい金髪として表現されることで，彼のもやもや（怒りの感情による）は少し解消されたようだ。学校に行きたくない気持ちを理解してくれない担任に対して彼が感じていた怒りも，無意識にとどまっていた。しかし，金髪で登校してよいかという彼の問いは，担任にとっては「挑戦」ととらえられただろう。担任はむっとして，黒髪に戻すように言うが，彼は金髪で登校したい自己主張を貫くという形で，自分自身の怒りの表現を全うしようとしていた。このように考えると，彼は金髪になるという無意識の行動化によって，自分の怒りを表現できるようになりつつあった。金髪をめぐって，いろいろな大人とぶつかりながら自分自身の攻撃性を生きられるようになってきたのである。父とは離別し，母が一人で子どもたちを育てる状況で，彼は母との一体感から離脱するための反抗をすることはできなかった。彼の意識にとって，男性的な攻撃性を統合することはとても困難に感じられていたと思われる。不登校や金髪という行動化は，彼にこれまで無意識にとどまっていた側面を統合させるための重要な機会を与えてくれたのである。この時，彼の心の一面性を解消したのは，彼の無意識の中の潜在的可能性だったと言ってよいだろう。この場合，スクールカウンセラーはどのような役割を果たしうるのだろうか？　彼の心の発達を主眼におき，彼の心の可能性が，めざす方向を見出していくことを信じつつ，彼の折々の気持ちの動きを聴き取っていくこと，そしてそれらの方向性や動きを決して妨害しないことだと思われる。

　A君の身体症状，不登校は，無意識にあるコンプレックス，それに伴う情緒がA君の意識に侵入してきたことによって生じている。さらに髪を染めた行為は，A君の意識にとっては新しい自分に変身するこ

とで，辛い感情から距離をおく行為ともとれたが，無意識の側からとらえると，無意識にとどまっていた男性的な攻撃性のあらわれとも理解することができる。そして，心理治療的アプローチは，適応志向的，心の発達志向的，因果論的理解，目的論的理解，いずれにおいても，症状や現実の困難をくぐり抜けることを通して，意識の一面性が解消され，A君の無意識が意識に統合されていく経過であるといえるだろう。そのため心理療法においては，A君の語ること，語られないことにともに注意を向けながら，その言葉をしっかり聴きとり，心において生じる動きを妨害しない姿勢が役立つのである。

　このような，無意識による意識の補償のダイナミクスについて，ユングは次のように述べている。

「私が数多くの症例で見てきたところでは第一に，無数の無意識内容が意識化されることによって意識が拡張され，第二に，無意識の支配的影響が次第に取り除かれ，第三に，人格の変化が生じる。人格の変化といってもそれは，もとより本来の遺伝的素質の変化ではなく，一般的な態度の変化である。葛藤を起こしやすい神経症的素質の人々にはっきりと見られる意識と無意識との鋭い分離と対立は，ほとんど例学なく意識的態度のある種の注目すべき一面性にもとづいている。」(Jung 1928 松代・渡辺訳 1995)

4.　意識の外側に拡がる心の領域：無意識

　西洋では，意識の機能が重視されるあまり，意識でとらえられる範囲が心の全体であると誤解されやすく，その結果，自我が心の中心であると経験されがちである。しかし，19世紀末のヒステリー等，心因性の症状を対象とする心理学的研究により，意識が心の領域のすべてを掌握しているわけではないことが明らかになった。それまで形而上的に哲学に

180

より言及されてきた無意識を，実験的に，あるいは経験的に捉えようとする試みが始まったのである。まず，パリのピエール・ジャネは，そのような症状の形式面に着目し，続いてウィーンのジークムント・フロイトは症状の内容面に着目した。

フロイトによる無意識の理解について，ユングは次のようにまとめている。「〔フロイトは，〕まずはじめに，いわゆる心因性の症状の構造を，無意識過程を想定することによって説明することに成功した。… 夢も無意識内容の伝達者になりうると考えた。その際彼が無意識内容であるとみなしたものは，そもそも非常に意識化されやすく，それゆえ別の条件下では個人的性質をもった意識的要因になるように見えた。それらの内容は，（自我と）道徳的に相容れない性質であったために『抑圧されて』いると，フロイトには見えた。したがってそれらは忘れられた内容と同じように，かつては意識的であったが，意識の構えの反作用を受けて識閾下となり相対的に再生されにくくなった。… この最初の発見によって当然のことながら無意識は個人主義的に（個人的な文脈で）理解できる抑圧現象であると解釈されることになった。〔（ ）内筆者〕」
（Jung 1947　林訳 1999）

しかし，ユングは精神科病棟で出会った患者たちの言動や憑依現象に見出される，意識とはつながっていない心的内容に着目し，無意識を理解しようとした。そこには，フロイトの考えたように道徳的な理由で意識の外に追い出された心的内容として理解することができない，太古的，神話的な内容が見出されたのである。ユングがこのような心の古層に目を向けたのは，ユング自身の夢がきっかけだった。それは，ユングがフロイトとともにアメリカ合衆国のクラーク大学の学長のスタンレー・ホールに招かれて講演に出かける旅の途上の夢であった（第1章 図1-1参照）。

《ユングの夢》

私は自分の知らない家の中にいたが，それは二階建てであった。それは
「私の家」だった。私は二階にいたがそこにはロココ様式のきれいな古
い家具の備えつけられた広間があった。壁にはきれいな古い絵がたくさ
んかかっていた。私はこの家が私の家だろうかと不思議に思い，そして
「悪くはないな」と思った。しかしそのとき，私は階下がどんなふうに
なっているのか知らないことに気づいた。階段を降りて，一階へつくと，
そこにはもっと古いあらゆるものが揃っていて，私は家のこの部分は，
ほぼ十五，六世紀ごろの時代のものにちがいないと悟った。家具は中世
風で，床は赤い煉瓦張りであった。どこも少し暗かった，私は「さて，
私はほんとうに家中を調べてまわらなくちゃならない」と思いながら，
一部屋ずつみてまわった。重いドアに行きあたり，開けてみると，私は
そのむこうに地下室に通じる石の階段をみつけた。ふたたび降りていっ
て気がつくと，私は，ずいぶんむかしのものと思われるきれいな丸天井
の部屋にいた。壁を調べているうちに，私は，ふつうの石塊の間の煉瓦
積みの個所と，モルタルの中のブロックのかけらとをみつけた。これを
見るが早いか私には壁がローマ時代のものだと了解した。ここに到って
私の興味は強烈なものになっていた。私は床をもっと綿密に調べた。そ
れは石板でできていて，そのうちの一つの中に私は輪があるものをみつ
けた。それを引っ張ると石板がもち上がって，またもや深いところへ降
りていく狭い石の梯子段がみえた。私はまたこれらも降りていって，岩
に彫りこまれた低い洞穴へ入っていった。床にはひどい埃がたまってい
て，屑の中には原始文化の名残りのように，ばらばらになった骨やこわ
れた陶器類が散らばっていた。私は明きらかに非常に古くなかばこわれ
かけた人間の頭蓋骨を二つみつけたのである。それから目が覚めた。
（Jung 1961　河合他訳 1972）

　ユング自身によるこの夢の理解は次のとおりである。夢の中の家は，彼の心を表すイメージとして理解された。ユングにとって，彼の意識は広間によって表されており，それは古風であったが人の住む気配を漂わせていた。ユングによれば「一階は無意識の第一平面を表わしていた。私が深みに進めば進むほど，あたりの光景はますます異様かつ暗くなっていった。洞穴の中に，私は原始文化の遺物を発見したが，それはすなわち，私自身の内部の原始人の世界―意識のほとんど到達しえない，あるいは解明されえない世界である。人間の原始的なこころは，ちょうど，先史時代の洞窟が，人間が所有権を主張する前に動物によって通例住まわれていたように，動物のたましいの活動と境を接していた。… 私はとくに十八世紀と十九世紀初頭の著者たちに精通していた。彼らは私の一階の広間の雰囲気を形作っていた世界であった。」(Jung 1961　河合他訳 1972)，「その夢は，私がこれまで述べてきた意識の状態へのもっとよい手がかりがそこにあることを示している。つまり，中世風の長いあいだ人の住んでいなかった一階，それからローマ時代の地下室，そして最後に先史時代の洞窟。これらは過去の時代と過ぎ去った意識の段階とを意味している。」(上掲書)　ユングの夢は，人間の心の一種の構造的図式を表していた。それはユングにとって「個人的なこころの下に先験的に存在している集合的な心の最初のほのめかしであった。」(上掲書)

　ユング自身が「多くの芸術家や哲学者や，そして科学者さえも，彼らの一世一代のアイディアのうちいくつかは，無意識から不意に現れたインスピレーションに負うている」(Jung 1964　河合 1975) と述べるように，この夢が，ユング自身の無意識の理解に新たな局面を付け加えたのである。

　この夢を見た旅から戻ったユングは，考古学への昔の関心をよみがえ

らせ，神話的素材の資料やグノーシス派の著作を読みあさった。そこで
ユングは古代神話学には古代人の心の状態が反映されていることを再確
認する。そして，これらの神話の素材と，若いアメリカ人女性ミス・ミ
ラーの空想の間の関連性を想定し，「個人的な自然発生的な空想の産物
にはいりこんでいる精神史の要素を挙げて解明すること」(Jung 1924
西丸訳 1970) を目ざし，1911年に『変容の象徴』が刊行された。

　『変容の象徴』においてユングは，フロイトが「近親相姦」を字義通
りに解釈をしていたのに対して，これを，高度に宗教的な側面を有して
おり，それゆえに多数の神話の中で重要な役割を果たしている一つのモ
ティーフであるという考えを明らかにしている。ユングは，フロイトの
示したエディプス・コンプレックスについて「(母への情熱がありうる
こと)，そのような可能性がみずからのうちにあると認めることには，
はじめは道徳感が傷つかずにはすまないし，抵抗もある。…しかし客観
的認識と感情的な価値評価とを区別することができれば，われわれの時
代を古代から切り離している絶壁に橋が架けられ，オイディプースはい
まも生きていることを悟ってわれわれは驚くのである。〔(　) 内は筆
者〕」(Jung 1911　野村 1985) とし，「(近親相姦は) たんなる因果関
係ではなく，目的論によって説明すべき現象なのである。さらに強調し
なくてはならないことがある。つまりとりわけ太陽の神話が示している
とおり，『近親相姦』への願望の基礎は，交合ではなく，こどもにか
えってふたたび両親の庇護を受ける，母の胎内へはいってもういちど産
んでもらうという独特な想念にあるということである。…ここで近親相
姦の禁止が妨害にはいるので，太陽の神話，再生の神話はおよそ可能な
かぎりの母の類比物を考えだして，リビド*の流れを新しい形へと導く
ことによって実際の『近親相姦』への退行を効果的に妨げようとする。
…こうしてリビドはいつしか精神的な形へと導かれる。」(上掲書)，「象

＊　引用における「リビド」は「リビドー」と同一である。

徴的な真理は，母のかわりに水を，父のかわりに霊または火を置くことによって，いわゆる近親相姦の傾向に捉われているリビド[*]に新しい方向を提供して解き放ち，精神的な形へと導く」（上掲書）と論じている。ユングによれば，「近親相姦の禁止」によって，子は母から分離し，動物的な無意識のありようから別離して，人間となる。自分自身を意識する個人になることができるのである。古代から宗教体系は，そのようなリビドーの変容を促す役割をもっていたという。このような心の古層は，時代や文化を越えて人類に共有されているとし，この層をユングは集合的無意識と名付けた。『変容の象徴』において，ユングはその強力なエネルギーについて「この層が退行してきたリビド[*]によって活性化すると，生の更新と同時に生の破壊の可能性が生じる。首尾一貫した退行は，自然な本能の世界との，すなわち形式的ないし理念的にいうなら原初的素材との再結合を意味する。この素材を意識が捕えることができれば，新しい活気と新しい秩序がもたらされるだろう。ところが侵入してきた無意識の内容を同化する能力が意識にないことがあきらかになると，危機的状況が生じる。すなわち新しい内容が本来の混沌とした古代的な形を保持して，意識の統一をはじきとばしてしまう」（Jung 1911　野村 1985）と述べている。

　この発見から，ユングは無意識における二つの層をはっきりと識別するようになった。その無意識の概念についてよくまとまっている記述を引用して本章のしめくくりとしたい。

　「要約すれば，私が強調したいのは，こころを三つの層に区別しておかねばならないということである。すなわちその三つとは，意識であり，個人的無意識であり，そして集合的無意識である。個人的無意識とは，まず第一にその強さを失ったり，忘れ去られたりしたか，あるいは意識から撤退したことによって無意識化されたすべての内容から成り，そし

---

[*]　引用における「リビド」は「リビドー」と同一である。

て第二番目には，意識に届くほどの強さをもたないままともかくこころ
に組み込まれたいくつかの感覚印象から成っている。これに対して集合
的無意識とは，個人的なものではなく，すべての人間にとって，そして
おそらくはすべての動物にとっても共通するようなものであり，先祖か
ら受け継いだ表象可能性の遺産として，個人のこころの真の基礎となる
ものである。」(Jung 1927　高橋・江野訳 1970，翻訳部分の出所は
Storr 1983　山中監修・菅野他訳 2020)

学習課題

課題1　あなた自身にとって思いがけなく感情的になってしまった場面
　　　を思いうかべて，そこにはどんな無意識の作用があったのか考えてみ
　　　よう。
課題2　就職したものの新しい職場になじめず，不眠や食欲不振といっ
　　　たうつ症状が出現した事例について，その因果論的理解と目的論的理
　　　解の例を示し，それぞれの解決に向けた心理的サポートについて考え
　　　てみよう。
課題3　ユングの考える近親相姦モティーフは，フロイトの考えた近親
　　　相姦とどのように異なるのかについて考えてみよう。

引用文献

Jung, C. G. 1902　心霊現象の心理と病理　宇野昌人他訳 1982　法政大学出版局
Jung, C. G. 1904　分裂病の心理　安田一郎訳 1989　青土社
Jung, C. G. 1911　変容の象徴 ―精神分裂病の前駆症状　野村美紀子訳 1985　筑摩
　　書房
Jung, C. G. 1916　無意識の心理　高橋義孝訳 1977　人文書院

Jung, C. G. 1918 the role of the Unconscious C.W.10 Civilization in Transition in The Collected Works of C.G. Jung（p.1144）. Princeton University Press. Kindle 版.

Jung, C. G. 1921　心理学的類型論（タイプ論）　林道義訳 1987　みすず書房

Jung, C. G. 1924　分析心理学と教育　西丸四方訳　人間心理と教育 1970　日本教文社

Jung, C. G. 1927　心の構造　高橋義孝・江野専次郎訳　現代人のたましい 1970 日本教文社

Jung, C. G. 1928　自我と無意識　松代洋一・渡辺学訳　1995　レグルス文庫　第三文明社

Jung, C. G. 1934　林道義訳　2000　連想実験（新装）みすず書房

Jung, C. G. 1947　心の本質についての理論的考察　林道義訳　1999　元型論　紀伊国屋書店

Jung, C. G. 1959　アイオーン　野田倬訳 1990　人文書院

Jung, C. G. 1961　ユング自伝 ─思い出，夢，思想 1　河合隼雄他訳 1972　みすず書房

Jung, C. G. 1964　人間と象徴　河合隼雄監訳 1975　河出書房

Meier, C. A. 1975　ユング心理学概説 3　意識　河合隼雄・氏原寛訳 1979　創元社

Storr, A.（編）1983　エセンシャル・ユング　山中康裕監修・菅野信夫他訳 2020 創元社

11 ┃ ユングによる無意識の探求 ─集合的無意識の発見

吉川眞理

　ユングは，クライエントの夢や幻想の理解において，神話や昔話のモティーフを根拠として用いた。それらのモティーフの生成に関わる集合的無意識に存在するイメージの枠組みは元型と名付けられた。時代や地域を超越して私たちの心に共有される集合的無意識には，多くの元型が存在しており，心の変容において重要な役割を果たしている。

《キーワード》　夢，ヴィジョン，神話，昔話，集合的無意識，元型

1. 古代的な思考の源としての集合的無意識

　ユングは，「つまり思考にはふたつの種類がある，一つは方向づけられた思考と，もう一つは夢想あるいは空想的思考である」（Jung 1952 野村訳 1985）と考えていた。ユングによる 2 種類の思考の分類と定義をまとめると，表11-1 のとおりである。

表11-1　ユングによる 2 種類の思考（Jung, C.G. 1952）

	方向づけられた思考	夢想あるいは空想的思考
コミュニケーション性	コミュニケーションを目的として言語を駆使	イメージを扱う
努力性	努力と集中が必要	努力を要せず自発的に生じる
現実性	現実を模倣し，はたらきかけ新しい発想を生む	現実から離れ，主観の世界志向
適応	適応をめざす	無意識の動機から生じ，適応をめざさない

　ユングによれば，現代の科学技術は「方向づけられた思考」によって
生み出された成果だが，古代においては，「空想的な思考」がより好ま
れ，神話はその産物である。一般には，進化論に沿って，現代の「方向
付けられた思考」に価値がおかれることが多いが，ユングの独自の観点
によれば，この２種類の思考は，互いに異なる種類の思考であり，優劣
をつけるべきものではないと考えられている。これは，20世紀の科学技
術への偏重に対する一つの警鐘でもあった。ユングによれば，人間は確
かに知識の内容量を増やしてきたが，いまだに未知の対象に対しては古
代の人々と同様に頑なであり，なかなか受け入れることができない。現
代人において，その知識量は増えているが，残念ながらその知性は高め
られておらず，その関心は物質的側面に偏っている。一方の古代的な思
考は，子どもや文明化されていない人々に特徴的にみられるが，方向づ
けられた思考を訓練された現代人においても，状況によって，そのよう
な古代的な思考が活性化されることを忘れてはならない。たとえば，意
識の弱まった状況での空想や，日々の睡眠と覚醒のはざまで体験される
夢において，その活動が顕著になるという。ユング独自のアプローチの
一つとして，このような古代的な思考，空想的思考の源である集合的無
意識の心理的役割の探求を挙げることができるだろう。

2.「元型」について

　ユングは『無意識の心理』（1917）において，「人間各人の心の中には，
個人の記憶のほかに，巨大な『原像（Primordial images）』がある。こ
の原像という言葉はヤーコブ・ブルクハルトが最初に唱えた言葉である。
昔からの人間の表象作用の遺伝的な諸可能性というのがその意味
だ。… 私自身はこれらのイメージやモティーフを『元型』と名付けた
（筆者加筆）[i]」（Jung 1917　高橋 1977，筆者修正訳）と述べている。

---

i　下線部について高橋は「私はそういう形式乃至は主題を神話類型と名づけた」
と訳しているが，現在，統一されている訳語として，イメージ，モティーフ，「元
型（Archetype）」として訳を修正した。

ユングの分析心理学の鍵概念となる「元型」の出発点となる記述である。

　1921年の『心理学的類型論』[ii]巻末の定義において，ユングは，無意識的な夢想において生じてくるイメージで，特に古代的なもの，神話においてみられるもの，多様な時代や地域において共通している性格をもつものが元型であると説明している。これまで扱ってきた個人的無意識やコンプレックスとの関連でいえば，「個人的無意識がほとんどコンプレックスから成り立っているのに対して，集合的無意識は本質的に元型によって構成されている」（Jung 1954　林訳 1999）と述べられている。

　元型の概念は，ユングがとらえた心の現象を説明する概念として彼が提起したものであり，1916年以降の著作で数多く言及されるようになった。しかし，その記述の曖昧さ，定義の揺らぎもあり，なかなか理解が難しい概念となっている。本章では，できるだけユング自身の記述を根拠に元型の概念をわかりやすく説明したい。

　元型について，ユングの著作における記述をいくつか紹介してみよう。『元型』概念を，人文学領域における類似の概念と対比しつつ，よく整理された記述をまず紹介しておきたい。
「元型という概念は集合的無意識の観念に必ずついてまわるものであるが，それは心の中にはいくつもの特定の形式（Forms）があることを示唆している。しかもそれらの型式はいつの時代にもどこにでも広く見出される。（筆者加筆）」（上掲書）

　この『存在に先んじる形式（pre-existent form）』を意味する元型というユングの観念は，神話学で「モティーフ」と呼ばれるもの，文化人類学においては，レヴィ・ブリュールの『集団表象 "représentations collectives,"』という概念にあたるものと解説されている。さらに，比較宗教学の分野ではユベールとモースがそれを『想像力のカテゴリー』

---

ii　原書名は，Psychologische Typen, 引用している翻訳書名は『タイプ論』。

と定義しており，アドルフ・バスティアンがかなり以前に基本的，あるいは根源的観念（"elementary" or "primordial thoughts."）と名付けたものに通じると認識されていた。

　ユングは，元型を具象化している素材は，まず個人の夢，ヴィジョンや空想，さらにパラノイア性分裂病[iii]患者の妄想において見出すことができると考えた。さらに，そこに認められた素材が，神話，宗教儀式，昔話に見られる場合と相似した機能を示す時，そこに元型の存在が証明できると考えていた。その証明のためには，たとえば蛇の夢を，神話に現れる蛇と関連付けるだけでは不十分であり，「正しい対応を見つけるために必要なことは，まずその人のシンボルのもつ意味をよく知ること，次いで対応するとみなされる神話のシンボルが同じ状況に属しており，したがって同じ意味をもっている，ということを明らかにすることである」（Jung 1936b　林訳 1999）と述べられている。そのような元型に対するユング自身のアプローチの例として，ここで患者の妄想に現れた「風の源となる太陽の筒」のイメージを挙げてみたい。

元型の例：風の源となる太陽の筒（Jung 1936b より抜粋）

　1906年頃，ユングは，長期にわたって入院しているパラノイア性分裂病[iii]患者が，窓際に立って頭を左右に動かしながら目を細めて太陽を見つめているのに気づいた。何が見えるのか尋ねると「太陽のペニスが見えるでしょう。私が頭を左右に動かすと，それも同じように動くんだよ。そしてそれが風の原因なんです」と答えた。当時のユングは，その意味を理解しないまま出来事を書き留めていたが，その4年後に，アレクサンドリアの神秘派から伝わったとされるミトラス教の儀典書の記述が，この空想に一致することを発見した。そこには「可視の神々の歩む道は，日輪を貫きて，すなわちわが父なる神の中心より現わる。同じく，神に仕うる風の源たる，かの筒もまた可視となるべし。すなわち汝，日輪よ

---

iii　現代の統合失調症。

り垂れ下れる筒を見るならん。これ西の方角<ruby>方角<rt>かた</rt></ruby>を向けばたちまち東風起こりてやむことなく，東の方角<ruby>方角<rt>かた</rt></ruby>を向きて命ずれば西風となる」[iv]と書かれていたのである。当該の患者の生活背景からは，彼がこのミトラス教の儀典書を読んだことがあるとは考えられなかった。そのような絵画も，患者の生活圏の美術館には存在しなかった。それにもかかわらず，この患者の空想の「型」が，ミトラス教の儀典書の記述と共通していたのだった。ユングは，このように「神や太陽と結びついた風の筒」というイメージが，時代や文化を越えて他にも共有されていることが明らかになれば，このイメージは元型であると判断してよいと考えた。そこでユングは，第三の例として中世の受胎告知の絵画を挙げている。

　図11-1のフラ・アンジェリコの作品では，左手上方の太陽に見える光の中から，何者かが筒をマリアに向かって伸ばしており，その筒の中を鳩，すなわち聖霊が降りてくる構図となっている。この筒は，マリア

図11-1　フラ・アンジェリコ　受胎告知（1426年頃）　スペイン・プラド美術館蔵
（写真提供　ユニフォトプレス）

---

iv　ミトラス教儀典書6-7頁　第二版　1910年

を身ごもらせる神の遣わせた風（プネウマ/聖霊）の可視的表現と考えられるのである。アプレイウスが『黄金のろば』において描いたイシス秘儀では，風（プネウマ）は太陽神ヘリオスと関連付けられていた。この光が太陽とすれば，太陽から何者かが差し出した風の源である筒のイメージが，フラ・アンジェリコの受胎告知のヴァリエーションの一つ（スペイン・プラド美術館蔵）に出現したと言えるだろう。

　ユングが「元型」という概念によってとらえようとしたことは，神話，秘儀の伝承，昔話と関連づけて説明すると，理解しやすくなる。それによって確かに，我々は経験的に，元型を理解した気分になれる。しかし，実際のところユング自身も，元型とは何かを心理学的に説明することは非常に難しいと考えていた。その実態について，ユングは，「元型とは内容にかかわるものではなく，形式的に決められているにすぎず，それもきわめて限られた仕方で決められているにすぎない」（Jung 1938　林訳 1999）として，この形式は「結晶の軸構造にたとえることができる」と述べている。それは，結晶形成に対して予め一定の形式を与えるもので「元型とは，それ自体は内容のない形式的な要素であり，《前もって形式を与える可能性》，ア・プリオリに与えられている，イメージ形式の可能性である。遺伝されるものはイメージそのものではなく，イメージの形式である」（上掲書）と説明される。ユングは，集合的無意識が遺伝に由来すると述べ，言葉の不足から多くの批判を受けたが，後にユング自身の真意は，「イメージ〔そのもの〕が遺伝するのではなく，イメージの可能性が遺伝するのである」（Jung 1936a　林訳 1999）と説明されている。本来，元型とは，意識の手が加わる以前の心の内容が形成される際の，軸あるいは核となる「形式」を指すと考えられたのである。

3. 夢の分析からとらえる「元型」について

　ユングによれば，夢は，無意識から思いがけないイメージが届けられる通路となっている。夢を，無意識を探求する手掛かりとしてとらえた先駆者はフロイトであった。しかし夢とは「抑圧された願望の充足だ」というフロイトの結論に，ユングは満足できなかった。ユングは，夢を分析する手段として「コンテクストの拾い上げ」を提唱している。(Jung 1945b) これは夢の中で目に付いたこと，それぞれに関して，それが夢を見た人にとってどのような意味のニュアンスを持つのかについて，夢を見た人自身の心に浮かぶことを問いかけていく。そして，次にコンテクストを立ち上げていくのである。この時，通俗的な夢占いに記されているような，一義的な解釈は慎まなければならない。夢を見た本人にとっての夢の意味を丹念に探索し，予期せぬ発見に行きあたる覚悟を持って臨むのである。

　たいがいの夢は，意識にとって「想定外」である。ユングは，夢が意識に対して補償の機能を有すると考えていた。意識の態度は，人間が目的をもって生活する限り，偏向し一面的になりがちであり，夢はそれと対極的な立場に立っている。このような補償は，心の均衡をめざしており，心のシステム自体の自己コントロール機能であるという。たとえば神経症の治療の場合，このような意識の方向性と無意識の方向性の均衡が求められる。また，一連の夢の系列においては，そこに自然発生的に出現するパーソナリティ自体の発達過程が見出されると考えられた。ユングは，このような過程を個性化過程と名付けている。この過程については，14章を参照されたい。

　ユングは，夢には「小さな夢」と「大きな夢」があるという。「小さな夢」は，主観的で個人的な領域に由来しており，日常生活の影響を受

けた夜ごとのファンタジーの断片である。これらの夢は簡単に忘れ去られてしまう。しかし，「大きな夢」すなわち意味のある夢は，生涯を通じて記憶に残り，心の経験の中核を構成するという。このような夢は歴史において見出される人間の精神の発達過程と並行関係を有する個人の心の発達過程，個性化過程と深く関わっており，神話的モティーフや神話的な要素が含まれることが多い。ユングは，それらの夢に元型の存在を認めたのである。つまり，元型は，とりわけ個人の心の発達，すなわち個性化過程と関わる夢にあらわれる神話的モティーフとして出現するといえるだろう。それらの夢は，詩的な力や，美をもって心に迫ってくる。ユングは，「集合的無意識とは，意識に近い個人的無意識よりも言ってみれば深い層のことを表している。『大きな』あるいは意味のある夢は，このより深い層に由来するものなのだ。… このような夢は，たいていは運命を決定するような人生の一時期に，つまり青年期初期や思春期，人生のちょうど中頃（36歳から40歳にかけて），そして死を目前にした頃に生じる。… 元型的な産物（としての夢）において問題となるのは，もはや個人的経験ではなく，言わば普遍的観念であり，その中心的な意味は何らかの個人的経験の文脈ではなく，それらに固有の意味の中に存在するのである」（Jung, C.G. 1945b　大塚 2016）と述べている。ユングは，元型的な夢の例として，ある若い男性の見た夢を挙げている。

　夢：地下の穴ぐらで，黄金の鉢を護っている大きなヘビがいた（上掲書）
解釈：神話では，蛇は竜としても現れる。その蛇が財宝を守っている状況は，この男性が，古来よく知られた典型的な英雄としての試練の状況に差し掛かっていることを示している。男性は，この蛇，すなわち自分自身の深い部分の本能的なエネルギーの体現されたものとどのように向き合い，その宝を獲得していくのだろうか？

この夢が集合的無意識領域からのメッセージとすれば，その内容は文化や時代を超えて多くの人々に共有されるテーマに関わることになるものである。そこでこの夢を理解するためには，神話や伝説，物語において，このモティーフがどのように扱われているかを見ていく必要がある。

4. 神話・伝説・昔話に出現する「元型」

英雄が蛇，あるいは竜と戦う神話として，本章では，キリスト教化される以前のゲルマンや北欧の神話をもとに編まれた「ヴォルスンガ・サガ」，キリスト教において伝承されている聖人伝，そして日本の神話を紹介しよう。

キリスト教化以前のヨーロッパの神話の影響を受けた物語

《竜殺しのシグルズ》

『ヴォルスンガ・サガ』（9世紀から13世紀に成立した北欧の神話の写本エッダの影響を受けて13世紀ごろ成立した）によれば，シグルズはシグムンド王とヒョルディース妃の間の息子である。シグムンド王は恋敵であったリュングヴィと戦って死んだ。シグムンドの斃れた戦場に一人残されたヒョルディースは，アールヴ王に見初められ結婚することになる。やがてヒョルディースは亡きシグムンド王の息子シグルズを生んだが，彼は鍛冶師レギンのもとで育てられることになる。ある日，レギンはシグルズに，ファーヴニル竜の守る財宝の話を聞かせる。シグルズはレギンに，竜を屠るための剣を作るよう頼むが，なかなかうまくいかない。最後にシグルズの亡父シグムンド王の形見の剣をレギンに打ち直してもらい，試し切りをしてみると鉄床は真っ二つになった。シグルズはその剣で，まず父の仇リュングヴィを殺す。その後，シグルズは竜の住まうグニタヘイズに向かい，竜の通り道に掘った穴に身を隠した。ファーヴニル竜が上を通ったとき，シグルズは下からその心臓を一突き

にして殺した。そこにレギンが現れ，竜の血を飲み，竜の心臓を料理するようシグルズに言う。シグルズは焼け具合を確かめるために指で心臓に触り，やけどした指を口に入れたところ，鳥の声がわかるようになる。鳥たちは，レギンがシグルズを殺そうとしていて，レギンを殺せばシグルズが財宝を独り占めしてブリュンヒルドのところに行けるのに，などと話している。シグルズはこの言葉のとおりにレギンを殺し，財宝を得て，ブリュンヒルドの眠る地に向かう。彼女は楯に囲まれ，肌から直接生えているかのような鎧を着て眠っていた。シグルズは鎧を切り裂いて脱がし，ブリュンヒルドを目覚めさせる。ブリュンヒルドとシグルズは結婚の約束をする。

《聖ゲオルギオスの竜との戦い》

　ヤコブス・デ・ウォラギネの『黄金伝説（聖人伝）』（1260年頃）では，聖ゲオルギオスによる竜退治の舞台は，リビアである。そこには池を住処とし，毒を吐く竜が人々を悩ませていた。人々は竜が都市に害をなすことを防ぐため，くじで選ばれた子どもと若者を生贄としていた。あるとき，王の娘が生贄に選ばれ，王女は竜の餌となるために花嫁衣装をまとって湖に送られた。そこにたまたま聖ゲオルギオスがやって来た。彼が王女と言葉を交わしているうちに，竜が池から現れた。聖ゲオルギオスは十字を切ったあと，馬に乗り，竜に突進して槍で傷つけた。それから王女に彼女の腰帯を投げるように言い，竜の首にかけた。その瞬間に，竜は鎖につながれた「おとなしい獣」となり，王女に従った。

　王女と聖ゲオルギウスは竜を街に連れていくと，人々は震え上がった。聖ゲオルギオスは彼らがキリスト教徒となり洗礼を受けるならば竜を殺すと申し出た。そこでシレーネの王を含む1万5000人がキリスト教に改宗した。その後，聖ゲオルギウスは剣で竜の首を斬り落して殺し，竜の

遺体を4頭の牛車に乗せて街から運び出した。王は竜が死んだ場所に神の祝福を受けた聖母マリアと聖ゲオルギオスの教会を建設すると，祭壇から泉がこんこんと湧き出て，その水はすべての病気を治癒した。

《スサノオと八俣の大蛇》

　日本において712年に編纂された古事記によれば，「天上界を追い払われて，須佐之男命は，出雲国の肥河の上流の鳥髪（とりかみ）というところにお降りになった。この時に，箸がその河から流れ下ってきた。それで須佐之男命は，その河の上流に人が住んでいるとお思いになって，尋ね求めて上っておいでになったところ，老翁と老女の二人がいて，少女をその間に置いて泣いている。そこで，「おまえたちは誰か」とお尋ねになった。それでその老翁が答えて，「私は国つ神で，大山津見神の子です。私の名は足名椎（あなづち）といい，妻の名は手名椎（たなづち）といい，娘の名は櫛名田比売（くしなだひめ）といいます」と申した。須佐之男命はまた，「おまえの泣き叫ぶわけは何か」とお尋ねになった。老翁が答え，「私の娘はもとは八人おりました。それがこの高志（こし）の八俣の大蛇が毎年やって来て食ってしまうのです。今，その大蛇がやって来る時期です。それで泣いています」と申した。さらにお問いになる，「その形はどんなか」と。答えて，「その目は赤カガチのようで，一つの胴体に八つの頭と八つの尾があります。またその体には日影蔓と檜・杉が生え，その長さは谷を八つ，峯を八つ渡るほどで，その腹を見れば，どこもかしこもいつも血が垂れ爛れています」と申した。ここに赤カガチというのは，今の酸漿（ほおづき）のことである。そこで速須佐之男命はその老翁に，「このおまえの娘は自分にくれないか」とおっしゃった。答えて，「恐れ多いことです。しかしまた御名前を存じません」と申した。それに答えて，「自分は天照大御神の弟である。

わけあって，今，天上からお降りになった」とおっしゃった。これを聞いた足名椎（あなづち）と手名椎（たなづち）の神は，「さようなお方でいらっしゃるとは恐れ多いことです。娘は差し上げましょう」と申した。すると速須佐之男命は，その少女を瞬時に櫛に変じて，御髪（おぐし）にお刺しになり，その足名椎・手名椎の神に，「おまえたちは，幾度も繰り返し醸した濃い酒を造り，また垣を作り廻らし，その垣に八つの入り口を作り，入り口ごとに八つの仮設の棚を結びつけ，その棚毎に酒桶を置いて，桶毎にその繰り返し醸した強い酒を盛って待つように」とおっしゃった。そこでおっしゃるとおりにして，このように準備して待っていると，その八俣の大蛇が，まことに言葉どおりにやって来た。大蛇は桶の一つ一つに頭を突っこんで酒を飲む。飲んで酔い動けなくなり長々と寝込んでしまった。そこで速須佐之男命は，腰にお着けの十拳（とつか）の剣を抜き，その大蛇をずたずたにお切りになったところ，肥河は血の川となって流れた。そして八つの尾の中ほどの尾をお切りになった時に，御刀の刃がこぼれた。それを不思議に思い，御刀の先で刺し裂いてご覧になると，つむ羽の大刀があった。そこでこの大刀を取って，尋常ではないものとお思いになって，天照大御神に申し上げ献上なさった。これは草薙の大刀である。」（中村訳 2009）

ヨーロッパ圏の二つの竜退治と日本の八岐大蛇との戦いは，全く異なる文化圏の伝説・神話である。ここで三つの物語を対比してみよう。

表11-2を参照願いたい。

3つの物語に共通している点は，若い男性である英雄が竜/蛇を倒すモティーフと，その達成により，パートナーとなる女性と出会う点である。ここで，竜と蛇の果たす役割は大変に似ており，おそらくこの竜/蛇は，ある元型の異なる表現型であることは明らかである。ユングによれば，これは母親元型の暗い側面の表現である。「母親の元型もすべて

を見わたすことができないほど多くの相貌を持つ」とユングが述べるように その典型的な形態をリストに示すと，表11-3のとおりである。

表11-2　竜（蛇）と戦う英雄の三種の伝説・神話の対比

	ヴォルスンガ・サガ （ゲルマン/北欧） シグルズ	聖人伝 （リビア） 聖ゲオルギオス	古事記 （日本） 須佐之男命
相手	竜	竜	八岐大蛇
対決の目的	ファーヴニル竜の守る財宝を獲得するため	生贄の王女を救うため	生贄のクシナダヒメを救うため
倒し方	穴を掘り，身を潜め上を通る竜の心臓をひと突きにする	馬で突進 槍で傷つける 王女の腰帯を首にかけ町に連れていき首を切り落とす	八つの酒桶に強い酒を準備して酔わせ剣でずたずたに切り裂く
成果	財宝を獲得 竜の心臓を炙る際に血をなめ，鳥の声がわかるようになり，結婚相手を知る	シレーネの王と民1万5千人の洗礼とひきかえに殺すとその地に建てた教会の泉から癒しの水が湧く	尾の中の一つから，草薙の太刀が出てくる

表11-3　母親元型のさまざまな形態

人物	自分の母，祖母，継母，姑，乳母，保母
高次の人物像	女神，神の母，ソフィア
広義	パラダイス，教会，大学，都会，田舎，大地，森，海，物質，冥府，月
狭義	耕地，庭，岸壁，洞窟，木，泉，井戸，洗礼盤薔薇，水連
もっとも狭義	子宮，穴，女陰，パン焼き窯，深鍋，墓，棺，深淵
邪悪な面	魔女，竜，大魚，蛇

　また3つのうち，ゲオルギオスと須佐之男命の物語は，この竜/蛇に生贄としてささげられていた娘を救出する点が共通している。ここで竜/蛇は「母」であり，そこに捧げられた犠牲，とらわれている王女は「娘」である。母親元型は，時に娘元型との強い結合のもとに現れる。女性においては，過去に向かっては母の中へ，未来に向かっては娘の中へと，自分を拡大し，世代を超えて生き続ける感情が生まれると，ユングは述べており，母と娘の関係性の根底において，ある種の一体感があることを示唆している。

　日本文化においては，このような根底の一体感は，女性という性別に限定されず，今も根強く存続していると考えられる。河合隼雄は，この点について1970年代の登校拒否や対人恐怖の症例との関わりより「これらの事例においては，自我の確立の問題が大きい比重を占めているが，そのこと自体が日本の母性文化に根ざしたものであると考えられる」（河合 1975）と述べている。たとえば地方都市では長子が家を継ぐ風潮が今も存在している。そこには，守るべき「家」がある。この「家」こそ，日本における母親元型がとる姿であるといえるだろう。家を継いで親の近くに住み，親を介護し，墓を守る役割を担う子どもは，男女にかかわらず，「家」に捧げられた存在，犠牲であるといえる。この囚われた犠牲を解放する英雄像は，ユングによれば，成長していく自我意識を示している。

　ここで，英雄が竜/蛇を倒すモティーフは，個人が自我意識を発展させて，母親元型，すなわち大きく慈悲深い存在から守護された在り方，代々続く「家」との一体化された在り方から離脱しようとする，私たち一人一人の心の内なる戦いであると理解することができるだろう。これを断ち切ることで，そこから新たな「宝」が獲得されていく。

　シグルズは，鳥の声がわかる力を得て，自分自身の運命に関する智恵

を得る。須佐之男命は，草薙の太刀を得る。まさしく「切断する」力を得たのである。ゲオルギオスの竜退治においては，竜は王女と腰帯でつながれるとおとなしくなってしまう。竜と娘の深い絆が暗示されている。一方ゲオルギオスは竜の首を切り落とし，その場所から癒しの力をもつ水が湧き出てくるのである。竜が殺されることで，王女は解放され，新しい秩序が生まれる。それは，老いた母なる者が滅ぼされみずみずしい生命に刷新される瞬間である。

　また，シグルズと須佐之男命の物語では，竜/蛇を倒す手段として正面からの対決でなく，穴を掘って身を潜めたり，濃い酒を飲ませるなど「騙し」が用いられていることも興味深い。ここにトリックスターのモティーフをみてとることができる。ユングは，トリックスターのモティーフについて，ヨーロッパ文化の中ではカーニバルの伝統の中に生きており，粗野な原始性，幼児性，未分化さ，非理性と関わり，「聖なるもの」の対極，補償と位置付けている。そこには，超人的特性としての大きな力が秘められているのである。(Jung 1954　林訳 1999)

　このような竜/蛇を倒す3つの物語の基本構造の類似は，集合的無意識が時代や地域を超越していること，人類の心の発達過程に見られる基本的な共通項として元型が存在することを証明している。

　ここで確認しておきたいことは，個人の夢や空想，神話や秘儀に現れてくるイメージそのものは，正確に言えば，元型ではないということである。元型は，時代の意識のバイアスの影響を受けながら，さまざまに変異したかたちで姿を現す。たとえば，部族の秘儀伝承は，すでに伝統的に受け継がれる意識的な教範へと変化しており，その意味で集合的な意識に相当影響を受けている。神話や昔話も長い時代を経て伝えられてくる間に，意識が判断し評価して手を加えた影響が必ず歴然と見られる。相対的に言えば，神話や秘儀は，集合的無意識よりもむしろ意識化され

た集合的意識に多分に影響されているといえるだろう。

　一方，昔話には，比較的素朴な形で元型が反映されていると考えられる。フォン・フランツ（Marie-Louise Von Franz）が，「昔話は集合的無意識の心のプロセスの最も純粋で簡潔な表現である。昔話には，もっとも簡潔にそのままに近い形で元型があらわれる。（筆者訳）」（Von Franz 1975　氏原訳 1979）　と述べているとおりである。

　そこで竜殺しを扱う昔話として，初版グリム童話の中から「泉の子ヨハネスと泉の子カスパール」を紹介する。神話や伝説と異なり，昔話では，よりわかりやすく，いきいきとした形で，王子が王女を「竜」から救出するストーリーの展開を味わうことができる。

《泉の子ヨハネスと泉の子カスパール》
　ある王が娘の結婚を許そうとしないため，娘は寂しい森の中で未婚の女性たちに囲まれて暮らしていました。しかし，この森の家の近くに不思議な泉があり，娘がこの泉から水を飲むと双子の王子が生まれました。
　二人は，泉の子ヨハネスと泉の子カスパールと名付けられ，瓜二つでした。二人は立派な若者になり，世の中に出ていくことになりました。二人はそれぞれ銀の星と馬と犬をお供に連れていくことになりました。二人は，森で2匹の兎と2匹の熊の命乞いを聞き入れてお供に加えました。分かれ道のところで，「さあ，別々の道に行かなくては。ひとりは右に，一人は左に行くことにしよう」と言って，分かれ道に立つ木にそれぞれのナイフを一本ずつ刺しました。このナイフについた錆を見て，お互いがどうなっているかを知ろうということになりました。
　泉の子ヨハネスがある町にやってくると，町は悲しみに沈んでいました。国中を荒らしている竜に，王女を生贄として渡すことになっていたのです。命をかけて竜を退治する者には王女を花嫁に与えようというお

触れが出ていました。泉の子ヨハネスは，さあ，運を試してみようと，
お供を連れて竜の住処に出かけていきました。

　竜は口から炎を噴き出して，そこいらじゅうの草を燃やしました。ヨ
ハネスは，兎と犬と熊の助けで，竜の７つの首を切り落としました。そ
してその舌を引っ張り出して切り取り，ふところにしまうと，疲れて眠
りこんでしまいました。

　そこに王女の御者が通りかかり，眠り込んでいる泉の子ヨハネスを刺
し殺し，７つの竜の首も一緒に持っていってしまいました。御者は竜の
首をもって王のところへ行き，「怪物を退治してまいりました。証拠に
首を持参いたしました。」と言って，王女と結婚することになりました。
一方，お供の動物たちが眠りから覚めると，泉の子ヨハネスが死んでい
ました。彼らは，戦いで踏み潰された蟻たちが，仲間が運んできた柏の
樹液を塗ると生き返るのを見ると，熊が急いで柏の樹液を取ってきて，
泉の子ヨハネスに塗りました。すると彼は息を吹き返しました。泉の子
ヨハネスは，王女と御者の結婚式で披露された７つの竜の首の横に，自
分が切り取った舌を並べました。そこで，皆は，泉の子ヨハネスが本当
の竜殺しだということを知り，泉の子ヨハネスが王女の花婿になりまし
た。

　その後，ヨハネスは狩りにでかけ，銀の角の鹿を追いかけているうち
に，森の奥の老婆のところへやってきました。老婆は，ヨハネスを犬と
馬と熊もろとも，石に変えてしまいました。

　そんなある日，泉の子カスパールは，木に刺されたナイフが錆びてい
るのを見つけて，兄弟を捜しに行く旅に出かけました。泉の子カスパー
ルは，石に変えられたヨハネスを見つけて，老婆にその魔法を解かせま
した。兄弟は二人そろって馬に乗って家に帰りました。王女が最初に首
に抱き着いた方が，お姫様の花婿になることにしようと話し合いました。

それは泉の子ヨハネスの方でした。（吉原・吉原訳 1997　による）

　この昔話の主人公は泉の水によって懐胎した双子である。特異な出生
は，英雄の超人間的な力を示唆している。双子はそれぞれの世に出る道
を歩み，ヨハネスは竜を倒したが，その後，御者に殺され，老婆に石に
変えられるなどの窮地に立つ。しかし動物たちの力や，双子の兄弟に
よって救われる。竜や森の老婆はいずれも母親元型のヴァリエーション
である。人生において母親元型との対決は，何度も繰り返されるのかも
しれない。この対決において，動物的，本能的な力や，もう一人の自分，
人格の対極，影との協働が大きな支えとして作用していることに着目し
ておきたい。

　以上，夢，神話・伝説，昔話における竜/蛇のイメージをたどってき
た。

　ユングは，夢と同様に神話や昔話は，「心」が自らを語る物語であり，
そこでは元型が自然な形で関わり合い「心の形成，変容/永遠なる心の
永遠の再創造」（Jung 1945a　林訳 1999）が起こっているととらえて
いたのである。

学習課題

課題1　まったく異なる文化の昔話でありながら，互いによく似ている
　　昔話を挙げてみよう。
課題2　元型的なテーマを扱っていると考えられるアニメ作品，映画を
　　挙げてみよう。

引用文献

Grimm, W. C. & Grimm, J.　1837　初版グリム童話集 3　吉原高志・吉原素子訳　1997　白水社

Jung, C. G.　1911　変容の象徴 —精神分裂病の前駆症状　野村美紀子他訳　1985　筑摩書房

Jung, C. G.　1917　無意識の心理　高橋義孝訳　1977　人文書院

Jung, C. G.　1934　集合的無意識のいくつかの元型について　林道義訳　1999　元型論　紀伊国屋書店

Jung, C. G.　1936a　元型論 —特にアニマ概念をめぐって　林道義訳　1999　元型論　紀伊國屋書店

Jung, C. G.　1936b　集合的無意識の概念　林道義訳　1999　元型論　紀伊國屋書店

Jung, C. G.　1938　母親元型の心理学的諸側面　林道義訳　1999　元型論　紀伊國屋書店

Jung, C. G.　1945a　精神元型 —お伽噺に見られる　林道義訳　1999　元型論　紀伊國屋書店

Jung, C. G.　1945b　夢の本質について　横山博監訳，大塚紳一郎訳　2016　ユング 夢分析論　みすず書房

Jung, C. G.　1952　変容の象徴　野村美紀子訳　1985　筑摩書房

Jung, C. G.　1954　トリックスター元型について（On the Psychology of the Trickster.）林道義訳　1999　元型論　紀伊国屋書店

河合隼雄　1975　母性社会日本の"永遠の少年"たち　河合隼雄著作集第10巻　1994　岩波書店

中村啓信　2009　新版古事記現代語訳付き　角川ソフィア文庫

Von Franz, M.-L.　1975　おとぎ話の心理学　氏原寛訳　1979　創元社

参考文献

菅原邦城　1979　ゲルマン北欧の英雄伝説 —ヴォルスンガ・サガ　東海大学出版会

12 | ペルソナの形成と影の出現

吉川眞理

　ユングは人が社会の要請に応じながら自分の人生を生きていくときに引き受ける役割をペルソナと名付けた。社会生活においてペルソナは不可欠だが，ペルソナと自我との同一化は危険である。一方，人目には伏せておきたい人格のネガティブな部分の総体は影と呼ばれる。私たちは，ペルソナや影とどのように付き合っていけばよいのだろうか？

《キーワード》　ペルソナ，ペルソナとの同一化，影，自己認識，集団における影

1. ペルソナとは何か？

　日本語では，「世間に対して顔向けできない」というフレーズがある。社会の中である人が，折々の周囲の期待に応じて「よい顔」を作って，周囲によい人だと評価されているが，その「顔」は，その人のありのままを反映しているわけではない。そこで，その人は周囲の人を欺いていることになる。そうはいってもこの欺きは生きるための方便でもあり，責められるべきではないだろう。しかし，その人自身が，その「顔」が自分自身の本質であると思い込んでいるとすれば，その人は自分自身を欺いていることになる。その欺きは，その人にある種の生きづらさをもたらすかもしれない。あるいは，世間の期待に応えることができなかったときに，世間に対して「顔向けできない」と感じて，自分の存在価値を否定させてしまうかもしれない。

　ここで述べてきた「顔」を，ユングの述べたペルソナという概念に，

置き換えてみると，ペルソナ概念がより身近に感じられる。フロイトと訣別したユングが，彼独自の心理学体系を構築して刊行した著書『心理学的類型論（タイプ論）』の第11章の「定義」において，人格の一部分としてのペルソナについて，次のように記述されている。「つまり彼は仮面をかぶるのであるが，彼はこの仮面が一方では自らの意図にそい他方では環境の要求や意図にそうものであり，しかも時に応じてこのどちらかの要素が優位に立つことを承知している。この仮面・すなわち場に応じた構えを，私はペルソナと名づける。」(Jung 1921　林訳 1987)

　ユングは続いて刊行された著書『自我と無意識』において，「ペルソナは，個体的意識と社会との間の複雑な関係の機構であり，その役柄にふさしく一種の仮面である。（中略）社会は，それぞれの個人が，与えられた役割を可能なかぎり演じることを期待するし，期待せざるをえない。（中略）だから，社会で成功したいと思う者は誰でも，こうした期待に沿うようにしなければならないのもべつに不思議なことではない。とはいえ，誰しも，個性をもつからには，この期待をみたすことばかり考えてはいられない。そこで人工的な人格（筆者注：ペルソナ）を築くことが，どうしても必要になる。」(Jung 1928　松代・渡辺訳 1995) と，説明を重ねている。

2. 人とともに生きるためのペルソナ

　社会の中で生きていくとき，私たちはその場，その場に応じてペルソナを作り，これを被らざるを得ない。ユングは，このペルソナの形成がうまく行っていない場合の悲劇について，次のように述べている。

　「次から次へと社交上の『へま』を，いとも無邪気に繰り返す人，深情けで人をうんざりさせる人や，何ともはやいじらしい子供みたいな人，女性でいえば，気転がきかないばかりに人に恐れられ，永遠に誤解され

ているカサンドラたちがそれで，彼女らは自分が何をしているのかを知らず，したがって人に許されて当たり前だと思っている。世界を見ずに，ただ夢見ているにすぎない。こうした例にわれわれは，ペルソナをゆるがせにするとどういうことになるか，そして禍いを避けるには何をしなければならないかを見てとることができる。これらの人たちが余計な幻滅や苦しみ，いさかいや暴力ざたを免れるには，世間ではどう振舞うのが人並みなのか見習うしかない。社会が自分に何を期待しているかを理解しなければならない。世間には，自分よりもはるかに勝れた成員がおり人物がいるのだということに気づかなければならない。自分のすることが，他人にとって何を意味するかを知らなければならない。こうした類のことは，自らのペルソナをうまく形成してきた者にとっては，もとより児戯に等しい」(Jung 1928　松代・渡辺訳 1995)

　このようなユングの記述を読むと，学校や社会において経験を積むことでペルソナが形成されていくことがわかる。それでも，いくら経験を積んだとしても，他者視点を意識し，全体の中での自分の立ち位置をふまえて行動することをたやすくやってのける人もいれば，それが何より苦手な人もいる。そのためペルソナの形成がうまくいかず，学校生活での対人関係によって，ひどく傷つく子どもたちも多いのではないだろうか。ユングはこのようなペルソナの形成が，社会生活の前提であると指摘しているのである。

3. 画一的なペルソナに対する抵抗

　次の夢は，30代でうつ病と診断された女性が，心理療法が始まって半年ほど経って報告された夢である。

　夢1：高校に1年間行くことになる。制服があったはずなので探すけ

れどなかなか見つからない。大きな押入れのようなところに服がたくさん積まれていてそれを見ていくと，小さい頃に着てたらしいジャンパーとか，買ったまま忘れてしまったままだった夏のリゾート用のワンピースのようなものがいくつもある。制服は見つからずどうしよう … と思い，たくさんの服を見ているとどんどん悲しい気持ちになってくる。

　夢見手は，すでに卒業しているはずの高校に１年間通うことになったため，まず制服を捜そうとする。「制服」は，学校集団のメンバーに与えられるペルソナを表している。当時の女子高校生は，スカートの丈に関する学校の規定を破ることで，制服の押し付けに反発することもあった。生徒たちの制服の着こなしは，高校と生徒たちの妥協の産物としてのペルソナだと言えるだろう。高校の押し付けに従うのか？　自己主張するのか？　夢見手によれば，当時の彼女は，スカート丈を測る風紀検査に反発を感じながらも校則どおりの制服を身につけて高校時代を過ごしたのだという。日本の高校における制服の強要は，日本が全体主義国家であった時代の名残りといえるのではないだろうか。平和な時代ではあっても，どこかで全体主義的な伝統を遺していた高校教育の中で，夢見手の心は窒息感を抱えてきたかもしれない。押し入れには，自由であった子ども時代の服が積み上げられている。しかし，今は心ならずも制服を着なければならない。だが，その制服は見つからない。夢見手の本来の自己は制服を着ることを拒否していたのかもしれない。それは自分自身の心を欺く生き方の拒否であった。こうして彼女の本来の自己は，全体主義に迎合できず，自分自身の生き方を探す道を選ぼうとする。その道の心細さ，孤独さを思う時，悲しい気持ちになるのも無理はないだろう。
　ペルソナがあることで，社会生活を送る上での守りを得ることができるが，心理臨床の現場では，それがうまく得られない事例に出会うこと

も多い。「制服」は，既成のデザインの服であり，それを着ることで，多かれ少なかれ自分を偽ることを求められる。現代においても，大学生が就職活動の時期に身につけるリクルートスーツの画一性が，それを踏襲している。企業社会は，一社員としてのペルソナを被る覚悟のある新卒学生を求めているのかもしれない。心理臨床の現場で出会う20代の青年たちには，このような画一的なペルソナを引き受けることで自分自身を見失ってしまうのではないかという怖れを抱く人たちが多いように思われる。この怖れや，悲しみを感じることはとても重要なことであろう。しかし大人としてこの社会に参加するとき私達はこの怖れや悲しみを抱きつつも人生のある時期，ペルソナを身につけることを自ら引き受けることを求められるのである。

4. ペルソナとの同一視がもたらす人格発達の停滞

　ユングは，しかし，このペルソナを自分自身の本質であると思い込んでしまうことについて繰り返し警告を発している。

　「危険は仮面と同一になること，たとえば教授が教科書と，テノール歌手がその声と，同一になることだけである。そうなると不幸が始まったのである。（中略）多少誇張になるが，仮面とは本来のその人ではなく，当人および他人がその人であると思っているものであると言ってよいかもしれない。外見どおりのものであろうとする誘惑は常に大きい。仮面に対しては現金が支払われるからである。」（Jung 1934　林訳 1999）

　人がその職業的ペルソナと同一視することで生じる弊害について考えてみよう。たとえば教授は，定年を迎えて退職すると一人の市民として生活することになる。警察官も，退職すると，一市民としての生活が待っている。この新しい生活に戸惑う人ほど，それまでの職業的ペルソ

ナと自己を同一視していたといえるだろう。さらにユングの説明に耳を傾けてみよう。

「根本的には，ペルソナはなんら『実在のもの』ではない。ペルソナとは『ひとりの人が，何者として現れるか』ということに関して，個人と社会との間に結ばれた一種の妥協である。そのひとは名前を得，肩書を手に入れ，職務を演じ，これこれの人物となる。これは，いかにもある意味では現実だが，当人の個性ということからいえば二次的な現実，単なる妥協の産物に過ぎず，その形成にはしばしば，当人よりもむしろ他の人々の方が多く関与している。ペルソナは一つの仮称であり，たわむれに呼ぶなら，さしずめ二次元の現実である。」（上掲書）

　多くの人は職場での「顔」を持っている。職場でのペルソナである。自宅に戻って，父として，母としてふるまうとき，子どもたちに「お父さん」「お母さん」と呼ばれ，互いに「お父さん」「お母さん」と呼びあい，自称しているときは，『お父さんペルソナ』，『お母さんペルソナ』を生きているのである。それでは，子どもが寝静まって夫婦が互いに向き合うとき，個室で好きな趣味の時間を過ごす時，その人は，ようやくありのままの自分に立ち返ることができるのだろうか？　答えは残念ながら「No」である。たとえ一人になった時でさえ，それは，ペルソナとして作り上げてきた「私」であり，ユングの言う本来の私自身とは異なるのである。それでは，本来の私自身，本来の自己自身は，いったいどこに存在しているのだろうか？　私たちは，それをどのようにして知ることができるのだろうか？　この問題については，第14章でとり扱う。本来の自己自身は，確かに存在しているのであるが，姿を現しているわけではない。ここでは，この私自身の発見こそ，私たちが生涯をかけて取り組む心の課題であることを示唆するにとどめておきたい。

　ペルソナとの同一視が，どのような問題を引き起こすのかについて，

ユングは次のように述べている。

「集団にうまく適ったペルソナを築くことは，外部の世界を全面的に首肯することを意味する。それは，自我をやみくもにペルソナとの同一化へ押し込もうとする，まぎれもない自己犠牲の行いである。」(Jung 1928　松代・渡辺訳 1995)

「社会的役割とのこのような同一化は，神経症の豊かな源泉である。人間は罰せられることなしに，人為的人格のみをもっぱら立てて，自分自身から免れるというようなことはできない。そうしようと試みただけでも，不機嫌や激情，不安，強迫観念，優柔不断，悪徳などといった無意識的反応がよび起こされるのがふつうである。」(上掲書)

　そしてユングは，「自己をペルソナの被いから解放すること」を個性化の目的の一つととらえていた。(上掲書) 自己をペルソナから解放するとはどういうことなのだろうか？　ペルソナをはずして，天衣無縫にふるまうことなのだろうか？

5. ペルソナとの同一視からの解放

　TV の画面で活躍している芸能人について考えてみよう。彼らは「芸名」というペルソナを生きているのである。とりわけ俳優は，作品の役ごとに見事にペルソナを切り替える技を身につけた達人と言えるだろう。これに対して，その俳優がインタビューに応じる時やバラエティ番組に出演するとき応対しているのは，彼らの芸名のペルソナなのである。

　ここで多くの人を惹きつけるアイドルの場合を考えてみよう。アイドルという名称それ自体，彼らのあり方をよく表している。アイドルは，偶像という意味を持つ言葉である。宗教における偶像崇拝を例に挙げると，アイドル（偶像）自体はただの像に過ぎない。しかし，多くの人々が，その像に彼らの宗教的情熱の対象のイメージを投影し，崇拝するの

である。同様に，現代のアイドル達も，ファンの情熱の対象となるイメージを投影され，熱狂的な支持を向けられる。

　こうしてアイドルというペルソナを生きる人は，その熱狂が，自分に向けられたものなのか，アイドルというペルソナに向けられたものなのか，わからなくなってしまうのではないだろうか。

「それ（ペルソナ）は，その名のとおり，集合的心の仮面にすぎない。この仮面は個性的な装いをこらしてはいるが，単に演じられた役にすぎず，その役を通して語っているのは実は集合的心にほかならないのに，まるで個性的であるように，他人や自分自身に思い込ませているのだ。〔（　　）内筆者〕」（Jung 1928　松代・渡辺訳　1995）

　アイドルは，多くの人の心を惹きつける。そのペルソナは，集合的な，すなわち多くの人の心に共有されるイメージを引き寄せるフックをもっている。その集合的なイメージは，ファンの心の中に共通して潜在しているものである。逆に言えば，多くの人の集合的なイメージのフックをもつペルソナを形成することで，人気を得ることができるのである。

「集合的心は豊かな可能性に満ちたものだけに，人を混乱させ，幻惑させる作用をもっている」（上掲書）

　そのようなアイドルとしてのペルソナとの関係を歌った作品として，韓国のポップグループ BTS の RM ことキム・ナムジュンの作品，Intro : Persona（Hiss nois, RM, PDOGG）を挙げることができる。

　この歌詞の中で，キム・ナムジュンは，R というペルソナは，彼自身が生み出した彼の表現であるという。この R を生きるとき，彼は自分を欺いてきたかもしれない，嘘をついてきたかもしれないと振り返るが，もうそのことを恥じないと宣言する。

　この R というペルソナこそ，「私の魂の地図」であり，大切な「私」であるというとき，キム・ナムジュンは，R というペルソナを主体的に

引き受けている。そのとき，ペルソナは，微笑み，涙する，その一瞬一瞬に，いのちを吹きこまれるのである。

　この作品において，RMことキム・ナムジュンは，Rというペルソナを本来の自分自身とは異なるものとして客観視した上で，これを引き受け，これを肯定的に生きる姿勢を歌いあげる。

　キム・ナムジュンは，Rがペルソナであることを認識し，これを被っている自分自身を客観的に捉えている点で，ペルソナと自己を同一視していない。それは，ユングが最も重要であると考えていたペルソナとの同一視からの脱却を示している。この作品で，「私」は，そのペルソナと自分自身の不一致を認識しつつも，それを被ることを肯定し，これを引き受けている。その結果，ペルソナに生命が吹き込まれるのである。

6. 影との遭遇

　社会の中で生きていくために私たちが前半生をかけて紡ぎあげたペルソナが仮面であることを，ユングは繰り返し暴露する。仮面は前述したように，世を欺き，時には自分自身さえも欺く。しかし同時に，仮面は主体を守っているのである。仮面は，私たちを何から守っているというのだろうか？　その謎は次のように明かされる。「水の鏡を覗きこむ者は，なによりもまず自分自身の姿を見る。自分自身に向かっていく者は自分自身と出会う危険を冒しているのである。鏡はお世辞を言わないで，覗きこむものを忠実に映す，つまりわれわれがペルソナ　―俳優の仮面― によって隠していて決して世間には見せない顔を映し出す。鏡は仮面の裏側に入り込んで本当の顔を見せてくれる。」(Jung 1934　林訳 1999)

　ペルソナは，私たち自身も意識できていない「本当の顔」から，私たちを守っているのだとユングは述べている。私たちは，自身の「本当の

顔」を知る必要があるのだろうか？　少なくとも世間において，そのペルソナによってある程度の成功をおさめ，その人生に満足している人にとって，その必要はないのかもしれない。しかし，ある人たちは，何かのきっかけで水の鏡を覗きこむよう誘いを受ける。それは，先述のペルソナと本当の自分自身とが一致していないことに気づいて本当の自分自身を知りたくなる時かもしれない。あるいは神経症の症状や抑うつ感から逃れるためにやむを得ずであったり，または，その人生にある種の虚無感を感じる時かもしれない。ユングはさらに続けている。「これは内面への旅における最初の肝試しである。この試験でたいていの人は怖けづいてしまうが，それというのも自分自身と出会うと不愉快になるからである。それよりもマイナスのものをすべて周囲に投影していれば，そんなに不愉快なことをしないですむ。」（上掲書）

　世界には多くの「許しがたいもの」が存在している。この「許しがたいもの」を他者に帰属させ，これを断罪，攻撃することによって，多くの人は「自分は悪くない」と思いなし，心の平穏を得ている。だがユングは，私の内なる世界にも，外的世界と同様に「許しがたいもの」が存在しているという事実を突きつける。ユングは，この内的世界に存在する「許しがたいもの」を影と名付けた。影は，彼の著書において，次のように定義づけられている。

・「影とはどういうものかというと，それは人格の『消極的な（ネガティブな）』部分のことであって，できるだけ人目につかないように隠蔽された，不利な性質や，発達のわるい機能や，個人的無意識の諸内容などの総体を指す。〔（　）内筆者〕」（Jung 1917　高橋訳 1977）
・「『影』と私が名づけているのは，劣等的な人格，つまりその最も下の段階は動物の本能ともはや区別できない人格部分のことである。」
　（Jung 1959　野田訳 1990）

このような要素を自分自身の心の内に認める作業について，ユングは「自身の影を凝視し，影を知ることに耐えること」(Jung 1934　林訳 1999) と表現し，これを内面への旅の第一歩と位置付けた。さらに「ここで必要なのは『影の自覚化』，つまり人格の劣等部分に気づくことである。それは人間が全人格をかけて取り組むべき体験であり受苦を意味しているから，単なる知的な作業'だと誤解されてはならない。」(Jung, 1947　林訳 1999) と述べている。

影との対決

影は，しばしば他者に投影され，その他者への激しい攻撃や非難を引き起こす。逆に言えば，現実世界における激しい対立や，攻撃が生じている背景には，そこに影の投影が生じているのである。学校で起こる「いじめ」はその例である。たとえば，制服のスカートをかなり短くして登校した中学1年生が，上級生に呼び出され非難される場面を考えてみよう。上級生の非難に，1年生が目立つ格好をしていることに我慢ならないというネガティブな感情が込められているとすれば，上級生自身の「目立ちたい」願望が抑制され，その願望がこの1年生に投影されて強い否定的感情が向けられ，非難されていることがわかる。あるいは，「弱気」な中学生が級友に攻撃されるとき，攻撃する側は，自分自身の「弱み」を自分で認めまいとし，それを「弱気」な生徒に投影して攻撃することで，自分は「弱くない」と思い込みたいのかもしれない。このような非難や攻撃の背景に作用している影とのつきあいかたについて，ユングは次のように語っている。「われわれはまず，自分の影を他人に投影することはできないことを理解する。しかるのちに，他人の罪を固執しても何の意味もないことを理解する。自分自身の罪を知り，それを罪として所有することのほうがずっと重要だということに気づくのであ

---

i　訳書では，「主知主義的な操作」と表記されていたが平意な訳に変更した。

る。なぜならそれは自分の自己の一部であり，それなくしては月下界，この地上世界では何一つ実現できない不可欠の条件だからである。」
（Jung 1955～1956　池田訳 1995）

　心理療法において報告される夢においてこの影が出現するとき，重要な自己認識につながるチャンスである。以下は，職場内の抗争に巻き込まれ，心身とも疲弊してうつ病で休職を余儀なくされた40代男性の夢である。

　夢2：骨の集まりやコウモリみたいな奇妙なものとの闘い。敵の親分の仮面を剥がすと意外にも我々の身近にいた奴であった。味方の中に敵がいた！

　信念を持って仕事に打ち込んできたクライエントだったが，心ならずも職場内の抗争の矢面に立たされ，対応に奔走する大変な状況をくぐりぬけることになった。その経過が語られる中で報告された夢である。彼の語りにおいて，「敵」は，とんでもない悪意の塊であると認知されており，それは「マイナスのものが周囲に投影されている」状況であった。この夢では，敵は骨の集まりやコウモリといった奇妙なイメージであり，洞窟，暗闇，墓場，死を連想させる。それは生命や意識から遠い，不気味な存在であった。しかし，夢見手は仮面を剥がすという大胆な行動をとる。その結果，夢見手はその正体は「意外にも我々の身近にいた奴」であることに気づくのである。この夢は，これまでの抗争で敵方に投影されていたマイナスのものは，自分の側に存在しているというメッセージだと理解してよいだろう。しばらく経過したところで，夢の中には，さらに忌むべき影のイメージが出現する。

218

*夢3：幼い頃の私に暴力を振るった乱暴な男が実にいやらしい感じで
妻のおしりやふとももを触っている。激昂して脳天逆落としの技をかけ，
あやまるまで下ろすか！と言いあいになる。*

　乱暴な男は，攻撃的な衝動を行動化する危険な存在であり，幼かった
当時の夢見手にとって恐怖の対象であった。その乱暴な男が，「実にい
やらしい感じ」で彼の妻を触っていることで彼は激昂する。影に対する
すさまじい怒りの夢である。格闘技の技をかける夢見手と影は，ここで
頭の位置こそ逆になっているが一体化しており，彼は影に対して屈服す
るように強く迫る。影を屈服させることは，影をコントロールすること
につながるのである。
　このような影との格闘を描く児童文学作品としてゲド戦記（『影との
戦い　ゲド戦記Ⅰ』）が挙げられる。ゲドは，魔法の修行中に，おごり
と妬みの心から死の影を呼び出し，その影に追われるようになるが，あ
る時，師の「向きなおれ」という言葉を得て，逆にその影を追うように
なる。世界の最果てで彼はついに影と対面する。「人間と影とは声ひと
つたてずに向かい合い，立ちつくした。一瞬ののち，太古の静寂を破っ
て，ゲドが大声で，はっきりと影の名を語った。時を同じくして，影も
また，唇も舌もないというのに，まったく同じ名を語った。『ゲド！』
ふたつの声はひとつだった。ゲドは杖をとりおとして，両手をさしのべ，
自分に向かってのびてきた己の影を，その黒い分身をしかと抱きしめた。
光と闇は出会い，溶け合って，ひとつになった。」（Le Guin 1968　清水
訳 2009）
　影との合体は，何をもたらすのだろうか？　ル・グインによれば，そ
れは「自分の死の影に自分の名を付し，己を全きものとしたのである。
すべてをひっくるめて，自分自身の本当の姿を知る者は自分以外のどん

な力にも利用されたり支配されたりすることはない。… 今後ゲドは，生を全うするためにのみ己の生を生き（る）」（上掲書）のだという。

　夢2，夢3を報告した男性は，心理療法を継続しながら療養期間を過ごし職場に復帰することになった。復職に向けて，平静な気持ちであり，少しもうれしさを感じないと静かに述べられたことが印象的であった。それでも最後の回に報告された夢は，彼が再び「闘いのフィールド」に戻る決意を伝えている。彼の影との格闘は，まだまだ現実の職場の抗争に投影され継続されていくようだが，この夢では積極的に「正面」から向き合おうとする姿勢が表明されていることが重要と思われた。

　夢4：午後12時から3時までスポーツをする。男が上半身裸になって体と体でぶつかるゲームである。3時に決着をつけねばならない。いよいよ最後の勝負の時が来た。我々は集合した。ラグビーのスクラムのように肩を組んで，全体と全体で押し合う。向こうはチームとチームの間に木の柵のようなものを置いてこちらの勢いを止めようとする。もう，我々の勢いを止めることはできない。我々の勝利は目前である。「おい，そんな木を出すのはやめて，正々堂々と体で勝負しよう」と呼びかける。いよいよ最後の闘いだ。我々には勝つ自信がある。

集合的な影について

　ユングは，内的探求の過程において，個人的無意識に潜在する影を統合する重要性を述べてきたが，影は個人的無意識のさらに深部に位置づけられた集合的無意識にその起源を持つのではないだろうか？　影が外的対象に投影され，外的対象を非難する現象は，個人的な水準と同様に，集合的な水準でも生じるのである。この点について，ユングの記述を確認してみよう。

「この集合的な影の像は個人的な影がヌミノースな集合的形姿のいわば後裔であることを証明しているのである。」（Jung 1934　林訳 1999）
「個人的な影は人格に必ず備わっている要素であるから，そこから集合的な影もたえず再生産されるわけである。この集合的な影はいつも神話的な像として現われるとは限らず，現代においては原初的な神話素がますます抑圧され無視されているために，それが他の社会集団や民族の似たような性質に投影されて現われるのである。」（上掲書）

　紛争や戦争の背景には，社会集団間の強い憎しみや，民族間の偏見が作用している。これらが，ついには特定の集団や民族への虐待，虐殺へとつながってきた歴史を振り返る時，集合的影の作用の強大さを認識させられる。さきほどの「いじめ」の例も，加害者が一人であることは少ない。何人かが結託して一人のターゲットを攻撃する時，作用する影は，個人的な影から集合的な影へと移行しており，そうなってしまうと，一人の力では抑止できない大きな力を有し，その破壊力も増大していく。

　第一次世界大戦後にドイツにおいてナチスドイツが台頭した当時，ユングはゲルマン民族の猟人神ヴォータンの復活を連想している。「底知れぬ性格を帯びた老ヴォータンは，先に挙げた三つの合理的な要素（経済的，政治的，心理的）を合わせた以上に，ナチズムというものをうまく説明している … この一般状況は，たとえば『憑依ないし熱狂』ということもできるだろう。」（Jung 1936　松代編訳 1979）

　台頭したナチスが第二次世界大戦時にユダヤ人虐殺を起こした事実に向き合うユングの内省に目を向けてみたい。「すべては人間がやったことである。そして，私もまた人間であり，人間の本性を分かち持つ者であるからには，それに共同責任があり，自分の本質において，いつでも似たようなことをする能力と傾向を，変わることなく，失うことなく持ちつづけているのである。たとえ法律的に見て，その場に居合わさず，

手を下さなかったとしても，人間であるという一事によって，われわれもまた潜在的に犯罪者なのだ。たまたまその地獄の渦巻に，ともにひきずりこまれる機会に，めぐり合わせなかっただけにすぎない，だれも人類の暗い集合的な影から逃れることはできない。」（Jung 1957　松代編訳 1979）

　このような破壊的な影の作用をくい止める方策はあるのだろうか？　分析心理学は示唆を与えてくれるのだろうか？　ユングは，個人が，自分自身の心に潜在する影の投影を引き戻し，影を抱える自分自身を認識し，そこから同胞愛ある人間関係に向かうことの重要性を述べている。「何が社会の紐帯をゆるめ，疎外するかといって，この道徳的な安逸と無責任に及ぶものはない。そして何が理解と接近を助けるかといって，おたがいの側の投影を引き上げるにまさることはない。」（上掲書），「影を洞察するならば，みずからの不完全さを認める賢さが生まれる。この意識的な認知と反省こそが，およそ人間的な関係を打ちたてようとするかぎり，なくてはならないものなのだ。」（上掲書）「この同胞への愛こそ，投影によってもたらされた理解の欠如のおかげで，もっともはなはだしく病んでいるのだ。そこで心理学的な見地から，人間関係の問題に取り組むことは，自由社会にとってきわめて重大なことと言わねばならない。この人間関係にこそ，その固有の団結とその強さがかかっているからである。愛が終るところに権力と，暴力とテロが始まるのだ。」（上掲書）21世紀を迎え国際情勢は大きく変化しているが，このユングの言葉の重みを今こそ感じたい。

学習課題

課題1　ル・グインの『影との戦い　ゲド戦記Ⅰ』を読み，ゲドにとっ

ての影とは何だったのかについて考察してみよう。

課題2　ユングは，ナチズムの背景にヴォータンの神のイメージをとら
えたが，それはたとえ文化が異っていようとも個人の心の中でどのよ
うに体験されるのかについて考察してみよう。

引用文献

Jung, C. G., 1917　無意識の心理　高橋義孝訳　1977　人文書院

Jung, C. G., 1921　心理学的類型論（タイプ論）　林道義訳　1987　みすず書房

Jung, C. G., 1928　自我と無意識　松代洋一・渡辺学訳　1995　第三文明社

Jung, C. G., 1934　集合的無意識の諸元型について　林道義訳　元型論　1999　紀伊
國屋書店

Jung, C. G., 1936　ヴォータン　松代洋一編訳『ユングの文明論』1996　平凡社

Jung, C. G., 1947　こころの本質についての理論的考察　林道義訳　元型論　1999
紀伊國屋書店

Jung. C. G., 1955〜1956　結合の神秘　池田紘一訳『結合の神秘Ⅰ』1995　人文書院

Jung, C. G., 1957　現在と未来　松代洋一編訳『ユングの文明論』1990　平凡社

Jung. C. G., 1959　アイオーン　野田倬訳　1990　人文書院

河合隼雄　1976　影の現象学　思索社

Le Guin, U. K., 1968　影との戦い　ゲド戦記Ⅰ　清水真砂子訳　岩波書店　岩波少年
文庫　1976/2009

13 | 心の中の異性像 アニマ/アニムスがもたらす心の発達過程

吉川眞理

　心は本来全体的であるとすれば，ペルソナが男性-女性軸のうちの一方にかたよって形成された場合，生きられていない心の側面は，心の内なる異性像，アニマあるいはアニムスと呼ばれ，外的な人物に投影されることが多い。この心の内なるアニマ/アニムスの存在や，これを投影された外的な人物との出会いや関係性は，心の発達のプロセスにどのようにつながっていくのだろうか？

《キーワード》　アニマ，アニムス，男性-女性軸，異性像，個性化

1. アニマ/アニムスとは？

　アニマ/アニムスは，ユング心理学の心的構造論において中心的な役割を担う動的な概念である。まず，『心理学的類型論（タイプ論)』（Jung 1921）の巻末の定義の章において「ちょうど外的人格という言い方ができるのと同じように，内的人格の存在も仮定することができる。内的人格とはある人が内的な心的過程に対してとる様式や方法であり，内的な構え，つまり彼が無意識に対して向けている性格である。私は外的な構え，すなわち外的性格をペルソナと名づけ，内的な構えをアニマ（/アニムス)，すなわちこころ（Seele）と名づける。〔（ ）内筆者〕」（Jung 1921　林訳 1987）と定義されている。それは，まったく未知の人物としてあらわれることもあれば，神話上の人物としてあらわれることもあり，男性の場合は女性的人物像，女性の場合には男性的人物像

としてあらわれることが多いのだという。より構造的な説明としては，1930年〜1934年に，一人の芸術的才能に恵まれた女性のヴィジョンについて討論をおこなったヴィジョン・セミナーにおいて，ユングは「アニムス（/アニマ）の自然な機能とは，個人の意識と集合的無意識との間の場所にとどまっていることです。ペルソナが，自我意識と外界の諸対象との間にある一種の層であるのとまったく同じです。アニムス（/アニマ）は，集合的無意識の諸々のイメージに通じる橋または扉として機能すべきです。〔（ ）内筆者〕」（Jung 1930-1934 氏原・老松他訳 2011）と語っている。

　経験的にこのアニマ/アニムスをとらえるために，まず心の内面に目を向け，語りかけてくる内なる人物像を思い浮かべてみよう。どんな人

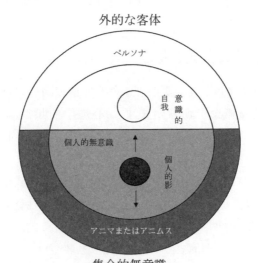

図13-1　ペルソナとアニマ/アニムスの図式
ユングのヴィジョンセミナー，1933年第二講ノートより一部改変（Jung 1930-34）

物像が思い浮かぶだろうか？　明治生まれの詩人，室生犀星の「愛の詩集」より『永遠にやってこない女性』という詩の第一節を引用してみよう。

　　秋らしい風の吹く日
　　柿の木のかげのする庭にむかひ
　　水のやうに澄んだそらを眺め
　　わたしは机にむかふ
　　そして時時たのしく庭を眺め
　　しほれたあさがほを眺め
　　立派な芙蓉の花を讃めたたへ
　　しづかに君を待つ気がする
　　うつくしい微笑をたたへて
　　鳩のやうな君を待つのだ

　この「うつくしい微笑みをたたえた」女性像は，犀星の詩神ミューズであり，アニマの現れの一つであろう。秋の庭を眺めながら詩作にふける犀星のもとを訪れる「鳩のような君」は，しかし，永遠にやって来ない女性なのである。
　これに対して，女性にとってのアニムスを表現した詩をとりあげたい。アメリカのマサチューセッツ州の自宅でひっそりと55年の生涯を送ったエミリー・ディキンソンの遺した 'The Master' という詩を訳したものである。

　「師」
　師の指があなたの心をまさぐる

これから音楽を奏でようとする
鍵盤の前のピアニストのように
少しずつ，師があなたを麻痺させていく
その脆い肉体が
永遠をもたらす一撃に耐えられるように
微かなハンマーの音が，遠くに聞こえ
やがて近づき，そしてゆっくりになる。
あなたの息が整い
脳が冷たく泡立つ
そのとき荘厳な稲妻が貫き
頭頂から素のままの魂がその姿を現す

　アニマ/アニムスの訪れは，心の新たな次元を切り拓く。ここで切り拓かれる次元は，日常の世界とは全く異なる次元なのである。

2. 外的対象に投影されるアニマ/アニムス

　男性の詩人には女性的なアニマが訪れ，女性詩人の「師」（The Master）は，男性的なアニムスを連想させる。このような心の内なる異性像は，しばしば外的世界で出会う異性に投影される。ユングが「息子にとって投影を形作る動因の最初の担い手が母親であるらしいのと同じように，娘にとっては父親がそうであるらしい」（Jung 1951　野田訳 1990）と述べているように，その投影の最初の対象は，息子にとっては母親，娘にとっては父親であることが多い。

　このアニマ/アニムスの投影が異性の親にずっととどまっている状況は，母親コンプレックス，父親コンプレックスと呼ばれ，心の自然な発達を停滞させる危機と見なされる傾向がある。ユングによれば「母親コ

ンプレックスが生まれるのは，まず最初に，『男性的-女性的』という対立するもののペアの元型のうち，前存在的・女性的な部分に母親が同化されるというそれ自体は正常でどこにでもあることが起こり，その次にその原像が母親から分離することが異常に引き延ばされることによるのである。」（Jung 1936　林訳 1999）　心の自然な発達の過程において，母親に投影されたアニマ，父親に投影されたアニムスは，やがて外在する人物に投影されるようになる。

　それは，外的世界において，あこがれの対象を発見することである。「こころの像が投影されると，客体との無条件な激情的な結びつきが生じる」（Jung 1921　林訳 1987）と述べられるように，アニマ/アニムスは，恋の対象に投影されるようになる。私たちが恋に身を焦がす時，そこには心の内なる異性像の投影が必ず生じていると言えるだろう。ユングは，この投影を心の自然の現象としてとらえ，「アニムスもアニマも，異性に対する関係を通じてしかそれと認められない。アニムス/アニマの投影は，異性との関係においてしか力を発揮しないからである」（Jung 1951　野田訳 1990）と述べている。こうしてアニマ/アニムスの投影が人物に向けられると，そこには理性を越えた情動の嵐が巻き起こる。それは社会制度としての結婚へのモチベーションとなることもあるが，時には，その存続を危うくすることもあり得るのである。

　ユングは，このアニマ/アニムスの投影の否定的側面についても指摘している。「こころの像が投影されると，その客体の振る舞いがこころの像と一致している間は，内的過程との関わりがなくなってしまう。こうなると主体はペルソナを生き，それをさらに発達させるという状態に陥ってしまう。もちろん客体がいつまでも心の像の要求に応じ続けることはほとんど不可能だが …」（上掲書）と，恋愛により内的な成長の過程から疎外される危惧があること，そして恋愛関係は決して長続きす

るものではないことについて言及しているのである。現実に多くの恋愛を生きる人は，自分自身の無意識の世界とつながることがないままに人生を送ることになり，一方，詩を紹介したエミリー・ディキンソンは，恋愛を現実世界において成就することはできなかったが，無意識の世界と豊かな交流をもち，そのイメージを詩の形に結晶させ表現することができたのである。

　そもそも，このようなアニマ/アニムス像は，私たちにとってどのような影響をもたらすのだろうか？　すなわち，人はなぜ，激しい恋愛的な感情にとらえられるのか，あるいは，心の内なる異性像へ深い想いを抱くのだろうか？　その目的は何かという問いが発生する。ユングは，この問題と真剣に取り組んだ最初の心理学者であった。

3. ジェンダーとアニマ/アニムス

　アニマ/アニムスとジェンダーとの関わりについて，ユングは『心理学的類型論（タイプ論）』巻末のこころ・魂（Seele ゼーレ）の定義において「こころ・魂は外的性格（ペルソナ）と完全に補完し合う関係にあるという一般法則が成り立つ〔（　）内筆者〕」として，そのため「非常に女らしい（ペルソナの）女性は，男性的なこころ・魂を持ち，非常に男らしい（ペルソナの）男性は女性的なこころ・魂を持つ。〔（　）内筆者〕」（Jung 1921　林訳 1987　一部改変）と述べている。ユングの心的構造論において，アニマ/アニムスは，こころ・魂のイメージであることが明示され，それは，ペルソナと対照的なジェンダーを有しているとされ，後期の著作においては元型として位置付けられるようになった。こうして，ユングによれば，ジェンダーは，その社会への適応をめざす性格形成（ペルソナの形成），および内的世界，魂との関わりにおける重要な要素，原動力として，大きな役割を演じると考えられていた

のである。

　ユングの心的構造論とその心の発達理論において，その起点はペルソナの形成であった。それは社会への適応を意味しており，そのため，当時の社会において共有されているジェンダー観の影響を被ることになる。当然，ユングの著作におけるアニマ/アニムスに関する記述においても，20世紀のジェンダー・ステレオタイプが織り込まれているのである。たとえば，ユングの記述において，アニマに「霊感」「感情的」「感傷」「頼りなさ」「愚かさ」「いじらしい子どもっぽさ」といった形容詞，アニムスに「知的」「論理的」「批判的」「常識」「意見」といった形容詞が関連づけられていることは，当時，それぞれ女性ジェンダー，男性ジェンダーに期待されている特徴との関連が前提となっており，その背景には，当時の女性，男性たちに対して，そのようなペルソナを形成する社会的期待が存在していたことを示している。

　たとえば，ユングはある哲学を専攻する女学生の言動について「そのような知性はいつも他人の誤りを指摘しようとする。それは（中略）なにかにつけて批判的であり，そのくせ客観的だと見られたがる。これは通例，男たちの機嫌をそこねずにはいない。わけても批判が人の弱点を突く場合がそうで，また実際，有益な議論のためにはむしろ触れずにおく方がよいような弱点をよく突くのである。」（Jung 1928　松代・渡辺訳 1995）と批判的に描写している。そこには，20世紀を生きた一男性としてユングが抱いていた当時のジェンダー観が反映されている。それは，ユング個人の偏見というよりも，当時の社会で共有されていたジェンダー観の影響と考えられるだろう。このようなユングのジェンダー観について，第二世代[i]のユング派分析家マレイ・スタイン（Stein, M.）も「実際のところ，ユングが記述しているアニマとアニムスの現われは伝統的な男性や女性が具現化する，周知の文化的イメージに非常によく

---

i　第二世代：ユングに直接分析を受けた世代を第一世代，その第一世代に分析を受けた世代が第二世代と呼ばれる。日本で最初のユング派分析家である河合隼雄も，第二世代の分析家の一人である。

似た姿をとることが多い」（Stein 1998　入江訳 2019）と，ユングのア
ニマ，アニムス像が，文化的なジェンダー・ステレオタイプの代弁者に
なっていることを危惧している。そこでスタインは，このようなジェン
ダーと無関係なアニマ，アニムスの構造的理解を提案している。そこで
はアニマ，アニムスを一括して「アニマ/アニムス」と総称し，「（それ
は）男性にも女性にも共通の心的構造を指している。（中略）それは，
（1）ペルソナを補足し，（2）自我を心の最も深い層，つまり自己のイ
メージおよび経験につなぐところの心的構造である〔（ ）内筆者〕」
（Stein 1998　入江訳 2019）と再定義されている。つまり，ペルソナ
が社会に女性と認知されているジェンダーを帯びている場合は，その人
のこころのイメージである内的異性像はアニムスとなり，ペルソナが社
会に男性と認知されているジェンダーを帯びていれば，その内的異性像
は，アニマとなるのである。トランスジェンダーを含めた観点から，生
物学的性別にかかわりなく，社会の認知する女性ジェンダーのペルソナ
を生きる人にとっては，内的異性像はアニムスになり，社会の認知する
男性ジェンダーのペルソナを生きる人の内的異性像はアニマになる。ユ
ングはペルソナを，社会で共有されている集合的心の一断片として位置
付けてきたが，今後は，その主体の生物学的性別とは無関係に，その人
のペルソナに付与されたジェンダーによって女性的ペルソナ，男性的ペ
ルソナと形容すべきであろう。

　ところで，ユングの時代においては，同性愛が病理と見なされる風潮
があったが，ユング自身は，アニマ/アニムス論を展開する中で，「（男
性の）同性愛は通例アニマとの同一性を特徴としている。この〔同性愛
の〕現象は頻繁に認められるので，これを病的倒錯であるとする見解は
大いに疑問である。心理学的に見れば，これはむしろ，男性または女性
の役割に一面的に同一化することに対して明白な抵抗を余儀なくされて

いるために，両性具有の元型からの分離が不十分であることを意味しているのである。そうした傾向は必ずしも否定的なものと判定することはできない。というのは，男性または女性へと一面化してしまった人間が相当程度に失ってしまっている原人（Original Man）の元型[ii]を，彼らは保持しているからである」（Jung 1936/1954　林訳 1999）と先駆的な考えを示していた。彼らは，そのペルソナ形成において，社会が共有する男性ジェンダーに迎合しない。現代では性転換の医療技術の発展により，生物学的性とは異なるジェンダーのペルソナが選択されやすくなったこともあり，ペルソナのジェンダーの選択において多様性が認められる時代を迎えている。

4. 心の発達とアニマ/アニムス体験

　社会に共有されるジェンダー観は，男-女の二極を有する軸を前提として成立している。それゆえに，このような集合的な心の一部としてのペルソナには，この男-女軸が深く関わることも当然である。ユング心理学においては，集合的な意識やペルソナから独立して，本来の自分らしい人生を生きる個性化が目標とされている以上，この個性化のプロセスも，この男-女の軸と深く関わる心の営みとなるのである。

　アニマ/アニムスに関する理論は，ユングの個性化へのプロセスにおいて大きな動因となり，心の発達理論において重要な役割を果たしている。その出発点は発達初期の両親との関係であり，やがてその関係が，青年期のパートナーの選択につながり，さらに自分自身の心の内面の探求へとつながっていくのである。

　ここで，ユングの心の発達観を概観してみよう。

　ユングは，初期には息子の母親コンプレックスを病理としてとらえていた。しかしアニマ/アニムスの考察を深める中で，母親コンプレック

---

ii　訳書では「類型」と訳されているが，原書では Archetype と表記されているため「元型」と変更した。

スの背景に，母親元型とともにアニマ元型が作用していることに気づくようになった。母親は，息子が初めて出会う最初の女性的存在であり，アニマ元型と明確な区分をすることは難しいという。この母親コンプレックスは当初，心理的未熟さや心理的苦悩と関連づけて論じられていたが，後に，この母親元型やアニマ元型との関わりの肯定的な作用にも言及されるようになった。それは，男性におけるエロスの分化発達である。「息子の場合には，同性愛と並行して，あるいはそれに代わって，エロスの分化発達が生じる」（Jung 1938/1954　林訳 1999）と明言され，それに伴って，男性の場合，良い趣味や審美眼，よりよい教育者としての素質，友情に対する感覚，豊かな宗教的感情，精神的感受性が発達するのだという。これらを基盤として，高い目標を目指す名誉心や，愚劣や頑迷・不正・怠惰に対する闘争，正しいと思うことに対する献身，忍耐力と不屈の粘り強い意志，好奇心，革命的な精神をもたらすと言及されている。これらは，母親コンプレックスの肯定的側面であると同時に，アニマ元型が自我に統合された成果であると理解できるだろう。

　一方，ユングは，娘の父親コンプレックス，あるいはアニムスの作用に関しては「女性の場合にはいきいきとした精神的発揚と関心を，産み出すこともまれではない」（Jung 1945　林訳 1999）と述べている。このように，ユングは，アニマ/アニムス体験により，アニマ/アニムスを自我に統合し，この作用を主体的に活用できるようになることで，人格の成長が可能になると考えていた。

　心理療法，心理分析においては，この投影が異性の治療者に向けられる転移が生じることが多い。ユングによれば，この転移は必ずしも起こる必要はないが，それでも実際には，しばしば起こりうる状況である。その場合，ユングは，アニマ/アニムスが，本来転移を生じた人の心の中に存在していることを認識し，その投影を主体に引き戻す作業が重要

であると考えていた。ユングは，「投影がなくなるのは，それが意識化される瞬間，すなわちその内容が主体に属するものと見られるときである」（Jung 1936　林訳 1999）と述べている。このようなユングの考えについて，マレイ・スタインは，「投影は自我ではなく無意識によって創造されるとユングは常に主張していた。私たちは自分の投影に責任はない。しかし，それらに気づき，それを引き戻す，あるいは分析する責任はある」（Stein 1998　入江 2019）と明確に述べている。また，その方法について，「対話的過程の中でアニマ/アニムスと関わること」（上掲書）を提案している。それは「二人の人が，なんらかの問題について，どちらも葛藤から逃げることもなく，真剣に対話ないし交渉に関わる（中略）二人が正面から向き合い，それを考え抜くとき，最初は漠然とした全体にすぎなかったものが，しだいに分節され，分化されてくる。線が引かれ，区別がなされ，最後には明確なものが得られる，激しい情動的対決として始まったものが，二人のまったく異なる人格の間の意識的な関係に変わる」（上掲書）プロセスであるという。こうして，転移の解消にともなって，人は自分自身に内在する可能性について新たな認識が得られると考えてよいだろう。

　このようなアニマ/アニムスの投影の引き戻しの事例として，先述の哲学を専攻する女学生の事例を検討してみよう。ユングは，彼女の分析過程やそこで出現した父親的なアニムスの夢を報告している。（Jung 1928　松代・渡辺訳 1995）ユングは，この女学生は，すでに亡くなっている父親と情緒的な絆で結ばれており，知性機能を発達させ，哲学を学んでいたが，感情や本能とうまくつながることはできず自律神経症状が現れたと見立てていた。そしてユングとの分析的治療の過程において，父親兼恋人のイメージをユングに投影し，強い転移が生じて治療が停滞してしまったのである。

　フロイトの精神分析においては，精神分析における転移は幼児期の両親に向けられた感情が治療者に向けられる現象として理解される。しかしユング心理学では，治療場面における転移現象は，アニマ/アニムスの投影として理解されるのである。

　ユングは強固な転移について話し合いながら彼女の夢を観察することにした。「父親は彼女といっしょに，小麦畑におおわれた丘の上に立っていた。彼女は父親に比べて小さく，父親の方は巨人のようであった。父親は彼女を地面からもちあげると，小さな子供のように腕に抱いた。風が小麦畑の上をわたってゆき，麦の穂が風の中でゆれるように，父親は彼女を腕の中でゆり動かした。」（上掲書）　この夢では，その「父親」の超人的な「神的な」性質が強調されていた。夢は，治療者の姿を，巨人のような蒼古的父親として表現していた。それは風のようで，夢見手は乳飲み子の安らぎを体験するのである。ユングは，この神の像が，自然の中のデーモン，キリスト教以前の神ヴォータンの太古的なイメージであると理解した。ユングは，この夢からこの女学生が治療者への転移を通して，この太古的な神のイメージに遭遇したと考えた。ユングは，彼女に対して「私は絶対に神ではありませんが，あなたの無意識は神を必要としています。それもかなり深刻に，本当に必要としているのです。これまでその必要が満たされたことはありませんでした。あなたは私と同様に知性を持った愚か者ですが，そのことを分かっていないのです」（Jung, C.G. 1939　葛西訳 1979）と伝えたところ，彼女の症状も転移も自然に消失したことを報告している。この女性の場合，アニムスは，女性の心の深い部分への感受性を開発する機能を果たしたといってよいだろう。分析のプロセスを経て，分析家に投影されていたアニムスを自らに引き受ける時，女性には，どのような変化が起こるのだろうか？ユングの記述は次のとおりである。「アニマが統合によって意識のエロ

スになるように，アニムスはロゴスとなる。アニマがそれによって男性の意識に人と人との関係や折り合いを与えるように，アニムスは女性の意識に思考性，熟慮，認識を付与する。」(上掲書)

　女性達がアニマの投影の担い手として生きるのか，自らのアニムスを投影から引き戻し，自分自身で生きようとするのか？　また，男性達がアニムスの投影の担い手として生きるのか，自らのアニマを投影から引き戻し，自分自身で生きようとするのか，いずれも人生における重要な選択であり，この選択が自分自身の選択としてなされることが重要であろう。

　アニマ/アニムスを自我に統合していく心理的作業については，「影との対決が職人試験であるとすれば，アニマとの対決は親方試験である」(Jung 1934　林訳 1999) と述べられているように，それはかなり難しいものであり，万人に期待されるものではないのかもしれない。むしろ多数の人は，アニマ/アニムスを外的対象に投影し，他者との関係性の中でアニマ/アニムスを生きる道を選択するように思われる。もちろん，これは二者択一ではなく，アニマ/アニムスのある部分を自我に統合し，ある部分を他者に投影するというように同時に起こることもあるだろう。自我に統合するにしても，外的対象に統合するにしても，私たちがアニマ/アニムスに魅惑され，これと関わる情緒的なプロセスそのものは，心において，重要な体験である。最後に，これらを，生き生きと伝えてくれる昔話を紹介しておきたい。

5. アニマ/アニムスが登場する昔話

　アニマとの関係性を描く物語として，グリム童話57「黄金の鳥」において，三番目の王子は月の明かりに垣間見えた美しい黄金の鳥の姿に惹かれて冒険の旅に自ら志願する。狐の導きにより彼の目標は，黄金の鳥，

黄金の馬，金のお城の王女と移行していくが，そのどれもが彼のアニマ像のヴァリエーションと言えるだろう。黄金の鳥に黄金の籠，黄金の馬に黄金の鞍を与えようとし，王女には，両親にいとまを告げることを許可する王子の優しさにより，獲得は失敗し，課題はどんどん難しくなる。最後に山を取り除くために7日間土をすくい続けた王子は，自分のやり遂げたことの小ささに絶望する。その絶望の底でも，さらには突き落とされた井戸の底でも，狐は決して彼を見捨てず助けを与え，王子は王女と再会し，アニマの統合を果たす。

　アニムスとの関係性を描く物語として，グリム童話82「鳴いて跳ねるひばり」は，アニムスの統合の困難さを描いている。ライオンと結婚する女性のモティーフに，「美女と野獣」を思い浮かべる人も多いかもしれない。アニムスは昼間恐ろしいライオンの姿をとる。それは意識から遠い，恐怖をもたらす存在である。光にあたることで，夫が姿をくらますモティーフは，アモールとプシケーの物語に通じる。この童話では，白い鳩に姿を変える。白い鳩は，聖霊の象徴とされることもあり，それは天空に帰属している。娘は消えた夫を探し求めて長い道のりを歩きつづけ，太陽や月や風の助けを得る。そこには，アニムスを追い求める過程で宇宙的な要素と関わることが示唆されている。竜の姿に変えられていた王女は，本能に近い存在であり魅惑するアニマを思わせる。ここで娘は，夫と二人きりになるために，与えられた贈り物をすべて他者に譲り，姿を消した夫を追い求めてきた経過を語ることで魔法を解くのである。

　ここで紹介した「黄金の鳥」と「鳴いて跳ねるひばり」は，アニマの統合，アニムスの統合がどのような体験なのか，多くの示唆を含む多義的な昔話のうちの二つである。それらはいずれも大変な困難をくぐりぬけた末に幸せな結末を迎えているが，その幸せとは字義通りの「結婚」

ではなく，分析心理学的には，心の中の異性的な側面の統合として理解
される。二つの童話とも，前半でアニマ/アニムスと出会い，結婚が実
現する。それらはアニマ/アニムスを投影した人物との関係性として実
現されている。二つの童話では，いずれもアニマ/アニムスが去ってし
まい，主人公は置き去りされてしまう。それは他者への投影が消失して
しまう状況を示唆している。アニマ/アニムスとの真の結合を得るため
に，主人公はそれぞれ，狐という本能に近い動物や，太陽・月・風と
いった自然との交流から智恵を得る。さまざまな試練をのりこえながら
もアニマ/アニムスを再び追い求めていく困難な過程とは，内的なアニ
マ/アニムスの統合を目指す道のりであり，多くの人にとって人生後半
の内的な課題につながっていく。この課題については，次章でとりあげ
たい。

アニマとの関係性を描くグリム童話57：「黄金の鳥」
《あらすじ》

　昔，ある王様がいて，宮殿の裏に，黄金の林檎が実る木がある美
しい庭を持っていた。ある朝，その実が１個なくなったため，王さ
まは三人の息子に木の下で見張りをするように命じた。長男は真夜
中になると眠ってしまい，次の朝にはまたその実が１個なくなって
いた。翌日，次男が見張りに立ったが，やはり12時には眠ってしま
い，朝には林檎が一個なくなった。最後には三男が見張りに立つこ
とになった。王様は期待していなかったが，本人は張り切って見張
りをし，眠らずに見張りをつづけた。三男は夜中の12時に翼の音を
聞き，月の明かりの中で金色に輝く鳥の姿を目にして，矢を射た。
矢は翼にあたって黄金の羽根が一枚落ちてきた。三男はその羽根を
もって父である王に見たものを報告した。

　王は息子たちに鳥を手に入れるよう命を下し，まず長男が出かけ
ることになった。長男は森のはずれで狐を見つけて銃で撃とうとし
た。狐は命乞いをして，かわりに助言すると言い，村の二軒の宿屋
のうち，賑やかな宿には入らず，その向かいの宿に入るようにと，
告げた。動物の助言など信じるものかと兄は引き金を引いたが，弾
はそれて狐は森の中に逃げ込んでいった。兄は狐の助言に取り合わ
ず賑やかな宿に入って，そこで享楽にふけって毎日を過ごすように
なった。まもなく次男も出かけたが，兄と同じように狐に出会い，
助言されたにも関わらず，兄に誘われて賑やかな宿に入り浸ってし
まう。

　いよいよ三男の番となった。王様は「あの子はあまり賢くないか
ら無理だ」と考えていたが本人があまりにせがむので，送り出すこ
とにした。

　三男は狐に出会うが「傷つけはしないよ」と語りかけ，狐のしっ
ぽに乗せてもらい，その助言通り小さな宿屋に入り静かに過ごした。
翌朝，狐は黄金の鳥の居場所と兵隊たちのやり過ごし方を助言し
「近くに空っぽの黄金のかごがありますが，鳥を粗末なかごから出
してりっぱなかごに入れないように」と注意した。しかし，三男は
「美しい鳥を粗末なかごに入れておくのはばかげている」と考え，
鳥を黄金のかごに入れた。そのとたんに鳥がけたたましい泣き声を
あげ，兵隊たちが目覚め，三男はつかまってしまう。次の朝，王様
は三男に，死刑を言い渡したが，もし風より速く走る黄金の馬をつ
れてくれば，命を救ってやってもよい，その場合は褒美として黄金
の鳥をうけとるがよいと付け加えた。

　三男は解放されたものの，どうしたものか途方にくれていたが，
そこにまた狐が座っていた。狐は，再度，黄金の馬の居場所と馬丁

達をやり過ごす方法を助言し「馬には必ず木と皮の粗末な鞍をつける
ように。黄金の鞍ではありません。」と注意した。すべてが狐の
言った通りにすすんだが，三男は「美しい動物には当然，黄金の鞍
をつけなければ，馬も恥ずかしいだろう」と黄金の鞍をつけようと
したところ，馬が大声でいなないたために馬丁が目覚め，三男はま
たもつかまってしまった。

　次の朝，三男は死刑を言い渡されたが，王様は，もし金のお城か
ら美しい王女を連れ戻すことができたら，命を助けて，黄金の馬を
くれると約束した。

　三男は解放されたものの途方に暮れるしかなかった。しかしまた
も狐が現れて「可哀そうだから，もう一度困難を抜けるお手伝いを
しましょう」と金のお城への道順や王女へのアプローチ方法を助言
し，「ただ，先に両親に別れを告げさせてはだめですよ。」と注意し
た。三男は，狐の尻尾に乗って金のお城に到着し，王女の心をつか
んだが，先に両親に別れをいうのを許してほしいと，足元に泣き崩
れた王女に負けてしまい，王女を父親のもとに行かせたところ，若
者はつかまってしまう。次の朝，王様は，「お前の命はないものと
思え。ただし，私の窓の前にたっていて，向こうをみる邪魔をして
いる山を 8 日以内に取り去れば，ほうびとして娘をやろう」と三男
に言い渡した。

　三男は休まずにシャベルで山の土を掘り，すくい続けたが，7 日
経ったとき自分がやったのがどれだけ少ないか，何もやっていない
のと同じだとわかり，絶望してしまう。しかし 7 日目の夜，狐が現
れ，「あなたは面倒見てあげても甲斐がない人ですね。だけど，ま
あ，行って寝なさい。私が代わりに仕事をやっておきますから」と
言った。次の朝，三男が目覚め窓から外を見ると，山は消えていた。

王様は約束を守らなければならず，娘を与えることにした。

　それで二人は一緒に出発した。まもなく狐が二人に追いついてきた。「一番いいものを確かに手に入れましたね。だけど黄金の馬も金のお城の乙女に似合いますね」と狐が言い，黄金の馬の手に入れ方，黄金の鳥の手に入れ方を助言した。こんどは，すべてうまくいって，三男は黄金の馬と黄金の鳥と金のお城の王女を伴って父親の宮殿に向かうことになった。そこで狐が，手伝いのご褒美として「私を撃ち殺し頭と足を切り落としてください」と言った。「そんなことはできそうもないよ」と王様の息子は言った。狐は「そうしてくれないなら，お別れしなくてはなりません。だけど，いなくなる前に助言をしましょう。二つのことを注意して。首つり台の肉を買うな。井戸のふちに腰掛けるな。」　そうして狐は森へ走り去った。三男は，美しい乙女と一緒に馬に乗って進む途中で，二人の兄が残っていた村へ到着した。村は大騒ぎで「何事が起こったのか？」と尋ねると，二人の男が縛り首にあうところだと言われた。その場所へ近づくと，それは兄たちだとわかった。彼らは，さまざまな悪さをし，財産を全部使い果たしていた。王子は二人の借金を払い，二人の自由を買い取った。二人の兄は釈放され，みんなでそろって父親の宮殿に向かった。

　狐に最初に会った森に着いた。森の中では涼しくて気持ちいいので，二人の兄は「井戸のそばで少し休んで，飲んで食べよう」と言った。そして話をしているうちに，三番目の王子は何も考えずに井戸のふちに座った。二人の兄は王子を後ろに押して井戸へ放り込み，乙女と馬と鳥を奪い，父親の元へ戻った。「私たちはここに黄金の鳥だけでなく，黄金の馬も手に入れました。それから金のお城の乙女も」と二人は報告し，王女は本当のことを話すと殺すと脅さ

れた。宮殿のみんな大喜びしたが，馬は食べようとしないし，鳥は歌おうとせず，王女は座って泣いているばかりだった。

　しかし，末の弟は死んでいなかった。幸運にも井戸は乾いていて，怪我をしないで柔らかい苔の上に落ちたが，井戸の外へは出られなかった。この困難においても忠実な狐は王子を放っておかず，やって来て，跳びおりると，忠告を忘れたことを非難した。「だけどあきらめられない。もう一度日のあたるところへ出してあげましょう」と言って，尻尾をつかみしっかり握っているように告げると，三男を引っ張り上げた。「あなたはまだ危険です。森は見張りで囲まれています。だから見つかれば殺されます」と狐は言った。そこで道に座っていた貧しい男と若者は服を取り替え，王様の宮殿へ到着した。

　だれも三男がわからなかったが，鳥は歌い始め，馬は食べ始め，美しい乙女は泣きやんだ。王様は驚き，「これはどうしたことだ？」と尋ねた。すると，乙女は「わかりません。だけどずっと哀しかったのが，今はとても嬉しいのです。まるで本当の花婿が来たように感じます」と言い，もし秘密をもらすことがあれば殺すと二人の兄たちに脅されていたのだけれども，起こったことをすべて王様に話した。王様は，城にいる全員を自分の前に連れてくるようにと命令し，その中にぼろを着た三男も混じっており，乙女はすぐ彼であることに気づき，首に抱きついた。悪い兄たちは捕まえられ，殺された。三番目の王子は美しい王女と結婚し王位の跡継ぎを宣言した。

　ずっとあとになって，王様の息子がもう一度森を歩いていると狐が出てきて，「今のあなたには望んだものが全部あります。でもわたしの惨めさに終わりはありません。しかも私を救うことは，あなたにできることなのです」と言って，また自分を撃ち殺して頭と足

242

を切り落とすようにと涙ながらに頼んだ。それで三番めの王子はそのとおりにした。すると途端に、狐は人間に変わり、それは他ならぬ美しい王女の兄だった。かけられていた魔法からとうとう自由になったのだ。それで、王子たちは生きている間ずっと望み通り幸せに暮らした。

アニムスとの関係性を描くグリム童話82：「鳴いて跳ねるひばり」
《あらすじ》

昔、長い旅にでかける父親が、三人の娘たちに、お土産は何がいい？ と尋ねると、一番上の娘は真珠、二番目の娘はダイヤモンドを欲しがったが、三番目の娘は、鳴いて跳ねるひばりを望んだ。父親はその帰途に森の木の上に、鳴いて舞い跳ねるひばりを見つけて、とらえようとするが、ライオンが木の下から跳び出して「ひばりを盗もうとするやつは食ってしまうぞ」と叫んだ。父親が命乞いをすると家に帰った時に最初に出会うものをライオンに与える約束で、ひばりを持って帰ってよいことになった。

父親が家に着くと、最初に出迎えたのは他ならぬ末娘だった。父親は泣き出して、小鳥と引き換えに娘をどう猛なライオンにあげる約束をしたことを伝え、娘に行かないように頼んだが、娘は約束を果たさなければならないと話し、森に入っていった。娘はそこで、ライオンが魔法にかけられた王子で、昼のあいだはライオンで夜には元の人間の姿にもどっていることを知り、二人の結婚式があげられた。二人は一緒に、夜に起きていて、昼の間は眠って幸せに暮らした。

ライオンのすすめで一番上の姉の結婚式に出席するために帰宅し

た娘は，どんなにハンサムな夫を持ち，どれだけ豊かに暮らしているかをみんなに話し，結婚式の後，また森へ戻った。二番目の姉が結婚する祝いに，娘は，ライオンの夫も一緒に出席することを望んだ。ライオンは燃えているろうそくの光にあたると7年間鳩に変えられてしまうことを理由に断ったが，娘はお祝いにろうそくの光が灯される時，光のささない部屋に閉じこもれば大丈夫と考え，夫と共に祝いに参加した。しかし，その部屋の戸が生木でできていたために，小さな割れ目が生じて，ライオンにろうそくの光があたってしまい，ライオンは白い鳩に変身し，「7年間僕は世界を飛びまわっていなければならない。だけどお前が歩く7歩ごとに僕は赤い血を一滴と白い羽根を一枚落としておく。お前がそのあとをたどってくれば僕の魔法を解くことができるよ」と告げて，飛び去ってしまった。

　娘は赤い血と白い羽根をたどって，広い世の中にだんだん深く入っていき，脇目もふらず歩き続けた。しかし7年経つと，鳩の姿は消えてしまった。途方に暮れた娘はお日さまのところにのぼっていき，鳩の行方を尋ねた。するとお日さまは「何も見なかったが，困ったときに開けなさい」と宝石箱をくれた。夕方になり，お月さまに尋ねると，「鳩は見ませんでしたが，困ったときに割るんですよ」と卵をくれた。次に夜風に尋ねたところ，仲間の南風が「私は白い鳩を見ましたよ。紅海に飛んで行きましたが，そこでまたライオンになりました。7年が終わりましたからね。ライオンはそこで竜と戦っていますが，その竜は魔法にかけられた王女ですよ」と教えてくれた。

　夜風の助言通りに，娘は，海辺の葦を数えて11番目を切りとり，それで竜を打った。するとライオンが竜に勝ち，途端に両方とも人

間の姿に戻った。しかし，竜だった王女は魔法から解かれると，若者の腕をとり，グライフ鳥に乗って王女の父の城に連れ去ってしまった。可哀そうな娘は，またもや置き去りにされてしまった。娘は座りこみ泣いていたが，やがて気を取り直し，「それでも私は，風が吹く限りどこまでも，雄鶏が時を作るかぎりいつまでも，あの人を見つけるまで行こう」と長い，長い道のりを歩いて，とうとう二人が一緒に住んでいるお城に到着した。

　まもなく祝宴が開かれ，二人が結婚式をあげるという噂を聞いた。そこで娘は，お日さまの宝石箱のお日さまのようにまばゆいドレスと交換で，花婿が眠る部屋で一晩眠ることを求めた。花嫁は，お付きの者に命じて王子に眠り薬を飲ませ，娘は王子が眠ってから部屋に案内された。娘がこれまでのことを語りかけても，王子はぐっすり眠って目を覚ますことはなかった。娘は，こんどは，お月さまにもらった卵のめんどりとひよこと交換にもう一晩花婿の眠る部屋で過ごすことを求めた。その夜，王子はお付きの者から眠り薬について聞き出してこれを飲むことはなかった。夜に，部屋に案内された娘が，これまでのことを語り始めると，王子はその声ですぐに愛する妻だとわかり，今度こそ本当に魔法から解き放たれた。二人はグライフ鳥に乗り，グライフ鳥は紅海を渡って二人を運び，夜風のくれたくるみの実から生えたくるみの木で休んで，二人を家に送り届けた。家に残っていた子どもたちは，もう背が高く美しく成長していて，それからみんなは死ぬまで幸せに暮らした。

課題1　自分自身が心惹かれる人物，憧れる人物像を思い浮かべ，その
　　　人物像が自己のアニマ/アニムス像とどのように関連しているか検討
　　　してみよう。

課題2　アニマ像やアニムス像が描かれている小説，アニメ，映画を取
　　　り上げ，そこで描かれているアニマ像あるいはアニムス像の特徴を述
　　　べてみよう。

引用文献

Dickinson, E. The Complete Poems of Emily Dickinson 1999 Pantianos Classics

Jung, C. G. 1921　心理学的類型論（タイプ論）　林道義訳　1987　みすず書房

Jung, C. G. 1928　自我と無意識　松代洋一・渡辺学訳　1995　第三文明社

Jung, C. G. 1934　集合的無意識の諸元型について　林道義訳　元型論　1999　紀伊
　　國屋書店

Jung, C. G. 1938　母親元型の諸側面について　林道義訳　元型論　1999　紀伊國屋
　　書店

Jung, C. G. 1939　シンボル的な生　葛西賢太訳「ユング心理学研究6」　1993　日
　　本ユング研究会名著刊行会

Jung, C. G. 1945　精神元型 ―おとぎ話に見られる　林道義訳　元型論　1999　紀
　　伊國屋書店

Jung, C. G. 1936　元型について，とくにアニマ概念をめぐって　林道義訳　元型論
　　1999　紀伊國屋書店

Jung, C. G. 1955〜1956　結合の神秘　池田紘一訳　結合の神秘 I　1995　人文書院

Jung, C. G. 1951　アイオーン　野田倬訳　1990　人文書院

Jung, C. G. 1930-1934/1997　ヴィジョン・セミナー　氏原寛・老松克博他訳　2011
　　創元社

室生犀星　愛の詩集　室生犀星詩集　1999　角川書店

Stein, M. 1998　ユング 心の地図　入江良平訳　2019　青土社

参考文献

Grimm, W.C. & Grimm, J. 1837　初版グリム童話集 3・4　吉原高志・吉原素子
　1997　白水社

14 | ユングの個性化理論 ―自己を生きるということ

| 吉川眞理

　ユングは，個性化を人生の目的と考えた。個性化とは何か？　ユング自身の個性化に関する記述をたどりながら，ユング派の分析家，心理療法家による理解を紹介しつつ，個性化過程において心理療法が果たす役割についてあきらかにする。
《キーワード》　個性化，自己，錬金術研究，転移，結合

1. 個性化に向かうとき

　ユング派の分析家フォン・フランツ（von Franz 1964　河合隼雄監訳 1975）は，「実際の個性化の過程 ―自分の内的な中心（心の核）すなわち自己との意識による対話― は，一般に人格が傷つけられ，それに伴う苦悩によってはじまる。」と述べている。また，ユングも，あるセミナーにおいて「通常，個性化過程は，かなり決定的な経験と共に始まります。つまり人は最も分化した機能で失敗をするわけです。手におえない状況に出くわします」（Jung 1937　河合監訳 2021）と語っている。そのようなときに，心理相談の門がたたかれることもあるだろう。心理相談は，たいていの場合「困った」事態が発生したとき，どうしたらよいかわからないときに申し込まれるものであろう。

　心理相談の初回では，「どのようなことにお困りですか？」と尋ねられるが，そこで語られる事態は相談者にとって物事が思い通りにいかな

ず，そのためにその人の人格が傷つき，苦しんでいる状況であり，その体験の痛みを丁寧に聴き取ることが，心理相談の出発点となる。

　ものごとが思い通りにいかないとき，私たちはともすれば，それを誰かのせいにして責めがちである。たとえば，小学生の子どもが学校に行きたがらないとき，親にとっては晴天の霹靂であり，担任の先生の厳しい指導や，友達の言動が原因であると思えることもあるだろう。確かに先生の指導が子ども達にどのように受けとめられるかについては人さまざまであろうし，小学校が小さな社会である限り，子どもたちの間に嫌がらせが発生することもしばしばある。それらの問題は，一つ一つ話し合いながら解決していかねばならない学校生活における課題でもあるが，たとえ，それらの問題を解決しても子どもたちがスムーズに学校に復帰できるとは限らない。子どもたちが学校に行きたがらない理由は，子ども一人一人，それぞれの理由があること，そこには必ずしも，明白で単純な原因があるわけではないことをじっくり考えてみる必要がある。親にとっては，自分の子どもが学校に行きたがらないことで，これまでの子育てが否定されたように感じられることもある。また焦りのために一番苦しんでいる子どもを責めてしまうこともある。そのような時，なぜ，今子どもが動けなくなってしまったのかについて，じっくり振り返り，考えていく場として心理相談が役立つのである。

　子どもが学校に行けなくなる状況は，親の期待のレールの上で動きがとれなくなってしまった状況としてとらえることもできる。本来の心の発達においては，成長とともに，親から分離した個としての自我が目覚めるにつれて，親子関係の変わり目を迎える。ここでは親の期待とうまく距離を取り，自分の世界を持つこと，親の価値観と異なる自分の価値観を持ち始めることが課題となる。しかし，親子ともども，とりわけ親の強化されすぎた自我意識は，このような自然な心の発達を，親の期待

の方向に歪めてしまいがちである。

　次に成人の例を挙げてみよう。Ａさんは，受験勉強の成果をあげて希望大学に進学し卒業後は銀行に就職することができた。何ひとつ問題ない人生のスタートと思われたが，就職して仕事に追われる日々の中で，果たしてこれが自分がめざしていた人生なのかという疑問が浮かび上がってきた。自身の時間と体力を消耗していくことに焦りを感じる中で，職場内の人間関係がストレスとなり，睡眠リズムが崩れ，出勤が難しくなり，うつ病の診断を受けて休職することになった。休養しながら職場復帰を目ざすにも，心の中にぽっかり穴が開いたようで，職場復帰への意欲が出てこない。そこでＡさんは思い切って心理療法を申し込むことにした。

　セッションが始まり，自分自身の過去をふりかえりながら，これからの自分の人生について考える時間となった。彼の状況は，これまで生きる中でそれなりの成果を上げてきた「自分」が，突然，動けなくなった状況として体験されている。ユング心理学の用語でいえば，ペルソナはよく形成され機能しているにもかかわらず，無意識の領域に潜在していて生きる力の源となる自分の心の中核，「自己」とのつながりを失ってしまったのである。フォン・フランツは，この「人間がそのたましいの中心との接触を失う」状態の原因として自我意識の過度の強化を挙げている。自我意識の強化は，「鍛錬された意識は，文明的な行為に必要なものである（中略）が，それは心の中心からの力やメッセージを受け取る障害となりがちであるという著しい不利益をもたらす」（von Franz 1964　河合監訳 1975）という。

　Ａさんは過去をふりかえり，親が何を期待しているかを感じ取る子どもであったことが語られた。そのような親子関係のもとで，親の意識の方向性が一面的であれば，子どもの多面的な可能性の発現を抑制して

しまう。親の気持ちに敏感な子どもであれば，折々に親の顔を見て自分の取るべき行動を選んでいるうちに，親の期待に応えることが第一の目標であるかのごとく思い込んでしまいがちである。

　大人の場合は，現実の親からのプレッシャーというよりも，心の内に取り込まれた「親」，親の期待に沿った「～すべき」という考え方が，自分の心の内なる子ども，本来の可能性の「～したい」を押さえつけてしまう現象が生じているといえるだろう。こうしてレールを走り続けてきた結果，本来の可能性の「～したい」エネルギーとつながれなくなり，厳しい人生を生き抜くエネルギーが湧いてこなくなり，無気力に陥る。

　このような状況からの脱出口は，はたしてどこに見つけられるのだろうか。

2. 個性化の始まり

　自我意識中心の在り方から脱却するために，私たちはどうすればよいのだろうか？　この問いについて，日本最初のユング派分析家である河合隼雄の教育分析を受けた心理臨床家の渡辺雄三の言葉に耳を傾けたい。渡辺は「『私』としての『自我（意識）』の確立の作業と，『（私の中の）私ならざるもの』としての『（個人的かつ普遍的）無意識』への接触・親和・受容の作業，すなわち確かな『私』というものを作り上げながら，同時に『私ならざるもの』に対してもこころを開いていくということは，我々の成熟にとってむしろ不可欠なことではないか，ということである。むしろ，その矛盾を孕んだ対立した，『自我（意識）』と『無意識』，『私』と『私ならざるもの』との緊張関係を，終生にわたって生き抜いていくことこそが，人間が死に向けて成熟していくことではないかと思われる。」（渡辺 2015）と述べている。

　さて，私たちが，「（私の中の）私ならざるもの」に対して心を開くと

は，どういうことだろうか？

　それはまず，第12章でとりあげた影の出現として体験されることが多い。たとえば，誰かの言動に不合理な苛立ちや嫌悪感を感じる時，その相手に認められた利己主義，怠惰，だらしのなさ，目立ちたがり，保身，権力欲こそ，ユングの論じた「影」なのである。そこでは，自分の心の中にそれがあることを決して認めたくない内容が，他者に投影される。ここでの心理的課題は，これらの内容が実は自分自身の心の内にも存在していることを「認識」することである。しかし，この認識の盃は大変に苦いものである。何か辛いことが起こった時に，多くの人は悪者探しをする。悪いのは自分ではないと思いたいからである。ともすれば，人は無垢な存在でありたいと思いがちである。それは「罪なき子ども」として楽園に住み続けたいという願望であろう。しかし人が自分自身の心をまっすぐに見つめようとすれば，そこに無垢の心を見出すことはできない。「自我」から遠ざけておきたかった人間としての「穢れ」を，わが身に認めるところから，個性化が始まるのである。

　ユング派の心理療法では，この認識をクライエントに一方的に強要することをしない。セラピスト自身が，その盃をすでに味わっていること，あるいは，セラピストも，その治療関係において苦い盃を一緒に飲み干す思いをすることが重視されるのである。そのためには，セラピスト自身も教育分析を経験する中で，影と出会い，自身の「影」を引き受けていることが求められるのである。

3. 個性化を推進する情動的体験

　影を引き受け，闇をくぐりぬけながらも，新たな生きる力に触れる体験は，心の内なる「私ならざるもの」，私とは異質であって，それがゆえに魅惑する存在によってもたらされる。それが第13章で見てきたアニ

マ/アニムスとの出会いである。その出会いは，心の新たな動きを引き起こす。それは強い情動を伴っており，自我はその中心性を放棄せざるを得なくなる。わかりやすい例で言えば，恋に落ちたとき，もはや理性のブレーキが利かず，心の大嵐が吹き荒れる状況を思い浮かべてほしい。影との出会いは，これまで自我が否定し，拒否してきた心の側面との出会いであり，激しい嫌悪の感情を引き出したが，これに対してアニマ/アニムスとの出会いは，これまでペルソナとして生きられなかったために心の深層にひそんでいた異性像が外なる他者に投影されたとき，大変強く魅了されてしまう状況である。この状況もまた，渡辺雄三の言う「（私の内なる）私ならざるもの」と出会いなのである。しばしば起こることだが，心理療法において，初恋の相手や若い頃の恋人が登場する夢が語られる時，心の中でそのようなアニマ/アニムスが動き出したことがわかる。

　ここで，『心理学と錬金術』（Jung 1944　池田・鎌田訳 1976）に現れたアニマのイメージを紹介したい。夢見手は後にノーベル賞を受賞し，ユングと共時性に関する共同研究（Jung 1952　河合・村上訳 1976）を行ったウォルフガング・パウリである。夢の報告の開始時の状況について，パウリ自身は「発端は一週間前，いくつかの神経症症状を抱えて，私がユング氏にそれを相談したことでした。神経症症状にとりわけ関係しているのは，女性とうまくやっていくことに比べれば，学術的な成功を収めることの方がずっと簡単だということです」（Gieser 編 2019　河合監訳 2021）と述べている。彼は，1926年ごろから科学研究への極度の集中によって情緒的な生活が不安定になり，1929年結婚するも数か月で破綻し，アルコールで抑制が外れてしまうと喧嘩を始めてしまう悪癖があった。ユングは，当時のパウリの状況について「内的緊張の中で一面に偏ってしまった知識人であり，そのことで否定的な感情が他の男

性に投影され，結果として，相手を敵だと思ってしまう」（上掲書）と
見立てている。ユングは，パウリの困難を軽減するために，自分ではな
くユングのもとで学んでいた女性医師のもとに通うように勧めた。一方，
女性医師には，パウリの夢の報告を聞いて驚いたり，困惑したりする場
合にはそれをそのまま彼に伝えるように，しかし「夢を決して理解しよ
うとしてはいけません」（Jung 1937　河合監訳 2021）と，積極的に分
析することを禁じた。こうしてユングのスーパーヴィジョンのもとでパ
ウリの夢分析が始まった。女性の治療者がそこに身をおいてパウリの夢
に耳を傾ける面接構造において，豊かな夢の系列とヴィジョンが産出さ
れ，ユングに報告された（Jung 1944　池田・鎌田訳 1976）。多数の夢
の系列から，ここでは分析の初期に現れた彼のアニマのイメージが登場
する夢を紹介しよう。

　*夢A：夢見者は姿のおぼろな大勢の女性に囲まれている，彼の内な
る声が言う，「俺は先ず父から離れなければならない」*

　*夢B：ある見知らぬ女が夢見者を追いまわしている。夢見者はいつま
でも円を描いて走り続ける。*

　*夢C：チューリッヒのペーターホーフシュタット（聖ペーター寺院前
の正方形の広場）に夢見者と医者と尖り髭の男と人形のような婦人とが
いる。この婦人は見知らぬ女で，誰にも話しかけないし，誰からも話し
かけられない。三人の男のうちの誰の連れだろうかという疑問が起こる。*

　夢Aの段階では，女性たちの姿はおぼろであり，大勢であることか
ら意識から遠いアニマ像が出現していることがわかる。夢Bについて，

---

i　夢見者は夢見手，夢主とも訳されることがある。夢を見た本人を指す。

ユングは「見知らぬ女ないしアニマは無意識を代理でするものであって，無意識が夢見者を圧迫し続けて遂に円運動に追い込んだのである。円運動を始めたということは，自我とは異なる中心点がすでに潜在的な形で与えられている」（Jung 1944　池田・鎌田訳 1976）と考察し，夢Cについては，夢見者は彼自身，その自我意識を表しており，尖り髭の男は夢見者の影であり，いつもファウストに付きそっていたメフィストに対応する。医師はユング自身と関連しているとした。この三者は，夢見者の意識に近い存在だが，人形のような見知らぬ女性は，意識から遠い存在であるアニマであると述べている（Jung 1937　河合監訳 2021）。

4.　錬金術研究において浮かび上がった転移と個性化過程の関連

　ユングは，パウリの夢とヴィジョンの系列と錬金術師らが書き残した象徴的な表現との間に関連を見出し，その考察を「個体化過程の夢象徴」という論文にまとめた。この論文は『心理学と錬金術』（Jung 1944　池田・鎌田訳 1976）の上巻第二部を構成している。ユングはこの著作の冒頭で読者に対して「一方の個体化過程の概念と他方の錬金術概念とはあまりにも遠く懸け隔っているように見えるので，最初は誰しも，両者を繋ぐ橋を想像することなど不可能だと思うに違いない」（上掲書）とことわっている。

　そもそもユングが錬金術に興味をもつきっかけは，彼自身が1926年に見た夢（Jung 1961　河合他訳 1973）であった。夢の中で彼は，戦時下の南部チロルにいて，農夫の馬車に乗って前線から後退しようとしていた。そこで，通りかかった北イタリアの領主の館に馬車を乗り入れ，中庭の真ん中にさしかかったところで風によって前後の門が閉じられ，二人は閉じ込められてしまう。そこで農夫は「ああ，17世紀に閉じ込め

られてしまった！」と叫んだという夢である。この夢を見たユングは世界史や宗教や哲学の本を読み，錬金術が17世紀に最高潮に達することを思い出し，錬金術の文献を読み始めた。錬金術の文献は空想的で，解釈することが困難であった。しかし，リヒャルト・ヴィルヘルムが送ってくれた中国の錬金術の書物『黄金の華の秘密』が解釈のヒントとなり，本格的に錬金術の文献の収集が始められた。そして，何度も繰り返し出てくる特殊な語句を抜粋して錬金術に関する辞書を作成する言語学的方法で10年以上かけて錬金術文献の解読に取り組んだのである。そこでユングは，彼が構築してきた無意識の心理学，分析心理学と錬金術の間の対応を見出した。その経過についてユングは「錬金術に精通した後，やっと私は，無意識が一つの過程であり，自我の無意識の内容への関与によって，心が変容され発展させられるということがわかった。個人の場合には，この変化は，夢と空想から読みとることができる。集団の世界に於いては，主としてさまざまな宗教体系の中に，その移り変わる象徴の中に，その堆積物を残して来た。これらの普遍的な変容過程の研究や，錬金術の象徴的意味の理解を通して，私は，私の心理学の中心概念，すなわち個性化の過程に到達した」（Jung 1961　河合他訳 1973）と述べている。

　さらに，ユングは「私の目的は，私の心理学が錬金術に対応する ―その逆でもある― ことを十分に示すことにあったので，宗教的な問題と共に，錬金術師の仕事において心理療法のどのような特殊な問題が取り扱われているかを見出そうとした。医学的（臨床的）心理療法の主な点は転移の問題である。（中略）私は，錬金術もまた転移に対応する何ものかを有していることを明らかにすることができた。それはつまり，結合（コニンクチオニス）の概念であり，その卓越した重要性については，ジルベラー（Silberer, H.）がすでに着目していた。この対応の事実は

私の著書『心理学と錬金術』にもりこまれている。二年後の1946年，この問題を更に『転移の心理学』において深め，遂に私の研究は『結合の神秘』へと導かれていった〔（　）内筆者〕」(Jung 1961　河合他訳 1973)と自身の研究の展開を示している。

　ユングは，錬金術の文献において，アニマ/アニムスとの結合の過程が象徴化されて表現されていると理解し，結合の過程を経て，あらたに全体的な「私自身」，自己が立ち現れる個性化の過程を読み取ろうとしていた。心理療法において，しばしば治療者にアニマ/アニムスを投影する転移が生じることは第13章に述べたとおりである。この転移の現象について，ユングは「転移が起こることによって症状が好転するケースもあれば，悪化とは言わないまでも，支障や面倒が起こるケースもあり，また転移がさほど重要でないケースもある。転移はしかしたいていは，さまざまな意味あいを持った重要な現象であり，また転移が起こることも，起こらないことも，同じように多くのことを意味している」(Jung 1946　林・磯上訳 1994) と位置づけている。そして，『転移の心理学』において，その本質を1550年に刊行された『哲学者の薔薇園』の挿絵（図14-2）を通して明らかにしようとした。

　「個性化過程には原則として二つの面がある。一つは内的主観的な統合過程であり，もう一つはこれと同様に不可欠な，〔他者と〕関係をもつという客観的な過程である」(Jung 1946　林・磯上訳 1994) と述べられているとおり，個性化過程は他者との関係性を通して進行し得ると考えられている。たとえば心理療法において「幼児期のあらゆる経験を医師（治療者）〔との関係〕の中で再現する傾向」がみられる。そこでは「医師（治療者）がある種の影響を及ぼすことは避けられず，また同様に，医師（治療者）の神経の健康がある種の障害ないし損害を受けることも避けられない〔（　）内筆者〕」のであり，「医師（治療者）が患

者とともに無意識と対決する〔（　）内筆者〕」ことが求められる。そこ
で，「大切なのは状況を主観的に体験することである。言い換えれば，
相手と個人的に対決することが肝心だ，と考えるのは間違いなのである。
そうではなく，男性がアニマと，女性がアニムスと内的に対決すること
が肝心なのである。事実，《結合》は個人的な相手との間で行われるの
ではない」（上掲書）と明言される。ここで述べられていることを図示
したものが，図14-1となる。この図でいうcのラインの関係性，すな
わち，治療者とクライエントのそれぞれの心の深層に存在するアニマと
アニムスとの間の関係性を表現する。このアニマとアニムスが出会い，

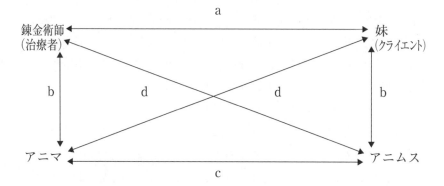

a：単純な個人的関係

b：男性が彼のアニマと，女性が彼女のアニムスと結ぶ関係

c：アニマに対するアニムスの関係，およびその逆の関係

d：女性のアニムス（女性がアニムスと同一化している場合）の，
　　男性に対する関係，
　　男性のアニマ（男性がアニマに同一化している場合）の，女性
　　に対する関係

　　　　図14-1　転移関係における相互関係の図式

結合する過程が『哲学者の薔薇園』の挿絵（図14-2）に描かれている。ここでは，最初の出会いと10枚目のアニマとアニムスが結合された両性具有体の図を提示した。このように示される転移について，ユングは「転移現象は，疑いなく個性化過程に属するもっとも重要でもっとも内容豊かな兆候[ii]の一つである。」（上掲書）と結論しているのである。治療者が全人格をもって，クライエントとともにこの作業に取り組むとき，そこに，心の深い層における相互作用が活性化され，そこにおいてアニマ/アニムスとの心理的な結合が生じていくのである。

グリム童話が物語る個性化過程

　第13章末では，アニマの統合，アニムスの統合に向けて多くの試練をくぐり抜けるグリム童話を参照した。黄金の鳥を追う三番目の王子は，兄達と違って「賢くない」が，森のはずれで狐に出会い，狐の助言によって，何度も窮地を脱して，最後には黄金の鳥，黄金の馬，そして金のお城の王女を獲得した。

　ライオンと結婚した三番目の娘は，ライオンと幸せな結婚生活を送っていたが，ライオンに一筋の光をあててしまったために，ライオンは白い鳩に変身して飛び去ってしまう。ようやく見つけたライオンは人間の姿に戻っているが娘のことを忘れ去っているところを，太陽と月と風の助言を受けてようやく再会を果たすことができた。

　二つの物語では，いずれも，ある意味，偶発的と見える理由で，アニマやアニムスと一度は結ばれる。しかし，あるきっかけで，その絆が断ち切られることで，主人公は能動的に再会を求めて動くようになる。試練をくぐり抜ける過程において，王子や娘は自分の非力を思い知る。それは，自我 ―私― の力の限界を知ることである。個性化において，自我中心の在り方から脱却することの重要性

---

ii　訳書では症候群と訳されているが，筆者により「兆候」と表記した。

を学んできたが，この観点からいえば，人生において，自分 —自我— の力では何ともならないことと遭遇することは，非常に重要な契機である。二つの童話では，動物や自然の助けを得て，ようやく探し求めていたアニマやアニムスと再会し，この世界における自分の居場所を取り戻すのである。これらの童話は，自我 —私— が，「私ならざるもの」の力と交流し，その力を受けとることで，アニマやアニムスとの結合を果たす物語としても読むことができるのである。

5. 個性化過程の多様なとらえ方

　ユングは，心理療法の過程において生じる現象やその方向性を説明する概念として個性化過程を論じることをそのライフワークとしていた。その考察はユングの臨床経験や文献研究の蓄積と共に深化し，特に50代を過ぎてから，治療者とクライエントの間に生じる「転移」の現象に着目し，その過程について，錬金術師のイマジネーションとの関連性を見出して考察する論考に熱心に取り組んだ。このようにユングの述べる個性化の概念は，その視点も多岐にわたっている。そこで，まず，ユングの個性化に関する記述のいくつかを紹介して，そのヴァリエーションをとらえ，個性化概念の概観を示したい。

「個性化とは個性ある存在になることであり，個性ということばが私たちの内奥の究極的で何ものにも代えがたいユニークさを指すとすれば，自分自身の自己になることである。したがって，『個性化』とは，『自己自身になること』とか『自己実現』とも言い換えることができるだろう。」（Jung 1928　松代・渡辺訳 1995）

「個性化の目的は，自己を，一方において，ペルソナの偽りの被いから解放することであり，他方において，無意識のさまざまなイメージの暗示的な力から解放することにほかならない。」（上掲書）

「意識と無意識は，一方が他方を抑圧したり傷つけたりすると，全体とはならない。両者がたとえ戦わざるをえないとしても，その戦いは正々堂々たる対等の戦いとなるのが望ましい。どちらも生の一面である。… これは昔から言われている，金槌と金床の関係である。両者のあいだで苦しむ鉄は，鍛えられて，壊れない全体に，つまり『個体』になる。ほぼ以上のようなことが，私が『個性化過程』と名づけているものである。」（Jung 1939　林訳 1991）

「意識的なものと無意識的なものとの調和がどのようにして図られるかを，処方箋の形で述べることはできない。それは非合理的な生命過程であって，特定のシンボルによって表現される。この過程を援助する … 場合に，シンボルをよく理解しておくことは不可欠である，なぜならシンボルのなかでこそ，意識的内容と無意識的内容の結合が実現しているからである。この結合から新しい状況ないし新しい意識状態が生まれるのである。」（上掲書）

「内的体験としての『霊的結婚』… この内的体験こそはるか昔から夢によって四分割のマンダラとして描かれてきたものであり，同時に私のこれまでの経験からすると個性化過程の目標を，すなわち自己を意味している。」（Jung 1946　林・磯上訳 1994）

6. 個性化の目標としての自己

　ここで個性化の目標とされた自己とは「単に中心というだけではなく，意識も無意識も包括すべく，全体を囲い込む。すなわち，自我が意識的な心の中心であるように，自己はその全体の中心である」（Jung 1943 林・磯上訳 1994）と述べられている。そこでは，意識と無意識の「結合」が前提とされているのだが，ユングは，安易な自己への同一化が自我肥大をもたらすことに警鐘を鳴らしている。

　「自己の諸部分の同化は，意識領域の範囲を拡大するばかりでなく，さしあたり自我の意義をもまた拡大する。… 自我が無意識に対して無批判に相対している場合は特にそうである。つまり，その場合に自我はやすやすと打ち負かされ，同化された内容と同一化してしまう。」（Jung 1951　野田訳 1990）その結果，たとえばアニマに取りつかれる，自我がアニマに同一化してしまう状況が生じるのである。このような事態は，個人が投影を引き起こす自身の心の中の動因から目をそらし向き合おうとしないときに起こりやすい。これは，錬金術において象徴として語られてきた「結合」と，似ているようで異なる事態なのである。

　この危険を避けるためにはどうすればよいのだろうか。まず，強い投影が生じているとき，強い情動につき動かされる時にこそ，自分の心の内のその投影や情動を引き起こす要因と向き合おうとする姿勢が求められる。ユングは，「自我があくまでも意識の世界にとどまっていること，また可能なかぎり，適正な適応によって意識が強化されること」（上掲書）が重要であると述べている。『哲学者の薔薇園』の挿絵図２（図14-2）に示されたように，意識と無意識の「結合」は，両者が対峙して見つめ合う関係から出発する。対立する両極が，互いに反発しつつ，強く惹き合うせめぎあいの中で，結合のプロセスが進行していく。それは，

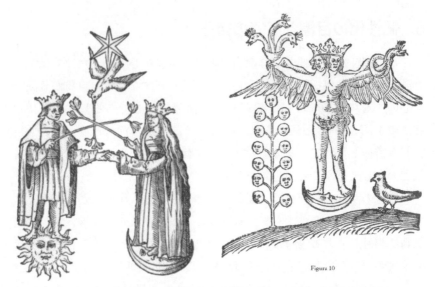

図14-2　『哲学者の薔薇園』の挿絵　図2（左）と図10（右）

個性化過程を「金槌と金床の関係」にたとえて，両者の間で苦しむ鉄と
しての自我のイメージである。『哲学者の薔薇園』挿絵図10（図14-2）
で，王と王妃は文字通りの一体となるが，その頭は二つあり，王は王の
まま，王妃は王妃のままで，結合して両性具有と成る。ここで，自己は
対立する両極を結合させて包含する存在として描かれている。それでも
「錬金術の最終的産物が本質的にはやはり分裂状態にあるように，人格
が統合されたとしても『二つの本性』という辛い感情がわれわれから完
全に拭い去られることはない。この世の苦悩からの完全な救済は幻想と
言わなければならない」（Jung 1946　林・磯上訳 1994）というユング
の言葉は重い。

　自我と自己の関係について，ユングは「ドングリが樫に成長し，爬虫
類が哺乳類へと発達したのと同じように，心は意識の現在の状態にまで

成長してきたのである。心は今まで長く発展してきたように，これから
も発展し続ける，こうしてわれわれは，外界からの刺激はもちろん，内
的な力によっても動かされているのである。これらの内的な動機は，深
い源泉から生じるもので，意識によって作られるものでなく，その制御
下にあるものでもない」(Jung 1964　河合監訳 1975) とも述べている。
心を成長せしめる，その力の出処について，古代ではマナと呼び，その
後は，精霊，神と呼ばれることもあった。何と呼ばれようと，今もその
力は変わらず作用し続けている。ユングの分析心理学は，その力の発生
源を「自己」と名付けてその理論を構築してきたのである。ユングは
「自我と自己の関係は，受動者と能動者，客体と主体の関係に似てい
る。… 無意識がそうであるように，自己もまたア・プリオリに存在し
ており，その中から自我が出てくる。自己はいわば，自我をあらかじめ
形成しているといえよう。(自我の原型である。) わたしがわたし自身を
造るのではない，むしろわたし〔という出来事〕がわたしの身に起こる
のである。(It is not I who create myself, rather I happen to myself)
〔(　) 内筆者〕」(Jung 1938　村本訳 1989) と述べており，私自身す
なわち自己の器を引き受け，これを生きる自我のありように言及してい
る。あまりに自我意識が優位になってしまった現代人にとって，新鮮な
示唆を含む言葉として味わいたい。

学習課題

課題1　あなたにとって「個性化」とは，どのような心理的変化だろう
　　　か。
課題2　主人公が途方に暮れたときに動物が助けてくれ，その後，その
　　　動物が人間に変身する昔話を探してみよう。動物が人間に変身するこ

とは，ユング心理学的な観点で言えば何を表しているのだろうか。

引用文献

Gieser, S. 2019　序論　河合俊雄監訳　C. G. Jung の夢セミナー・パウリの夢 2021　創元社

Jung, C.G. 1928　自我と無意識　松代洋一・渡辺学訳　1995　第三文明社

Jung, C.G. 1936　ベイリー島セミナー　第1講　河合俊雄監訳　C. G. Jung の夢セミナー・パウリの夢 2021　創元社

Jung, C.G. 1937　ニューヨーク・セミナー　第10講　河合俊雄監訳　C. G. Jung の夢セミナー・パウリの夢 2021　創元社

Jung, C.G. 1938　心理学と宗教　1989　村本詔司訳　人文書院

Jung, C.G. 1939　意識，無意識，および個性化　林道義訳　個性化とマンダラ 1991　みすず書房

Jung, C.G. 1944　心理学と錬金術　池田紘一・鎌田道生訳　1976　人文書院

Jung, C.G. 1946　転移の心理学　林道義・磯上恵子訳　1994　みすず書房

Jung, C.G. 1950　個性化過程の経験について　林道義訳　個性化とマンダラ 1991　みすず書房

Jung, C.G. 1951　アイオーン　野田倬訳　1990　人文書院

Jung, C.G. 1952　自然現象と心の構造：非因果的連関の原理　河合隼雄・村上陽一郎訳　1976　海鳴社

Jung, C.G. 1961　ユング自伝 ―思い出，夢，思想2　河合隼雄・藤縄昭・出井淑子訳　1973　みすず書房

Jung, C.G. 1964　無意識の接近　河合隼雄監訳　人間と象徴 上巻 1975　河出書房新社

von Franz, M.=L. 1964　個性化の過程　河合隼雄監訳　人間と象徴 下巻 1975　河出書房新社

渡辺雄三　2015　自己実現と心理療法　創元社

15 | ユングの心理療法とその技法の展開

吉川眞理

　ユングの分析心理学理論は，実験精神医学を起点として，自らの心と向き合う作業，広範な文献研究，さらにクライエントとの分析という共同作業により構築されてきた。ユングは，心理療法の実践において，そのプロセスをどのように理解し，どのような方向性を見出してきたのだろうか。彼の試みた心理療法の技法は，その後のユング派において，どのように展開されてきたのだろうか。

《キーワード》　転移，変容，意識化，個性化，夢の分析，アクティブ・イマジネーション，箱庭療法

1. ユングはどのような心理療法を行ったのか

　ユングは，心理療法に取り組むにあたって，フロイトの精神分析論，自由連想技法から多くを学んだ。初期のユングにとって事例について相談できるスーパーヴァイザーはフロイトであった。しかし，実践と研究を深めるにつれて，ユングは，無意識に関する理論や面接の場面で生じる転移をどのように理解するかについて，フロイトと見解を異にするようになった。その相違点を簡単に述べると，フロイトは，面接室で生じた心理的プロセスをクライエントの無意識の葛藤を再演するものとして理解し，このプロセスを取り上げて自我に統合すること，理性によって理解することをめざしていたのに対して，ユングは，転移そのものでなく，むしろ自発的に生じる心の生成プロセスに着目した。ユングの転移に対する考えとして，「治癒のためには転移がぜひとも必要であり，したがって医師は転移を要求しなければならない，とさえ考えられた。し

かしこのようなものは，信仰と同様に，要求できるものではない。信仰はそれがおのずから存在する時にのみ価値がある。…私個人としては，転移が穏やかに経過すると，あるいは臨床上は現れないと，そのつど胸をなでおろす。この時，医師は患者との個人的な問題にほとんど煩わされることなく，治療に役立つその他の要素に取り組むことができる」
（Jung 1945　林訳 1994）と述べられているとおりである。

　ユングにとっては，心は自然の一部であり，心理療法のプロセスもまた自然の現象としてとらえられていた。そこで心理療法は，人間の自我が，本来備わっているが無意識にとどまっている心の領域に開かれ，これとつながりながらも，圧倒されることなく，その豊かなエネルギーを享けて生きる道を探索していくプロセスと理解されたのである。

　古代ギリシアの自然哲学の発生以来，人類は，その知性によって自然を探求してきた。現代の科学はその成果の蓄積と言えるだろう。さらに興味深いことは，探求の主体である人間も，その心も，自然の一部であることである。自然の一部である人間は，自然そのものを越えることができるのだろうか？　どこまで自然を支配し，操作することができるのだろうか？　この科学をもって，心における自然の現象に立ち向かおうとするとき，私たちは，自我を越える心の機能，理性ではとらえられない非合理的な側面，無意識の領域に直面することになる。

　幼い頃から，世界や心の不思議に惹きつけられてきたユングは，精神医学の道に進むことを決心し，当時，了解不能とみなされていた統合失調症患者の心の世界を何とか了解しようとして精神科医となった。彼は，そこに古代人と共通する心性を見出して，集合的無意識の発見に結び付いたことは，第11章に紹介したとおりである。ユングが，このような非合理的な心理的現象を研究の対象としたことにより，当時のフロイトがユングを批判したのと同様に，今日も，神秘主義者であると批判されが

ちである。しかし，ユングの論文をしっかり読みこんでみると，実はユングこそ，そのような非合理的な心の現象を，客観的にとらえ，合理的に理解しようとする心理学者であることがわかるだろう。

　たとえば，人の心の発達過程において，その発達を引き起こす主体は何者だろうか？　バランスを失った心の均衡を取り戻す，心の自己治癒力を発現させる主体は何者だろうか？　そこには私たち自身の心の深層から，意識の中心である自我にはたらきかける「心のオーガナイザー」の存在が想定される。フロイトは，無意識の領域には，自我が抑圧した辛い記憶や，生物学的な欲動が潜んでいると想定していた。これに対してユングは，この無意識の領域に，人類共通の普遍性をもつ内容とともに，自我を発現させ変化させる内発的な主体の存在を想定し「自己（セルフ）」と名づけたのである。

　したがって心理療法家は，これらの自然で非合理的なプロセスの発現をできるだけ妨げないように，自己の力が発現する場に立ち会うことが求められる。この基本姿勢について，ユングは『心理療法の目的』において次のように述べている；「一人一人がおそらく自分自身の中に自らの生の形式，非合理的な形式をもっており」，セラピストは，クライエントの「非合理的な部分に照準を合わせざるをえない。この時にはわれわれの案内人としての自然に従わなければなりならず」（Jung 1931 林訳 1989）　セラピストがそこでなすべきことは「治療というよりはむしろ患者の中にある創造的な芽を成長させることである。」（上掲書）ここで述べられた創造的な芽とは，その人自身の人生を生きる主体の芽といってよいだろう。ユングの心理療法論の特徴は，このように人間やその心を，自然の一部としてとらえる視点にあるのではないだろうか。自然は常に，理性すなわち自我の意図を超えてはたらくのである。

2. ユングの心理療法の基盤を構成する発達観と神経症論

　ユングの発達観は，次のように語られている。「そもそも私には，こころの根本的なあり方は人生を経るにつれて激しく変わっていき，ほとんど人生の午前の心理と午後の心理という言葉を使うことができるほどに思われる。一般に若者の生は明確な目標の追求による全般的な拡張を特徴としており，その神経症はおもにこの方向への躊躇ないし尻込みによるものであるように思われる。年輩の人間の生はこれに対して収縮，すなわちこれまで為し遂げてきたことの確保と，広がりの縮少を特徴としている。その神経症は基本的に年齢にそぐわず若者ぶった態度に固執していることによっている。ちょうど若い神経症者が生を恐れているように，年輩の神経症者は死を前にしてたじろいでいるのである。かって若者にとって正常な目標であったものが，年輩の人間にとっては神経症的な障害となる。」(Jung 1931　林訳 1989)

　人生の経過とともに，その時期，その時期にふさわしい心のあり方が移行していくことになる。ある理由によってその移行がスムーズに進まないときに「神経症」すなわち心の機能不全が生じると，ユングは考えていた。

　たとえば，両親が子どもたちに過大な理想を押し付け，子どもたちが必要とする以上の配慮や庇護を与えがちな状況では，子どもの側から両親への依存を断ち切ることは困難になるだろう。本来，若者の課題は，生における明確な目標を設定し，追及し，生の全般的な拡張を追及することである。しかし，このような両親のもとでは，若者もこの課題に躊躇し，尻込みしてしまう。子どもの自然な心には，本来，幼年期の両親への依存から離脱して，自分自身の生の拡張へ移行する可能性がそなわっている。しかし，その動きが，親の過剰な介入や，子ども自身の

「汚れがないという幼児期の普遍的感情，安全，保護，相互的な愛，信頼，信用などといった感覚」（Jung 1930　横山・大塚 2018）への執着のために，阻害されてしまうのである。

　一方，人生後半において生じる困難の背景には，「能力は努力さえすれば伸び続けるものであり，その結果得られる社会的成功や達成が人生の目標である」という思い込みがあるのかもしれない。そのため，人生のある時期に，その能力にピークが訪れ，やがて衰えていくという現実を受け入れることは相当に難しくなってしまう。自然の一部としての人間は，ある年齢から，その生を収縮して死に向かう宿命にあるが，発達した自我は，これまでの生の拡張へと向かう姿勢を捨て去ることに強い抵抗を示す。自我が発達することで，自然に沿う心のあり方が阻害されてしまうのである。この停滞を打ち破ることができるのは，唯一クライエント自身に内在している，内発的な，自然的な心の動きなのである。そこでユング派の心理療法では，クライエントの無意識，自然な心の動きをとらえ，心の変容のプロセスを成るがままに進行させることをめざす。

　ユングは，この自我および欲望を超越しようとする心の動きの主体である「セルフ（自己）」が発現する現象を自己実現（Self Realization）としてとらえ，この過程を生涯にわたって継続する個性化と呼んだ。第14章で述べてきたように，この個性化こそ，ユングにとって心理療法の目的であり，心の生涯発達の目標でもあった。ユング派の心理療法は，その人が自分らしい人生を生きることの支援であり，その人生は個性の発現であり，その具体的な目標は，クライエント一人一人によって異なるのである。

3.　ユングによる心理療法の４ステージ論

　ユングが，心理療法の諸相をどのように理解していたかについてわか

りやすく示してくれるのが，この心理療法の4ステージ（図15-1）である。(Jung 1929　高橋訳 1970)。素朴な記述ながら，多様化した現代の心理療法の礎石がここに示され，心理療法の深みへの扉が示唆されている。これらの4ステージは必ずしも順を追って起こるわけでもなく，事例によっては，異なる順序で，または，同時的・重層的に起こりうるものであるという。また，事例によっては，必ずしもすべてのステージが展開するものでもなく，また，そうあらねばならないわけでもないとされるが，ユングの心理療法論のアウトラインをつかむために，ここでは4つのステージを順に紹介したい。

第1のステージ：告白（Confession）

　第1のステージでは，秘密が語られることが重視され，告白と名づけられている。そのモデルはカトリックの懺悔である。ユングは，心理療法において心の秘密が語られることの重要さについて述べている。

　懺悔からの連想もあって，秘密といえば「犯した罪」のことだと思わ

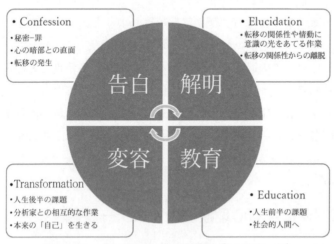

図15-1　ユングによる心理療法の4ステージ

れるかもしれないが，それは必ずしも行動化されたものではなく，心の中に潜んでいる欲望も含んでいる。そのような欲望について，私たちが「罪」の意識を感じるようになるのは，発達的に3歳から5歳にかけてであると言われている。ユングによれば，人類が罪の意識を持つようになったとき，心の中に「秘すべきもの」が発生してくるのだという。それは，幼児期にその起源をもつ性愛的な欲求であったり，優越性，権力への希求，支配欲であったりする。

　たとえば，フロイトの時代は，性に関することは，おおっぴらには語れない「秘すべき」内容であった。これに対して現代は，私たちが生物学的な側面，性欲を持つことは当然であると認められる。そうはいっても，現代でもこの欲望のままに生きるわけにはいかず，社会人としての抑制は求められるのではあるが。一方，現代の日本社会では，自己中心性や，他者への支配欲は，「秘すべきもの」「抑制すべきもの」とされる傾向が強く，これらを表出することは日本的な組織社会への適応を阻害するかもしれない。それが性の欲望であれ，権力への欲望であれ，社会生活をする上で，多かれ少なかれ人々は本能的な欲求を抑制することが求められ，自己抑制が社会的な美徳とされる。そのような中で，誰の心にも潜在するこれらの欲望が，心の「秘密」として体験されるのである。そして，これを抑制することは自分自身の本性を否定することになり，無気力に陥る危険をもたらす。また，これらの欲望が完全に意識から抑圧されてしまうと，それは本人の意識からも隠された「秘密」となってしまう。ユングは，意識されている秘密と，意識からも遠ざけられた秘密を比較して次のように語っている。「自分が何を隠しているのか自覚していれば，（それを自覚していない場合，すなわち）抑圧しているということや，そして抑圧しているものが何なのかを知らない場合と比べれば，明らかに害は少なくて済む。後者の場合には，もはや隠された内

容が意識的に秘密にされているのではなく，むしろその内容は自分自身の前から隠されているのである。… したがって一般的に言うと，無意識的な秘密による害は意識的な秘密による害よりも大きい。〔（　）内筆者〕」（Jung 1929　横山・大塚 2018）　意識されていない秘密は漠然とした不安として認知され，これらがさまざまな神経症を引き起こすのである。

　しかし，秘密は必ずしも心の病理の原因であるとは限らない。たとえばユングは，心の秘密が「当事者を共同社会から心理的に隔離させるが，それが個別化の源となる」（Jung 1929　高橋訳 1970）と述べている。秘密，すなわち秘すべき部分，心の暗部の自覚を持つことによって，私たちは個として存在するようになる。

　心理療法が成立するために，もっとも基礎的で重要なことは，クライエントが自分自身の秘密，自らの弱い部分，暗い部分と向き合い，それを語る場をセラピストが提供できるかどうかということである。そしてこれらが語られるとき，同時に心のその部分に絡む情動が動く。この情動のカタルシスが生じる瞬間において，情動や隔離されていた内容が心に再統合される機会となる。そしてセラピストは，そこで語られた秘密を，今度は自覚して抱える作業の協力者となるのである。

　しかし，人が自分自身の秘密を語ることは，自分自身の存在の弱い部分，暗い部分を他者に開示する体験となる。それに伴ってセラピストへの強い依存が生じる可能性がある。ユングはこのとき，男性治療者には父親に対する感情や記憶が転移されると述べているが，この父親は，幼児期の現実の父親，一個人としての父親に限らず，象徴的父親，普遍的な父親像をも含むのだという。この点は，転移の背景には幼児期の実在の両親との体験があるとするフロイトの精神分析理論との相違点のひとつである。ユングがこのことに気づいたのは，第13章で紹介した小麦畑

の丘で巨人のような父親に抱かれるクライエントの夢がきっかけであった。

　この夢は，フロイトの視点からは，女性クライエントが治療者に向けた転移を反映しており，彼女の父親に対する希求は，転移として治療者に向けられていると理解される。フロイトの観点からは，風渡る小麦畑に立つ実際よりも巨大な父親像は，超人間的な性格を帯びており，多くの転移においてそうであるように，治療者に偉大な救済者イメージを投影していると解釈されるかもしれない。しかし，ユングの解釈は，この夢をありのままにとらえる。この夢は，彼女の深層にある神あるいは象徴的父親を求める希求を反映していると考えるのである。

　この夢にあらわれた神的なイメージは，あきらかにキリスト教文化圏の意識がとらえる神イメージから逸脱するものであった。もし，キリスト教文化における神イメージが彼女の夢に現れていたならば，それは父親に対する幼児的な依存願望の現れであるとする解釈も否定できないだろう。しかし，彼女の夢のイメージは，彼女の意識からは遠い「自然界の魔神，ヴォータンともいうべき古代的な表象」「風としての神」（Jung 1928　松代・渡辺訳 1995）を反映していたのである。

　そこでユングは，ここで彼女の夢に現れた心の深層の神的存在との一体化への希求は，この女性の個人的なものではなく，歴史や文化を超えて多くの人類に共有されている普遍的な心的内容と考えた。しかし，この一体感でさえも，ひとときの幻想であり，ここからの離脱こそが，心理的な治癒に欠かせない心理的作業となり，その課題は解明のステージに引き継がれる。

第2のステージ：解明（Elucidation）

　心理療法が象徴的父親についての無意識的空想が展開する関係の場へと展開したとき，この転移の空想的な関係を乗り越えるために，解明と

いう作業が必要となる。

　たとえば，ユングは，先述の小麦畑の夢をみた女性と，「あなたにとって治療者が父親兼恋人のような存在と思えているのは，あなたの超人間的な神のような存在への希求が投影されているのだ」という仮説を話し合う。その仮説は女性の意識にとってはにわかに納得できるものではなかったが，やがて彼女の理性はこの仮説の妥当性を理解し，治療者に投影されていた過大評価は徐々にひき戻され，別の男性との恋愛関係を持つようになり，治療関係が平静な終結を迎えたことが報告されている。

　転移的な関係性は，クライエントの心の深い部分の情動をかきたてる。セラピストは，クライエントのこの関係性に伴う情動，感情転移の現象に，意識の光を向ける作業を行うのである。これは精神分析のいう解釈技法に対応するが，あえて解釈（Interpretation）ではなく解明（Elucidation）という用語を用いることで，ユングは，転移に対する態度がフロイトのそれと微妙に相違していることを示そうとしていた。精神分析においては，その体験を幼児期の父親に対する感情の「転移」に還元する理性的な態度をもって，その感情を認知する。これに対してユング派の場合は，象徴的父親に向けられた強い情動に光をあてつつ，その情動に決して流されことなく，しかし共に体験してくぐり抜ける過程に重点がおかれる。ユングは，この作業を通して，クライエントと治療者がともに，心の深い部分まで下降し，その深みに流れている情緒を自分自身の一部として引き受けることが重要だと考えていた。その結果，クライエントも，自分は立派な人間であらねばならない，そうであるはずだという思い込みから離脱し，自身が暗い，愚かな感情を持つ人間の一人であることを認め，謙虚な態度を持つことができるようになるという。ここで人は，自分の存在の小ささ，つまらなさや，自分が決して完

全な存在ではないという気づきを新たな武器として，あらためて生の戦いに臨むことになる。それは，他人に要求する人間から，自分で責任をもつ人間への成長である。そこで，偉大なる存在に守られ愛される存在であり続けたいという，幼年期の夢の断念が生じている。そこに自分自身の無力に耐えて生きていく人間としての出発が期待されるのである（Jung 1929　高橋訳 1970）。こうして心理療法の場面で生じた転移関係から離脱するときにこそ，幼児期の原初的な母子一体感，父子一体感からの離脱の過程が心理的に再現され，心の成長を遂げていく。

第3のステージ：教育（Education）

　第3のステージは教育である。そこでは社会的適応性を身につけること，社会的人間へと教育されることが重要となる。カタルシスや洞察によって，自ら社会的人間として歩みだす人間もいるが，この教育的な働きかけをもって，初めて社会的適応が可能になるクライエントも多い。ユングによれば，アドラー（Adler, A. 1870-1937）の心理療法は，この教育的ステージに重点をおいた手法であるという。現代の心理療法でいえば，認知行動療法も，このような教育的な性格を受け継いでいるといえるだろう。社会への適応の必要性については，ユング自身も人生前半の最も重要な課題としてとらえており，人生後半の課題である個性化も，前半における社会への適応があってはじめて可能になるものと述べている。たとえばユングは，個性化と社会への適応との関係性について，「個体は個別的存在であるのみならず，その生存のためには集合的関係を前提としており，個性化の過程も単独化（孤立）へと至るものではなく，より緊密で，より一般的な集合的関係へと至るのである」（Jung 1935 林訳 1989）と述べている。個性化は，集合的関係を前提としており，集合的世界である社会への参加を伴う。また，集団に適応できていないクライエントにとっての心理療法は「自らの内なる集合的人間を認識し，

それによって集団的適応の必要性を認識する」(Jung 1935 林訳 1989) ことをめざすべきであるという。しかし，ユングが，フロイトやアドラーの心理療法と決定的に異なる点は，心理療法および人生の最終的な目標は社会への適応ではなく，この適応を達成した後に，その人の内面に潜在している個性を生きることであるとしたことである。このステージでは，もはや教育という手段では対応できず，次の変容という現象に関与することになる。

第4のステージ：変容（Transformation）

このステージは，第3のステージでの目標となる社会への適応が成就されているにもかかわらず，その適応した生き方が本来のその人の個性を生きている生き方ではないということが原因で，心の機能不全が生じているときの治療過程である。このとき，セラピストはあらゆる先入観を捨てることを求められる。すでにいったん適応が達成されている患者に対して，ユングは，心理療法における目標をあえて設定しないことを強調する。「私は可能なかぎり，経験そのものに治療の目標を決めさせている。… 心理療法においては治療者が確固とした目標をいっさいもたないほうが実のところ賢明であるように私には思われる。治療者はおそらく自然や患者の生きる意志ほどには，その目標をよく知ることはない。」(Jung 1931 林訳 1989)。

こうして，これという目標を定めず出航する航海さながらの心理療法が始まる。あまりにも実際的ではないという批判を受けるかもしれないが，ユングによれば，心理療法の目標は，心理療法の過程の中でおのずと見出されるのだという。この変容のステージにおいては，その変容の方向性も内容も，セラピストとクライエントとの出会いの中で決まってくるのである。

一般に人生における適応や生活を正常に戻すためには，むしろフロイ

トの合理的な心理療法が有効であり，おそらく，この社会に生きている
多数派の人間にとって，こちらの手法が有効であると思われる。同様に，
アドラー心理学や認知行動療法も現実適応をめざす合理的なアプローチ
である。しかし，これらの合理的なアプローチによって，どうしても動
きが見えないとき，あるいは多数派と異なる可能性を持つ個性の人間に
とっては，ユングの心理療法の，この変容のステージが必要となる。航
海の途上でエンジンが止まってしまった船は，もはや帆をあげて風を待
つしかない。ここでの風は，クライエント自身に潜在する人格の発展可
能性，生成力であり，それはクライエント自身の無意識の方向から吹い
てくるのである。こうして合理的な心理療法がうまくいかないとき，あ
えて無意識の，非合理的な部分に照準を合わせる手法が導入されること
になる。

　そこでの心理療法は，セラピストとクライエントの全人格的な出会い
により生じる相互作用の所産である。ここでの二つの人格の出会いは，
性質の異なる二つの化学物質の混和に喩えられ，その際，クライエント
だけなく両者の心が変化を遂げていくのである。この段階の心理療法に
おいては，セラピストとクライエントが等しくその過程の構成要素であ
り，この過程において生じる人格を変化させる影響を被る存在となる。
そこでセラピストがクライエントになにがしかの課題を与えるとすれば，
セラピスト自身も別の水準であれ，その課題に取りくむことになるとい
う。関係性の中でセラピストも，自らの心の内部をみつめ，自分自身の
変化を余儀なくされる。「教育をうけたことのないものに，他人を教育
できる道理はないし，自分自身の本性すらわかっていない人間が，他人
の本性を解明しうるわけもなく，また自分自身がまだ汚濁のなかにしず
んでいるものが，他人を浄化できるはずもないのである。」(Jung 1929
高橋他訳 1970)　ここで語られる心の変容は，すでに病理の治療の域を

超えて，意識と無意識の協働作業により，一人一人の生き方，人間の「たましい」の創造に向かうものとなる。この段階においてクライエントに変化を生じさせる過程に参与するためには，セラピスト自身も分析を体験する教育分析の過程が重要と考えられるようになった。クライエントに求める過程を自分自身も体験しておくことが望ましいことから，ユング派分析家の訓練過程では，複数の分析家との個人分析の作業が重視されている。

4. ユングが用いた心理療法の技法

　ユングは，その心理療法においてどのような技法を用いていたのだろうか。その第一の技法は，夢の分析である。その有効性について，ユングは，「夢の解釈は…，無意識のデータと意識のデータを総合する理想的な手段だろう。…さしあたりもっとも入手しやすい無意識的プロセスの表現の役を買って出てくれるのが夢である。夢は言わば無意識の純粋な産物なのだ。意識化のプロセスで変更を被っているのは明らかだが，このプロセスもまた無意識に由来するものであり，意図的な歪曲の類ではない」（Jung 1958　横山・大塚訳 2018）と述べている。ユング（Jung 1987　氏原監訳 1992）は，夢を意識と無意識の関係性から表15-1のように分類した。夢分析の実際の場面では，夢のそれぞれの要素Xについて，夢見手自身から連想をいくつも聞き取っていく拡充法を用い，ユング自身も，多様な文化の神話，昔話，祭祀，文学など幅広い素材を援用しつつ夢の理解を深め，互いの連想について被分析者とともに語り合っていた。ユングの行った夢分析は，現在もユング派分析家の個人分析の中心的な技法として継承されている。

　第二の技法は，アクティブ・イマジネーションである。この方法は，心の内面から自ずと生じてくるファンタジーをとらえて記録することで

表15-1　夢の解釈の公式：意識と無意識の関係性による分類

1）意識的な状況に対する無意識の反応を示す夢	特定の意識状況に対する無意識の反応として夢が生じ，その内容は，場合によっては，補完的，補償的に日中の体験の印象を示している。これらの夢は，前日の特定の印象がなければ生じていなかったものである。
2）意識と無意識の葛藤から生じた状況を示す夢	この場合，多かれ少なかれその特定の夢をはっきり誘発した意識状況など存在しない。ここでは無意識の自発性が関係している，特定の意識状況に別の状況を付け加え，意識と無意識の葛藤が示される。
3）意識的態度の変容をめざす無意識の傾向を示す夢	この場合，無意識による，意識に反する立場は，意識の立場より強い。無意識から意識へと流入する意義深い夢として体験される。これらの夢は特定の意識的態度を持つ人をすっかり変容させることがある。
4）意識状況とは関係の見えない無意識過程を示す夢	この種の夢は大変奇妙で，その独特の特質を持ち，しばしば非常に解釈しにくい。… それは無意識の自発的な産物であり，理解はできないが圧倒的な影響力を持つ。ある文化では，このような夢は，大きな夢，「神から送られた夢」として扱われ，啓示として受けとめられる。

（Jung, C.G. 1987『子どもの夢』セミナーより抜粋）

ある。このファンタジーをとらえるためには，批判的注意を排除し，意識を空にすることで，ファンタジーが湧き上がってくることを促進させる。このファンタジーを湧き上がらせる才能は，「残念ながらこの才能はありふれたものではない。ただし，特別な練習によってこの能力を育て，ファンタジーをこうして自由に形作ることのできる人の数を少なからず上昇させることなら可能だ」（Jung 1958　横山・大塚訳 2018）と述べられている。ユングによれば，このような作業によって，私達の行

動に今まさに流れこもうとしている無意識の内容を意識化することを目
ざしているのである。ユングは意識化することのできない気分の落ち込
み，気分状態の不調をその出発点として用いることを提案している。
「気分状態の中へと無条件に沈み込み，浮かび上がってくるファンタ
ジーやその他の連想をすべて文字にして書き留める。そうすることに
よって，気分状態をできるだけ意識化するのだ。… ファンタジーを書
き留めるという作業によって，気分変調の内容を何らかの方法でかなり
具体的に，あるいは象徴的に描き出す，ある程度完全な気分の表現が生
じる。… この手続きは情動の一種の濃縮および明確化であり，それを
通じて情動が内容をともなったまま意識に近づいていく。情動は印象深
いものに，そしてそれによって理解可能なものにもなっていく。この作
業だけでも有益で活気を生むような影響をもたらすことがある。」（上掲
書）と述べられている。この方法は，ユング自身がフロイトとの決裂後
の不確実な心理状態において実際に取り組んだ作業であり，そこで生み
出されたファンタジーは通称『赤の書』に記録されている。それは，13
年をかけた自己治癒の作業であった。この『赤の書』は，文字もカリグ
ラフィーとして手書きされており，美しい挿絵が添えられている。この
ように情動に形を与える作業について，ユングは「絵心や画才のある患
者であれば，絵を通じて情動に表現を与えることができる。その際に重
要なのは，技術的あるいは美的に満足のいく表現かどうかではなく，
ファンタジーに遊びの余地が保たれているかということでだけであ
る。… それは光を求める無意識の希求と，実体を求める意識の希求と
を，共同作品の中で具現化するものなのである」（上掲書）と述べてい
る。さらに，その人の才能によっては，粘土による創作や，ダンスによ
る表現が生み出されることについても言及している。ユングのこのよう
な技法の創案を出発点として，その後のユング派の分析家たちによって，

さまざまな表現を活用する表現的な療法[i]が発展しており，箱庭療法も
その一つである。

　箱庭療法は，カルフ（Kalff 1979　山中訳 1999）が，英国のローエ
ンフェルト（Lowenfeld, M.）の世界技法[ii]をヒントに創案した心理療法
の技法である。ミニチュアの家，車，動物，植物，人物といった玩具が
棚いっぱいに並べられており（図15-2），カルフが穏やかに，これらを
使って砂の上に作りたいものを作ってよいと語りかけ，子ども達は砂遊
びに熱中する。特別な絵心がなくても，砂の上で展開する世界の創造は，
作り手の心の内なるイメージの具現である。子どもだけでなく，大人に
とっても，それは心の内なるイメージを目に見える形にして，見守る治
療者とその世界を一緒に眺める体験となる。治療者は，箱庭を理論に基
づいて解釈したり，その美的な完成度を評価してはならない。治療者は，

図15-2　チューリッヒのユング派分析家の箱庭療法室

---

i　日本では，山中康裕が，日本における芸術療法の伝統とユング派指向アプロー
チを統合して「表現療法」を提唱した。（山中　2003）
ii　1920年代にローエンフェルトによって開発されたアセスメントの技法。
　乾いた砂の箱，湿った砂の箱，分類された玩具箱（動物，人形，建物，車等）を
準備して子ども達の表現の場を提供し，子ども達に創作した「世界」について教え
てと問いかける。

イメージの具現の過程に立ち会いつつ，作成者とともにそのイメージの力に触れる存在なのである。

このようにして生み出された作品に対してどのように向き合うかについて，ユングは，造形，美的側面への関心が優位な方向性と，意味内容への関心が優位な方向性のそれぞれに，リスクが伴うことを述べている。美的側面に固執すると，生み出された造形の「芸術的価値」を過大評価してしまう危険があり，意味内容の理解に固執すると，知的に分析，および解釈された内容的側面を過大評価してしまうのだという。ここでユングは，これらの偏ったアプローチによって作品の本質である象徴的特徴が失われる危険を警告している。ユングは，これらの作品に対して，「集合的承認ではなく，それに対する主観的評価，すなわち主体にとっての意味内容と価値とを理解する」（Jung 1958　横山・大塚訳 2018）重要性を指摘している。このように作成者自身にとっての意味と価値を理解する視点は，ユング自身の作品である『赤の書』を理解しようとする際にも，求められるものであろう。

学習課題

課題1　自分自身の意識している秘密が，自分にとってどのような意味を持つのかについて考えてみよう。

課題2　最近見た印象的だった夢の要素について拡充法の連想を行って，その夢のメッセージを自分なりに考えてみよう。また，表15-1の分類でいえば，何番の夢なのか考えてみよう。

引用文献

Jung, C.G. 1928　自我と無意識　松代洋一・渡辺学訳　1995　第三文明者

Jung, C.G. 1929　近代精神治療学の諸問題　高橋義孝訳　現代人のたましい　1970　日本教文社／現代の心理療法の問題　横山博監訳，大塚紳一郎訳　心理療法の実践　2018　みすず書房

Jung, C.G. 1930　現代の心理療法の諸側面　横山博監訳，大塚紳一郎訳　心理療法の実践　2018　みすず書房

Jung, C.G. 1931　心理療法の目標　林道義訳　心理療法論　1989　みすず書房

Jung, C.G. 1935　臨床的心理療法の基本　林道義訳　心理療法論　1989　みすず書房

Jung, C.G. 1958　超越機能　横山博監訳，大塚紳一郎訳　心理療法の実践　2018　みすず書房

Jung, C.G. 1987　氏原寛監訳　子どもの夢Ⅰ　1992　人文書院

Jung, C.G. 2009　赤の書　河合俊雄監訳，田中康裕・猪俣剛・高月玲子訳（ソヌ・シャムダサニ解説）　2010　創元社

Kalff, D.M. 1979　山中康裕監訳　カルフ箱庭療法　1999　誠信書房

山中康裕　2003　表現療法　ミネルヴァ書房

索引

*配列は五十音順，*は人名を示す。

著者紹介

吉川　眞理（よしかわ・まり）
・執筆章→1・9〜15

1960年	大阪府に生まれる
1990年	京都大学大学院教育学研究科臨床心理学専攻博士後期課程 単位取得満期退学
2001年	京都大学大学院　博士（教育学）
現在	学習院大学文学部心理学科教授
主な著書	臨床ハンドテストの実際（共著　誠信書房） よくわかる心理臨床（共著　ミネルヴァ書房） 臨床心理学―全体的存在としての人間を理解する―（共著　ミネルヴァ書房） 心理学（共著　弘文堂） 情動と発達・教育：子どもの成長環境（共著　朝倉書店） 心理検査を支援に繋ぐフィードバック―事例でわかる心理検査の伝え方・活かし方―［第2集］（共著　金剛出版） 遊戯療法：様々な領域の事例から学ぶ（共著　ミネルヴァ書房） よくわかるパーソナリティ心理学（共著　ミネルヴァ書房） 心理職の専門性―公認心理師の職責―（共著　放送大学教育振興会） やさしく学べる心理療法の実践（共著　培風館） Exploring Core Competencies in Jungian Psychoanalysis（共著　Routledge） Jung's Red Book for Our Time vol.3（共著　Chiron Publication） Confronting Cultural Trauma-Jungian Approach to understanding and Healing（共著　Spring Journal）

田中　健夫 （たなか・たけお）

・執筆章→ 1 ～ 8

1965年	長野県に生まれる
1997年	京都大学大学院教育学研究科臨床教育学専攻博士後期課程中退
2008年	京都大学大学院　博士（教育学）
現在	東京女子大学現代教育学部教授

主な著書・訳書

子育て，保育，心のケアにいきる赤ちゃん観察（共著　金剛出版）

感情・人格心理学：「その人らしさ」をかたちづくるもの（共著　ミネルヴァ書房）

心理職としての援助要請の視点（共著　金子書房）

学生の主体性を育む学生相談から切り拓く大学教育実践（共編著　学苑社）

やさしく学べる心理療法の実践（共著　培風館）

心をみつめる養護教諭たち：学校臨床15の扉（共編著　ミネルヴァ書房）

絵本がひらく心理臨床の世界（共著　新曜社）

トラウマを理解する：対象関係論に基づく臨床的アプローチ（共訳　岩崎学術出版社）

放送大学教材　1529722-1-2311（ラジオ）

新訂　精神分析とユング心理学

発　行　　2023年3月20日　第1刷

著　者　　吉川眞理・田中健夫

発行所　　一般財団法人　放送大学教育振興会

　　　　　〒105-0001　東京都港区虎ノ門1-14-1　郵政福祉琴平ビル

　　　　　電話　03（3502）2750

市販用は放送大学教材と同じ内容です。定価はカバーに表示してあります。

落丁本・乱丁本はお取り替えいたします。

Printed in Japan　ISBN978-4-595-32387-4　C1311